의무소방원

소방상식

핵심이론 · 기출문제 · 예상문제

초판 발행   2020년 7월 24일
2쇄 발행   2021년 3월 31일

편 저 자 | 공무원시험연구소
발 행 처 | ㈜서원각
등록번호 | 1999-1A-107호
주   소 | 경기도 고양시 일산서구 덕산로 88-45(가좌동)
교재주문 | 031-923-2051
팩   스 | 031-923-3815
교재문의 | 카카오톡 플러스 친구[서원각]
영상문의 | 070-4233-2505
홈페이지 | www.goseowon.com
책임편집 | 김원갑
디 자 인 | 이규희

PREFACE

의무소방대설치법에 따르면 화재의 경계·진압과 재난·재해발생 시 구조·구급활동 등 소방업무를 보조하기 위하여 대통령령이 정하는 소방기관의 장 소속하에 의무소방대를 둔다. 의무소방원은 의무소방대에서 국민의 생명과 재산을 보호하는 일을 하는 직업으로 희생과 봉사정신이 요구된다.

의무소방원 시험을 준비하는 수험생이라면 누구나 열정을 가지고 시간과 노력을 투자하며 자기 관리에 최선을 다한다. 이렇게 들인 노력이 수포로 돌아가지 않고 효과를 거두기 위해서는 의무소방원 시험에 대해 잘 알고 그에 가장 적합한 교재를 선택하는 것이 필요하다. 좋은 책은 수험생으로 하여금 그 내용에 흥미를 붙여 수월하게 접근할 수 있도록 안내자 역할을 하며, 그러한 책으로 공부할 경우 그 효율성이 배가되기 때문이다.

이 책은 의무소방원 필기시험에 대비하기 위한 것으로 상식 과목 중 소방상식에 대한 기본서이다. 본서의 특징 및 구성은 다음과 같다.

- 영역별 핵심이론을 체계적으로 정리하여 방대한 양의 이론을 빠른 시간 내에 효과적으로 학습할 수 있도록 하였다.
- 소방공무원 및 의무소방원 기출문제를 분석하여 출제가 예상되는 문제들을 엄선하여 수록하였다.
- 소방청에서 공개한 소방상식 기출문제를 반영하여 수록하였다.

노력의 결과에 대한 믿음을 잃지 않고 본서와 함께 꾸준히 공부한다면 반드시 합격할 수 있을 것이라 확신한다. 수험생 모두의 건투를 빈다.

INFORMATION

1. 관련근거

의무소방대설치법 제3조(의무소방원의 임용 및 추천)

의무소방대설치법 시행령 제4조 내지 제9조

의무소방대 관리규칙 제6조 내지 제10조

2. 시험개요

① 선발일정

시험구분	일정	장소	합격발표
원서접수 (서류심사)	1. 15.(금) 10 : 00~1. 21.(목) 18 : 00 ※ 취소기간 : 1. 15. 10 : 00~1. 24. 18 : 00	119고시 홈페이지	2. 19.(금)
체력검사	3. 8.(월)~3. 19.(금) 평일 실시	충청권/제주권 (별도공고)	3. 29.(월)
필기시험	5. 2.(일)		5. 18.(화)
인 · 적성검사	5. 20.(목)~5. 21.(금)	충청권 (별도공고)	6. 10.(목)
면접시험	5. 31.(월)~6. 4.(금)		

※ 상기 일정은 코로나9 등 불가피한 사정으로 변경될 수 있음

※ 이번 차수가 의무소방원 마지막 선발시험임

② 선발인원 … 총 200명(입영시기는 병무청 등의 사정에 따라 변경될 수 있음)

구분(원서접수 시 기수선택)	선발인원	입영시기
제72기	100명	2021년 8월(예정)
제73기	100명	2021년 10월(예정)

③ 시험종목 및 방법

시험종목	방법	세부내역
신체검사	서류심사	제출서류로 신체검사 대체 및 적합여부 심사
체력검사	4개 종목	제자리멀리뛰기, 윗몸일으키기, 50m달리기, 1,200m달리기
필기시험	3개 과목	국어, 국사, 일반상식(소방상식 50% + 일반상식 50%)
면접시험	개별면접	면접위원이 응시자 1인을 대상으로 면접

④ 응시자격

　㉠ 만 18세 이상~28세 이하의 병역을 필하지 아니한 대한민국 남자[병역준비역(1급~3급) 또는 보충역
　　(4급)]

　㉡ 다음 각 호에 해당되지 아니한 자(의무소방대설치법 제3조의2)

　　• 병역판정검사 또는 입영을 기피하고 있거나 기피한 사실이 있는 자

　　• 자격정지 이상의 형의 선고를 받고 그 형이 확정되어 집행이 종료(집행이 종료된 것으로 보는 경우를
　　　포함)되거나 집행이 면제되지 아니한 자

　　• 현역병 입영일이 결정된 자 중 입영일로부터 29일 이내의 자(병역법 시행령 제129조 ① 제5호)

　　　※ 합격자 중 원서접수 마지막일 기준으로 지원대상이 아닌 자로 판정(병무청)되면 합격 취소

　㉢ 의무소방원 신체검사 기준에 적합한 자

3. 시험방법

① 원서접수

    ㉠ 기간 : 2021. 1. 15.(금) 10:00~1. 21.(목) 18:00

    ㉡ 접수방법

- 원서접수사이트(119gosi.kr / 이하 '119고시') 접속
- 회원등록 → 로그인(40분 초과 시 자동 로그아웃)
- 입력(사진 및 제출서류는 파일등록) → '작성완료' 클릭

② 신체검사서 등 제출서류 심사

    ㉠ 심사기간 : 1. 28.(목)~2. 10.(수)

    ㉡ 심사방법 : 제출서류로 신체검사 대체 → 적합여부 심사

구분	심사서류(진단서 등 제출된 서류)
병역판정검사 받은 사람	① 병역판정 신체검사결과 통보서 1부(병무청 발행)
병역판정검사 받지 않은 사람	① 공무원 채용 신체검사서 1부(국·공립병원 또는 종합병원 발행) ② 최종학교 학력증명서 1부(졸업, 재학, 휴학, 퇴학증명서 등)

    ㉢ 신체기준 : 의무소방원 신체검사 기준

③ 체력검사

    ㉠ 종목 및 합격기준

종목	제자리멀리뛰기	윗몸일으키기	50m달리기	1,200m달리기
합격기준	205cm 이상	26회 이상 (1분)	8.5초 이내	6분 19초 이내

    ※ 1개 종목이라도 기준에 미달되면 불합격 처리됨

    ㉡ 검사판정 : 대한육상연맹 추천 판정관(종목별 1명)

④ 필기시험

    ㉠ 준비물 : 필기도구(컴퓨터용 흑색사인펜), 응시표, 신분증(주민등록증, 주민등록발급신청 확인서, 운전면허증, 기간만료 전 여권)

    ㉡ 시험시간 : 11:00~12:00(60분, 1문항당 1분), 10:30분까지 입실 완료

    ㉢ 시험과목 : 국어, 국사, 일반상식(소방상식 포함) 3과목, 과목별 20문항 총 60문항

⑤ 면접시험(인·적성검사)

    ㉠ 인·적성검사

- 검사방법 : 집합검사 또는 인터넷(모바일 포함) 검사
- 검사내용 : 성격유형 검사(PAI), 면접시험 기초자료로 활용

    ㉡ 면접시험

- 면접방법 : 개별면접
- 면접내용 : 국가관, 소양, 용모품행, 성격

⑥ 최종합격자 발표

    ㉠ 일시 및 방법 : 6. 10.(목) 14:00 소방청 또는 119고시 홈페이지 게시

    ㉡ 최종합격기준

- 면접시험 합산점수 고득점자순으로 최종 합격결정
- 동점자 발생 시 합격결정 순위

    필기시험 성적우수자 → 생년월일이 빠른 사람

STRUCTURE

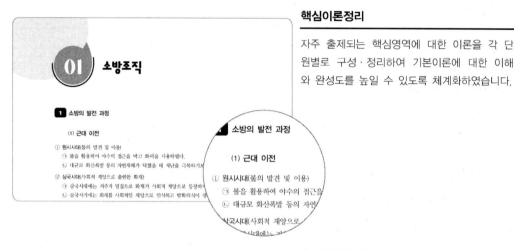

핵심이론정리

자주 출제되는 핵심영역에 대한 이론을 각 단원별로 구성·정리하여 기본이론에 대한 이해와 완성도를 높일 수 있도록 체계화하였습니다.

출제예상문제

그동안 실시된 기출문제를 분석하여 출제가 예상되는 핵심문제를 엄선하여 구성하였으며, 기본이론에 대한 지식이 부족해도 문제풀이가 가능하도록 상세한 해설을 달아주었습니다.

소방청 공개 기출문제 수록

소방청에서 공개한 소방상식 기출문제를 수록하여 실제 시험 출제 경향의 파악이 가능하도록 구성하였습니다.

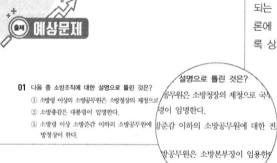

CONTENTS

의무소방원 소방상식

소방조직

01 소방조직

1 소방의 발전 과정

(1) 근대 이전

① 원시시대(불의 발견 및 이용)
  ㉠ 불을 활용하여 야수의 접근을 막고 화덕을 사용하였다.
  ㉡ 대규모 화산폭발 등의 자연재해가 닥쳤을 때 재난을 극복하기보다는 거주지를 이전 했을 것이다.

② 삼국시대(사회적 재앙으로 출현한 화재)
  ㉠ 삼국시대에는 거주지 밀집으로 화재가 사회적 재앙으로 등장하게 되었다.
  ㉡ 삼국사기에는 화재를 사회적인 재앙으로 인식하고 방화의식이 생겨났음을 알 수 있다.

③ 고려시대(금화제도의 시행)
  ㉠ 개성의 경우 건물이 밀집해 있어 1021년에는 화재로 인해 수백 채의 건물이 전소되었으며, 몽골의 침입으로 궁전과 창고에 대화재가 발생하였다.
  ㉡ 고려시대에는 금화관서의 역할을 군사조직에서 담당한 것으로 보이며, 실화자를 처벌한 것으로 보인다.
  ㉢ 문종 20년(1066년)에는 운흥창고 화재를 계기로 모든 창고에 금화관리를 특별히 두고 어사대가 때때로 점검하도록 하였다.

> **POINT** 금화제도
> ㉠ 실화 및 방화자에 대한 처벌
> • 관리에 대해서는 현행 면직처분에 해당하는 현임을 박탈하였다.
> • 민간인이 실화로 전야를 소실하였을 때는 태(笞) 50, 인가·재물을 연소한 경우에는 장(杖) 80의 형을 주었으며 관부·요지 및 사가·사택 재물에 방화한 자는 징역 3년형에 처했다.
> ㉡ 금화관리자의 배치
> • 각 관아와 진(鎭)은 당직자 또는 그 장이 금화책임자였다.
> • 문종 20년 운흥창고 화재 이후로 창름(쌀광)부고(창고)에 금화관리자를 배치하고, 어사대가 수시로 점검하였다.
> ㉢ 건축 및 시설개선 : 초가지붕을 기와지붕으로 개선하도록 권장하였다.

④ 조선시대(금화법령의 재정과 금화관서의 설치)
  ㉠ 금화법령 : 경국대전의 완성으로 조선시대에는 금화법령(화재 시 타종, 화재감시, 순찰경계, 구화시설 등을 정함)이 그 골격을 갖추었다.
  ㉡ 금화도감 : 세종 8년(1426년)에는 한성에서 계속적으로 발생하는 화재를 진압하기 위하여 우리나라 역사상 최초의 소방기구, 즉 금화관서인 금화도감을 설치하였고, 이후 성문도감과 병합하여 수성금화도감이라 칭하였다.

ⓒ 5가작통법 : 화재발생에 대비하여 5가작통법을 시행하였으며, 지방에서는 도둑과 화재를 막기 위하여 자발적인 의용조직을 만들어 활동하였다.

ⓔ 금화조직 및 도시계획 : 금화규정·금화군·멸화군·지방의용금화조직 등의 제도와 방화(防火)성 도시계획이 최초로 이 시대에 시행되었다.

ⓜ 화재진압도구 : 화재를 진압하는 데 사용된 도구로는 도끼(斧), 불 덮개(熱麻絹), 쇠갈고리(鐵鉤), 사다리(長梯), 불채(滅火子), 저수조, 물 양동이 등이 주로 사용되었고, 1723년에는 중국으로부터 근대적 화재진압 장비인 수총기(水銃器)가 들어오게 되었다.

> **POINT** 조선시대의 금화(禁火) … 병조, 의금부, 형조, 한성부, 수성금화사 5부에서 관리들이 화재를 단속하는 일이다.

(2) 근대 이후

① **개화기와 일제시대(1894~1945)** … 1895년 4월 29일 경무청 직제를 개정하면서 수화·소방에 관한 사항을 총무국에서 관리하도록 하였으며, 1909년에 어사칙령으로 소방조규칙을 재정·시행하였다. 일제강점기인 1925년 조선총독부 지방관제를 개정하여 개성과 지방에 소방서를 설치하였다.

② **광복과 미 군정시대(1945~1948 : 자치소방제도의 최초 시행)** … 제2차 세계대전의 종료와 동시에 경찰에서 운영하던 소방행정은 중앙소방위원회(소방청), 도소방위원회(지방 소방청) 및 시·읍·면소방부를 창설·운영함으로써 독립된 자치소방제도를 최초로 시행하였다.

③ **정부 수립 이후(1948~1970 : 국가소방체제)** … 1958년 3월 11일 소방법이 제정·시행되면서 중앙은 내무부 치안국 소방과로, 지방은 경찰국 소방과로 예속되었다. 소방공무원은 경찰공무원법이 제정된 이후 법의 적용을 받아 경찰의 신분을 지녔다.

④ **소방제도의 발전기(1970~1992 : 국가 + 자치소방체제)**

ⓐ 경찰로부터 독립 : 소방은 1972년 8월 정부조직법이 개정됨으로써 경찰로부터 독립하였으며, 서울과 부산은 자치사무, 기타 시·도는 국가사무로 다루어지는 이원적 행정체계를 유지하게 되었다.

ⓑ 민방위본부 신설 : 1975년 8월 내무부 민방위본부(소방국)가 신설 운영되면서 법령·제도면이나 소방력의 관리·운영면에서 획기적인 발전을 가져오게 되었다.

ⓒ 소방공무원법 제정 : 1978년 3월 국가공무원법과 지방공무원법을 근간으로 소방공무원법을 제정·운용함으로써 업무의 특성에 맞는 소방공무원의 신분을 보장받게 되었다.

ⓓ 소방학교 직제 : 1978년 7월에는 소방학교 직제가 제정 공포되고 1980년에 그 건물이 완공되어 소방인의 숙원사업인 소방전문교육이 체계적으로 실시되기에 이르렀다.

> **POINT** 소방안전문화의 정착 … 1971년 12월 25일 서울 대연각호텔 화재사고 이후 소방법과 건축법 등 소방관련 법규가 강화되고, 각종 제도가 개선되는 등으로 소방안전문화가 정착되기 시작했다.

⑤ **성숙기(1992~2019 : 시·도 광역자치 소방체제)**

ⓐ 1992년, 국가소방과 자치소방으로 이원화하여 광역 소방행정 실시

ⓑ 1994년, 방재국 신설

ⓒ 1995년, 소방국에 구조구급과를 설치

ⓓ 2004년, 소방방재청 신설

ⓗ 2007년, 서울에서 세계소방청장회의를 개최

ⓑ 2014년, 소방방재청 폐지, 국민안전처 산하 중앙소방본부로 이관

ⓢ 2017년, 소방청 신설

⑥ **국가소방공무원 시대**

  ㉠ 2019년 11월 소방공무원법 개정안 통과

   • 기구 : 1관 2국 15과, 3소속기관, 18개 시도소방본부

   • 신분 : 국가직

  ㉡ 2020년 4월 1일 소방공무원의 국가직 전환으로 중앙과 지방이 하나 되는 국가소방공무원 시대 시작

⑦ **소방업무의 변천**

  ㉠ 1950년, 법률이 아닌 내무부령으로 소방조사규정을 제정하면서 소방업무가 시작되었다.

  ㉡ 1958년, 우리나라 최초의 체계적이고 독립적인 소방법이 탄생하게 되었다.

  ㉢ 1968년, 풍수해대책법이 제정되면서 풍수해, 설해의 예방이 가능해졌다. (1996년, 자연재해대책법으로 변경)

  ㉣ 1988년, 119특별구조대 설치운영계획의 수립으로 구급대가 편성 · 운영되었다.

  ㉤ 1999년, 소방법 개정으로 화재를 예방, 경계하거나 진압하고 화재 · 재난 · 재해, 그 밖의 위급한 상황에서의 구조 · 구급활동이 가능해졌다.

  ㉥ 2003년, 소방법이 분화(소방기본법, 화재예방, 소방시설 설치 · 유지 및 안전관리에 관한 법률, 소방시설공사업법, 위험물안전관리법)되었다.

---

2 소방행정체제의 기능 및 책임

(1) 소방행정의 기능

① **소방의 의의** … 화재를 예방하고 진압하며 수해, 지진 등의 재해를 방제하고 피해를 줄이기 위한 소방기관의 활동이다.

② **소방행정의 개념**

  ㉠ 형식적 의미 : 소방행정 목적을 달성하기 위하여 구성되는 조직, 즉 소방기관을 의미한다. 따라서 형식적 의미의 소방은 제도적 기관적 의미로 소방기관이 담당하는 모든 업무를 말한다.

  ㉡ 실질적 의미 : 화재의 예방, 경계, 진압 · 조사를 통해 국민의 생명, 신체 및 재산을 보호하는 작용을 말하며 실정법상 소방기관은 물론 타행정기관의 국민의 생명과 신체 및 재산을 보호하기 위한 활동사무 등도 포함된다.

③ **소방청의 하부조직**〈소방청과 그 소속기관 직제 제6조〉

  ㉠ 소방청에 운영지원과 · 소방정책국 및 119구조구급국을 둔다.

  ㉡ 청장 밑에 대변인 및 119종합상황실장 각 1명을 두고, 차장 밑에 기획조정관 1명을 둔다.

④ **중앙소방학교의 직무**〈소방청과 그 소속기관 직제 제14조〉

  ㉠ 소방공무원, 소방간부후보생, 의무소방원 및 소방관서에서 근무하는 사회복무요원의 교육훈련에 관한 사항

  ㉡ 학생, 의용소방대원, 민간자원봉사자 등에 대한 소방안전체험교육 등 대국민 안전교육훈련에 관한 사항

⑤ **중앙119 구조본부의 직무**〈소방청과 그 소속기관 직제 제17조〉

  ㉠ 각종 대형 · 특수재난사고의 구조 · 현장지휘 및 지원

  ㉡ 재난유형별 구조기술의 연구 · 보급 및 구조대원의 교육훈련(「재난 및 안전관리 기본법」에 따른 긴급구조기관과 긴급구조지원기관 및 외국의 긴급구조기관으로부터 요청을 받은 인명구조훈련을 포함한다.)

  ㉢ 특별시장 · 광역시장 · 특별자치시장 · 도지사 및 특별자치도지사의 요청 시 중앙119 구조본부장이 필요하다고 판단하는 재난사고의 구조 및 지원

  ㉣ 위성중계차량 운영에 관한 사항

  ㉤ 그 밖에 중앙 긴급구조 통제 단장이 필요하다고 판단하는 재난 사고의 구조 및 지원

⑥ **소방업무**

  ㉠ 화재예방 : 소방관련법규에 의하여 소방기관은 화재의 예방에 노력한다.

  ㉡ 소화활동 : 소방청창, 소방본부장, 소방서장 또는 소방대장은 화재 현장에 소방활동구역을 설정하고 출입금지 조치와 시민들의 작업종사를 명할 수 있으며 인명구조, 연소방지를 위하여 필요한 강제처분, 피난명령 · 급수유지의 긴급조치 등을 할 수 있다.

  ㉢ 구급 · 구조 활동 : 소방청창 · 소방본부장 또는 소방서장은 화재와 그 밖의 위급한 상황에서 구급대와 구조대를 편성하고 운영하며 필요한 경우 관할구역 의료기관, 경찰서에 협조요청을 한다.

  ㉣ 화재조사 활동 : 소방청창 · 소방본부장 또는 소방서장은 화재의 원인과 피해상황에 대해서 조사한다. 조사된 자료는 화재예방계획 수립과 구급, 구조 대책에 활용하고 방화에 대한 범죄수사 등에 대해서는 경찰공무원과 협조한다.

(2) 소방행정의 책임

① **당직근무**〈소방공무원 당직 및 비상업무규칙 제3조〉

  ㉠ 당직은 일직과 숙직 및 상황당직으로 구분한다.

  ㉡ 일직은 토요일 및 공휴일에 두며, 그 근무시간은 정상근무일의 근무시간에 준한다.

  ㉢ 숙직의 근무시간은 정상근무시간 또는 일직근무시간이 종료된 때로부터 다음날의 정상근무 또는 일직근무가 개시될 때까지로 한다.

  ㉣ 소방관서의 장은 당직근무자 중에서 상황실 근무 보조, 현장지휘관의 업무 보조 및 그 밖의 소방활동상 필요한 보조업무를 수행하는 상황당직근무자를 지정할 수 있다. 이 경우 상황당직을 주간과 야간으로 구분하여 각각 운영할 수 있다.

  ㉤ 소방관서의 장은 소방관서의 실정에 따라 필요한 경우 일직과 숙직의 근무시간을 변경하여 외근 부서의 교대제 근무시간과 연계하여 운영할 수 있다.

② 비상근무〈소방공무원 당직 및 비상업무규칙 제13조〉

　　㉠ 비상근무는 재난상황의 유형에 따라 화재 비상, 구조·구급 비상, 그 밖의 재난 비상으로 구분하여 발령한다.

　　㉡ 비상등급은 재난 유형별 상황 및 사태를 기준으로 3단계로 구분하여 발령한다.

　　㉢ 비상근무 발령권자는 비상상황에 이르지 아니한 경우에 특정분야의 근무를 강화하기 위하여 그 목적과 기간을 명시한 근무계획을 수립하여 '특별경계근무'를 지시할 수 있다. 이 경우 출동대비 인원 보강을 최소화하고 순찰 등 예방활동 위주로 편성하여야 한다.

　　㉣ 비상근무 발령권자는 비상근무계획을 고려하여 비상근무의 종류와 등급, 등급별 동원할 소방력에 대하여 해당 지역의 실정에 맞게 자체 비상근무 계획을 수립·시행할 수 있다. 이 경우 원활한 소방업무 응원을 위하여 상급 소방관서의 장과 협의하여 한다.

③ 비상소집〈소방공무원 당직 및 비상업무규칙 제20조〉

　　㉠ 공무원 정규근무시간이 아닌 때에 비상근무를 발령하고자 할 경우 비상근무발령권자는 이를 종합상황실 근무자 또는 당직근무자에게 지시하여 신속히 해당 소방관서 및 소속기관에 연락하도록 한다.

　　㉡ ㉠에 따라 연락을 받은 해당 소방관서의 종합상황실 근무자 또는 당직근무자는 즉시 소방관서의 장에게 보고한 후 소속 소방공무원 중 비상소집대상자가 비상소집 되도록 연락하여야 한다.

　　㉢ 비상소집을 명할 때에는 비상근무발령서에 의하되, 비상소집 자동전파 장치, 유·무선 전화, 팩스, 방송 그 밖의 신속한 방법을 사용한다.

　　㉣ 소방관서의 장은 인근 관할지역에 발생한 비상상황으로 인하여 해당 관할지역 내에서 미리 비상 상황에 대비할 필요가 있다고 인정되는 경우에는 해당 소방관서의 소속 소방공무원에 대하여 경계강화 지시 또는 응원협정에 따른 단계별 비상소집을 명할 수 있다.

3 소방조직관리의 기초이론

(1) 조직관리

① **조직의 개념** … 인간은 군집내부의 질서와 형태를 유지하기 위해 공통적 목표의식을 가진 소규모 군집을 발생시킨다. 인간사회의 학교, 직장, 정부, 군대 등 모두가 조직의 형태이며 그 구성원들을 조직인(organization)이라 한다.

② **조직의 유형**

　　㉠ 수혜자를 기준으로 한 분류 : Blau와 Scott는 인간과 조직의 특정관계를 그 방법에 따라 조직구성 원 일반, 조직의 소유자나 관리자, 조직과 관계를 맺는 고객, 일반대중 4가지로 분류하여 조직참 여자 중에 누가 수혜자인지에 따라 조직을 분류하고 있다.

　　　• 호혜적조직 : 조직구성원이 수혜자가 되는 경우, 정당·노동조합·클럽·직업단체 등

　　　• 사업조직 : 조직소유주나 관리자가 수혜자가 되는 경우, 일반기업, 은행, 보험회사 등

- 서비스조직 : 조직과 정기적 · 직간접 관계를 맺는 고객이 수혜자가 되는 경우, 병원, 학교, 법률상담소, 정신병원 등
- 공익조직 : 일반대중이 주요 수혜자가 되는 경우, 일반 행정기관, 군대, 경찰서, 소방서 등
ⓒ 수직적 통제를 기준으로 한 분류 : Etzioni는 두 가지 관점으로 분류하였는데 첫째는 조직 관리의 권력행사정도이며 두번째는 구성원의 관여 정도로서 이를 강압적 조직, 공리적 조직, 규범적 조직으로 구분하였다.
- 강압적 조직 : 법률에 강제된 힘을 바탕으로 구성원 대부분이 소외 · 격리의식을 지닌 조직이다. 교도소, 구금적 정신병원 등
- 공리적 조직 : 경제적 보상을 통제수단으로 하여 구성원들이 이익의 집중을 목표로 한다.
- 규범적 조직 : 이념, 당헌, 규칙 등 규범적 권력이 통제수단이다. 종교조직, 이념정당 등

③ 조직의 구성요소
ⓐ 과업의 분화 : 조직의 구성원들에게 조직의 사무를 배분하는 방법으로 수평적 분화와 수직적 분화로 나누어 공동의 목적을 성취한다.
- 수평적 업무배분 : 조직의 사무를 구조적으로 분화하여 조직의 구성원에게 할당 · 분배하여 업무 성취도를 이끌어 낼 수 있으며, 이를 다시 유사한 업무 성격끼리 통합하여 비효율적인 부분을 절제하는 효과를 얻을 수 있다.
- 수직적 업무배분 : 업무의 심화정도에 따라 수직방향으로 나누어 각 단계별 조직구성원의 업무배분을 통하여 각 조직 간의 조정기능과 의사결정의 속도를 높여 업무의 질적 척도를 높이는 것이다.
ⓑ 권한의 분배 : 조직의 업무 분배를 도식화 형태로 나타내어 각각의 업무가 어떻게 나뉘어 있는지를 나타내는 것이다.
ⓒ 공식화 : 조직의 업무가 구성원들 각각에게 배분되어 업무의 목적 또는 방법 등이 상세하게 규정되어 있는지를 나타내는 것이다.

(2) 소방조직관리

① 국가공무원법상
ⓐ 성실 의무 : 모든 공무원은 법령을 준수하며 성실히 직무를 수행하여야 한다〈국가공무원법 제56조〉.
ⓑ 복종의 의무 : 공무원은 직무를 수행할 때 소속 상관의 직무상 명령에 복종하여야 한다〈국가공무원법 제57조〉.
ⓒ 직장 이탈 금지 : 공무원은 소속 상관의 허가 또는 정당한 사유가 없으면 직장을 이탈하지 못한다〈국가공무원법 제58조〉.
ⓓ 친절 · 공정의 의무 : 공무원은 국민 전체의 봉사자로서 친절하고 공정하게 직무를 수행하여야 한다〈국가공무원법 제59조〉.

② 소방공무원법상
ⓐ 거짓 보고 등의 금지 : 소방공무원은 직무에 관한 보고나 통보를 거짓으로 하여서는 아니 되며 직무를 게을리하거나 유기해서는 아니 된다〈소방공무원법 제21조〉.

ⓛ 지휘권 남용 등의 금지 : 화재진압 또는 구조 · 구급활동을 할 때 소방공무원을 지휘 · 감독하는 사람은 정당한 이유 없이 그 직무수행을 거부 또는 유기하거나 소방공무원을 지정된 근무지에서 진출 · 후퇴 또는 이탈하게 하여서는 아니 된다〈소방공무원법 제22조〉.

ⓒ 복제 : 소방공무원은 제복을 착용하여야 하며 소방공무원의 복제에 관한 사항은 행정안전부령으로 정한다〈소방공무원법 제23조〉.

③ 신분 보장
　ⓐ 법령에 의한 사유가 있는 경우에 소정의 절차에 의하지 아니하고는 그 신분을 면직 당하지 아니하고, 직위를 상실하지 아니할 권리를 갖는다.
　ⓑ 시보임용 기간 중에 있는 소방공무원이 근무성적 또는 교육훈련성적이 불량할 때에는 면직시키거나 면직을 제청할 수 있다〈소방공무원법 제10조 제4항〉.

④ 소방공무원의 권리
　ⓐ 행정쟁송제기 : 소방공무원은 위법 · 부당하게 권리가 침해된 경우에 소청 또는 행정상 쟁송을 제기할 권리를 갖는다.
　ⓑ 직무수행 : 자기가 담당하는 직무를 집행할 권리가 있으며 이를 방해하는 자는 공무집행방해죄를 구성한다.
　ⓒ 소방활동비 지급 : 소방활동비와 출장비를 지급받는다.
　ⓓ 보수청구권 : 생활보장을 위해 보수를 청구할 권리를 갖는다.
　ⓔ 연금청구권 : 공무원연금법에 의해 연금청구권을 갖는다.

> **POINT** 소방공무원의 계급(왼쪽부터 높은 순서) … 소방총감, 소방정감, 소방감, 소방준감, 소방정, 소방령, 소방경, 소방위, 소방장, 소방교, 소방사

4 소방자원관리(인적 · 물적 · 재정적)

(1) 소방인적관리

① 인적관리 … 소방행정의 발달과정으로 인해 우수한 인재의 채용 우선주의 원칙에서 벗어나 현대에는 능력발전과 사기진작의 관심으로 시각이 변경되어 가고 있다. 또한 포괄적 시각에 의해 상황에 대한 현장 적응력과 상호 간의 의사소통의 정확한 전달을 통한 업무의 향상과 소방공무원으로서의 인간적 가치 배려를 고려하여 실용주의적 인사행정의 전문화를 추구한다.

② 공무원의 구분〈국가공무원법 제2조〉
　ⓐ 경력직 공무원 : 실적과 자격에 따라 임용되고 그 신분이 보장되며 평생 동안(근무기간을 정하여 임용하는 공무원의 경우에는 그 기간 동안을 말한다) 공무원으로 근무할 것이 예정되는 공무원을 말한다.
　　• 일반직공무원 : 기술 · 연구 또는 행정 일반에 대한 업무를 담당하는 공무원
　　• 특정직공무원 : 법관, 검사, 외무공무원, 경찰공무원, 소방공무원, 교육공무원, 군인, 군무원, 헌법재판소 헌법연구관, 국가정보원의 직원, 경호공무원과 특수 분야의 업무를 담당하는 공무원으로서 다른 법률에서 특정직공무원으로 지정하는 공무원

ⓛ **특수경력직공무원** : 경력직공무원 외의 공무원을 말한다.

- **정무직공무원** : 선거로 취임하거나 임명할 때 국회의 동의가 필요한 공무원, 고도의 정책결정 업무를 담당하거나 이러한 업무를 보조하는 공무원으로서 법률이나 대통령령(대통령비서실 및 국가안보실의 조직에 관한 대통령령만 해당한다)에서 정무직으로 지정하는 공무원
- **별정직공무원** : 비서관·비서 등 보좌업무 등을 수행하거나 특정한 업무 수행을 위하여 법령에서 별정직으로 지정하는 공무원

③ **인사위원회의 기능**〈소방공무원법 제5조〉

ⓖ 소방공무원의 인사행정에 관한 방침과 기준 및 기본계획 심의

ⓛ 소방공무원의 인사에 관한 법령의 제정·개정 또는 폐지에 관한 사항 심의

ⓒ 그 밖에 소방청장과 시·도지사가 해당 인사위원회의 회의에 부치는 사항 심의

④ **신규채용**〈소방공무원법 제7조〉

ⓖ 소방공무원의 신규채용은 공개경쟁시험으로 한다. 다만, 소방위의 신규채용은 대통령령으로 정하는 자격을 갖추고 공개경쟁시험으로 선발된 사람(이하 "소방간부후보생"이라 한다)으로서 정하여진 교육훈련을 마친 사람 중에서 한다.

ⓛ 다음의 어느 하나에 해당하는 경우에는 경력 등 응시요건을 정하여 같은 사유에 해당하는 다수인을 대상으로 경쟁의 방법으로 채용하는 시험(이하 "경력경쟁채용시험"이라 한다)으로 소방공무원을 채용할 수 있다. 다만, 다수인을 대상으로 시험을 실시하는 것이 적당하지 아니하여 대통령령으로 정하는 경우에는 다수인을 대상으로 하지 아니한 시험으로 소방공무원을 채용할 수 있다.

- 「국가공무원법」에 따라 직위가 없어지거나 과원이 되어 퇴직한 소방공무원이나 같은 법에 따라 신체·정신상의 장애로 장기 요양이 필요하여 휴직하였다가 휴직기간이 만료되어 퇴직한 소방공무원을 퇴직한 날부터 3년 이내에 퇴직 시에 재직하였던 계급 또는 그에 상응하는 계급의 소방공무원으로 재임용하는 경우
- 공개경쟁시험으로 임용하는 것이 부적당한 경우에 임용예정 직무에 관련된 자격증 소지자를 임용하는 경우
- 임용예정직에 상응하는 근무실적 또는 연구실적이 있거나 소방에 관한 전문기술교육을 받은 사람을 임용하는 경우
- 「국가공무원법」 또는 「지방공무원법」에 따른 5급 공무원의 공개경쟁채용시험이나 「사법시험법」(폐지되기 전의 것)에 따른 사법시험 또는 「변호사시험법」에 따른 변호사시험에 합격한 사람을 소방령 또는 지방소방령 이하의 소방공무원으로 임용하는 경우
- 「국가공무원법」에 따라 재학 중에 장학금을 받고 졸업한 사람을 임용하는 경우
- 외국어에 능통한 사람을 임용하는 경우

- 경찰공무원을 그 계급에 상응하는 소방공무원으로 임용하는 경우
- 소방 업무에 경험이 있는 의용소방대원을 해당 시·도의 지방소방사 계급의 지방소방공무원으로 임용하는 경우
ⓒ ㉠에 따른 소방간부후보생의 교육훈련, ㉡ 외의 부분 본문 및 단서에 따른 채용시험(이하 "경력경쟁채용시험등"이라 한다)을 통하여 채용할 수 있는 소방공무원의 계급, 임용예정직에 관련된 자격증의 구분, 근무실적 또는 연구실적, 의용소방대원을 지방소방공무원으로 임용할 수 있는 지역과 그 승진 및 전보 등에 관하여 필요한 사항은 대통령령으로 정한다.

⑤ **소방대** … 화재를 진압하고 화재, 재난·재해, 그 밖의 위급한 상황에서 구조·구급 활동 등을 하기 위하여 다음의 사람으로 구성한다〈소방기본법 제2조 제5호〉.
ㄱ 「소방공무원법」에 따른 소방공무원
ㄴ 「의무소방대설치법」에 따라 임용된 의무소방원
ㄷ 「의용소방대 설치 및 운영에 관한 법률」에 따른 의용소방대원

> **Q 기출문제**   2019. 3. 16. 제32차
>
> 「소방기본법」에서 규정하는 "소방대"에 포함되지 않은 것은?
>
> ① 소방공무원   ② 의무소방원
> ③ 의용소방대원   ④ 소방안전관리자
>
> **답 ④**

⑥ **의무소방원** … 화재의 경계·진압과 재난·재해발생시 구조·구급활동 등 소방업무를 보조하기 위하여 대통령령이 정하는 소방기관의 장 소속하에 의무소방대를 둔다.
ㄱ 임용권 : 의무소방원은 「병역법」의 규정에 의하여 전환복무된 사람 중에서 소방청장이 임용한다〈의무소방대설치법 시행령 제3조 제1항〉.
ㄴ 계급 : 의무소방원의 초임계급은 이방으로 하며, 이방·일방·상방·수방 및 특방으로 구분한다〈의무소방대설치법 시행령 제14조〉.
ㄷ 임무〈의무소방대설치법 시행령 제20조〉

구분	내용
화재 등에 있어서 현장활동의 보조	• 화재 등 재난·재해사고현장에서의 질서유지 등 진압업무의 보조와 구조·구급활동의 지원 • 소방용수시설의 확보 • 현장 지휘관의 보좌 • 상황관리의 보조 • 그밖에 현장활동에 필요한 사항의 지원
소방행정의 지원	• 문서수발 등 소방행정의 보조 • 통신 및 전산 업무의 보조 • 119안전센터에서의 소내근무의 보조 • 소방용수시설 유지관리의 지원 • 소방순찰 및 예방활동의 지원 • 차량운전의 지원
소방관서의 경비	—

Q 기출문제

Q 기출문제   2020. 5. 9. 제34차

「의무소방대설치법령」상 의무소방원의 임무에 해당하지 않는 것은?

① 상황관리 전담
② 소방행정의 지원
③ 소방관서의 경비
④ 화재 등에 있어서 현장활동의 보조

답 ①

Q 기출문제   2019. 3. 16. 제32차

「의무소방대설치법 시행령」상 의무소방원의 임무에 해당하는 것을 모두 고른 것은?

> ㉠ 소방순찰 및 예방활동의 지원
> ㉡ 현장지휘관의 보좌
> ㉢ 화재 등 재난·재해 사고현장에서 질서유지
> ㉣ 소방대상물의 소방특별조사

① ㉠, ㉡, ㉢
② ㉠, ㉡, ㉣
③ ㉠, ㉢, ㉣
④ ㉡, ㉢, ㉣

답 ①

㉣ 의무소방원이 받아야 하는 훈련
- 화재진압훈련
- 인명구조훈련
- 응급처치훈련
- 인명대피훈련

Q 기출문제   2020. 5. 9. 제34차

「소방기본법령」상 소방대원 중 의무소방원에게 실시할 교육·훈련의 종류에 해당하지 않는 것은?

① 화재진압훈련   ② 인명구조훈련
③ 응급처치훈련   ④ 소방안전교육훈련

답 ④

(2) 소방물적관리〈소방장비관리법〉

① 소방장비관리 기본계획의 수립

㉠ 소방청장은 소방장비관리 업무를 효과적으로 수행하기 위하여 「소방기본법」에 따른 소방업무에 관한 종합계획에 따라 소방장비관리 기본계획을 5년마다 수립하여 시행하여야 한다.

ⓛ 기본계획에 포함되어야 하는 사항
- 소방장비관리의 중장기 정책목표 및 방향
- 소방장비관리를 위한 제도의 수립 및 정비
- 소방장비의 관리 및 운용과 관련된 추진계획
- 소방장비의 기술혁신 및 실용화 추진
- 소방장비의 적정한 관리를 위한 재원확보
- 그 밖에 소방장비관리를 위하여 필요한 사항

> **POINT** 시·도지사는 해당 특별시·광역시·특별자치시·도·특별자치도의 소방환경 특성을 고려한 소방장비관리를 위하여 기본계획에 따라 시·도 소방장비관리계획을 5년마다 수립하여 시행하여야 한다.

② **소방장비의 분류와 표준화**

ⓗ 분류 : 소방청장은 소방장비를 효율적이고 적정하게 관리하기 위하여 소방장비를 용도 및 기능 등에 따라 분류하여야 한다.

ⓛ 목록화 : 소방기관의 장은 그 기관이 보유하고 있거나 취득하려는 소방장비가 「물품목록정보의 관리 및 이용에 관한 법률」에 따른 물품목록에 포함되어 있지 아니한 경우에는 그 물품을 목록화하는 데 필요한 자료를 행정안전부령으로 정하는 바에 따라 조달청장에게 통보하여 목록화를 요청하여야 한다.

ⓒ 표준화 : 소방장비의 표준이 되는 규격은 「산업표준화법」에 따른 한국산업표준이 제정되어 있거나 소방청장이 지정하는 국내외 관련 기관 또는 단체에서 정한 표준이 있는 경우에는 그 표준에 따른다. 다만, 소방기관에서만 사용하거나 소방업무의 효율적인 수행을 위하여 특수한 성능이 요구되는 소방장비의 표준규격은 소방청장이 정한다.

③ **소방장비의 인증** … 소방청장은 품질이 우수한 소방장비를 확충하고 소방장비의 품질을 혁신하기 위하여 대통령령으로 정하는 소방장비에 대하여 인증을 할 수 있다.

④ **소방장비의 구매** … 소방기관의 장은 소방장비의 구매를 위하여 소방장비 구매 입찰공고, 견적서 제출 요청 또는 계약체결을 할 때에는 계약자, 납품업자 또는 생산자 등으로부터 대통령령으로 정하는 구매에 필요한 자료를 제출받아야 한다.

> **POINT** 소방장비 구매 시 확인 사항
> ⓗ 소방장비 보유기준 및 내용연수
> ⓛ 물품분류번호·품명·규격·수량 및 장비가 필요한 시기
> ⓒ 그 밖에 대통령령으로 정하는 사항
> - 소방장비의 제조 또는 공급과 관련되는 허가·인가·면허·등록·신고 등을 증명하는 서류
> - 구매할 소방장비가 「중소기업제품 구매촉진 및 판로지원에 관한 법률」에 따라 중소기업자간 경쟁 제품으로 지정된 경우에는 같은 법에 따른 직접생산확인증명서
> - 수입신고확인증(수입품의 경우만 해당한다)
> - 원산지증명서(수입품의 경우만 해당한다)
> - 해당 소방장비의 성능 및 품질 등을 확인할 수 있는 서류

⑤ **소방장비의 관리**

ⓗ 소방기관의 장은 보유하고 있는 소방장비를 「자동차관리법」, 「고압가스 안전관리법」 및 「항공안전법」 등 관계 법령에서 정하는 기준에 따라 안전하게 관리하여야 한다.

ⓛ 소방장비관리 공무원은 선량한 관리자의 의무를 다하여 소방장비를 항상 사용가능한 상태로 유지하고 안전하게 관리하여야 한다.

⑥ **소방장비의 운용** … 소방기관의 장은 소방장비운용자로 하여금 소방장비를 그 기능 및 용도에 맞게 운용하도록 하여야 한다.

⑦ **소방장비의 점검 및 정비** … 소방기관의 장은 소관 소방장비를 점검하고 대통령령으로 정하는 바에 따라 기록하여 관리하여야 한다.

(3) 소방재정적관리

① **소방재정**
  ㉠ 공공서비스에 소요되는 총합적인 비용의 개념이다.
  ㉡ 충분한 소방재정이 확보되어야 소방행정이 효율적으로 진행할 수 있다.

② **소방장비 등에 대한 국고보조**〈소방기본법 제9조〉
  ㉠ 국가는 소방장비의 구입 등 시·도의 소방업무에 필요한 경비의 일부를 보조한다.
  ㉡ ㉠에 따른 보조 대상사업의 범위와 기준보조율은 대통령령으로 정한다.

> **POINT** 국고보조 대상사업의 범위와 기준보조율〈소방기본법 시행령 제2조〉
> ㉠ 다음 각 목의 소방활동장비와 설비의 구입 및 설치
>   • 소방자동차
>   • 소방헬리콥터 및 소방정
>   • 소방전용통신설비 및 전산설비
>   • 그 밖에 방화복 등 소방활동에 필요한 소방장비
> ㉡ 소방관서용 청사의 건축
>   • ㉠에 따른 소방활동장비 및 설비의 종류와 규격은 행정안전부령으로 정한다.
>   • ㉠에 따른 국고보조 대상사업의 기준보조율은 「보조금 관리에 관한 법률 시행령」에서 정하는 바에 따른다.

③ **소방재정의 규모와 원칙** … 소방행정업무가 기초자치단체의 소관업무에서 광역자치단체의 소방업무로 이관된 이후 증가하였지만, 소방자체재원인 지역자원시설세가 소방재정지출 속도에 근접하지 못하고 있으며 행정부 우위의 원칙(H. Smith의 이론)으로 소방재정은 다음을 따라야 한다.
  ㉠ 행정부책임의 원칙 : 행정부는 예산을 경제적으로 집행할 책임이 있다.
  ㉡ 상호교류적 예산기구의 원칙 : 예산기능은 중앙예산기관과 각 부처 예산기관 간의 상호교류로 능률적·적극적인 협력관계가 확립되어야 한다.
  ㉢ 보고의 원칙 : 예산의 편성·심의·관리는 각 수요기관이 제출한 정확한 재정보고 및 업무보고를 참고로 하여야 한다.
  ㉣ 다원적 절차의 원칙 : 일반 행정기능뿐 아니라 장기적 사업 등 다양한 활동을 위한 다원적 절차가 구비되어야 한다.
  ㉤ 적절한 수단구비의 원칙 : 예산책임을 수행하는 데 필요한 예산기관과 분기별 배정계획, 준비금 제도 등 제도적 수단을 갖추어야 한다.
  ㉥ 행정부재량의 원칙 : 입법부는 총괄예산을 승인하고 명세적 지출은 행정부의 재량이어야 한다.
  ㉦ 행정부계획의 원칙 : 예산은 행정수반의 사업계획을 반영해야 한다.
  ㉧ 시기신축성의 원칙 : 적절히 시기적인 신축성을 확보해야 한다.

5 **민간 소방조직의 종류와 역할**

(1) 의용소방대

① **의용소방대원의 설치**〈의용소방대 설치 및 운영에 관한 법률 제2조〉

　㉠ 특별시장·광역시장·특별자치시장·도지사·특별자치도지사(이하 "시·도지사"라 한다) 또는 소방서장은 재난현장에서 화재진압, 구조·구급 등의 활동과 화재예방활동에 관한 업무(이하 "소방업무"라 한다)를 보조하기 위하여 의용소방대를 설치할 수 있다.

　㉡ ㉠에 따른 의용소방대는 특별시·광역시·특별자치시·도·특별자치도(이하 "시·도"라 한다), 시·읍 또는 면에 둔다.

　㉢ 시·도지사 또는 소방서장은 필요한 경우 관할 구역을 따로 정하여 그 지역에 의용소방대를 설치할 수 있다.

　㉣ 시·도지사 또는 소방서장은 필요한 경우 ㉡ 또는 ㉢에 따른 의용소방대를 화재진압 등을 전담하는 의용소방대(이하 "전담의용소방대"라 한다)로 운영할 수 있다. 이 경우 관할 구역의 특성과 관할 면적 또는 출동거리 등을 고려하여야 한다.

　㉤ 그 밖에 의용소방대의 설치 등에 필요한 사항은 행정안전부령으로 정한다.

② **의용소방대원의 임무**〈의용소방대 설치 및 운영에 관한 법률 제7조〉

　㉠ 화재의 경계와 진압업무의 보조

　㉡ 구조·구급 업무의 보조

　㉢ 화재 등 재난 발생 시 대피 및 구호업무의 보조

　㉣ 화재예방업무의 보조

　㉤ 그 밖에 행정안전부령으로 정하는 사항

(2) 소방안전관리자

① **방화관리제도** … 화재의 대부분은 평소 사소한 부주의가 원인이 되어 발생하고 있으나, 이와 같은 화재의 발생을 예방하거나 발생된 화재를 신속하게 진압하여 피해규모를 줄이고 이에 대응할 수 있도록 하는 제도이다.

② **특정소방대상물의 소방안전관리자의 업무**〈화재예방, 소방시설 설치·유지 및 안전관리에 관한 법률 제20조 제6항〉

　㉠ 피난계획에 관한 사항과 대통령령으로 정하는 사항이 포함된 소방계획서의 작성 및 시행

　㉡ 자위소방대(自衛消防隊) 및 초기대응체계의 구성·운영·교육

　㉢ 피난시설, 방화구획 및 방화시설의 유지·관리

　㉣ 소방훈련 및 교육

　㉤ 소방시설이나 그 밖의 소방 관련 시설의 유지·관리

　㉥ 화기(火氣) 취급의 감독

　㉦ 그 밖에 소방안전관리에 필요한 업무

(3) 위험물안전관리자

① **위험물안전관리자 선임** … 제조소 등[허가를 받지 아니하는 제조소 등과 이동탱크저장소(차량에 고정된 탱크에 위험물을 저장 또는 취급하는 저장소를 말한다)를 제외한다]의 관계인은 위험물의 안전관리에 관한 직무를 수행하게 하기 위하여 제조소 등마다 대통령령이 정하는 위험물의 취급에 관한 자격이 있는 자를 위험물안전관리자로 선임하여야 한다. 다만, 제조소 등에서 저장·취급하는 위험물이 「화학물질관리법」에 따른 유독물질에 해당하는 경우 등 대통령령이 정하는 경우에는 당해 제조소 등을 설치한 자는 다른 법률에 의하여 안전관리업무를 하는 자로 선임된 자 가운데 대통령령이 정하는 자를 안전관리자로 선임할 수 있다〈위험물안전관리법 제15조 제1항〉.

② **안전관리자의 책무**〈위험물 안전관리법 시행규칙 제55조〉

　　㉠ 위험물의 취급작업에 참여하여 당해 작업이 위험물 안전관리법의 규정에 의한 저장 또는 취급에 관한 기술기준과 위험물 예방규정에 적합하도록 해당 작업자(당해 작업에 참여하는 위험물취급자격자를 포함한다)에 대하여 지시 및 감독하는 업무

　　㉡ 화재 등의 재난이 발생한 경우 응급조치 및 소방관서 등에 대한 연락업무

　　㉢ 위험물시설의 안전을 담당하는 자를 따로 두는 제조소 등의 경우에는 그 담당자에게 다음 각목의 규정에 의한 업무의 지시, 그 밖의 제조소 등의 경우에는 다음 각목의 규정에 의한 업무

　　　• 제조소 등의 위치·구조 및 설비를 법 제5조 제4항의 기술기준에 적합하도록 유지하기 위한 점검과 점검상황의 기록·보존

　　　• 제조소 등의 구조 또는 설비의 이상을 발견한 경우 관계자에 대한 연락 및 응급조치

　　　• 화재가 발생하거나 화재발생의 위험성이 현저한 경우 소방관서 등에 대한 연락 및 응급조치

　　　• 제조소 등의 계측장치·제어장치 및 안전장치 등의 적정한 유지·관리

　　　• 제조소 등의 위치·구조 및 설비에 관한 설계도서 등의 정비·보존 및 제조소 등의 구조 및 설비의 안전에 관한 사무의 관리

　　㉣ 화재 등의 재해의 방지와 응급조치에 관하여 인접하는 제조소 등과 그 밖의 관련되는 시설의 관계자와 협조체제의 유지

　　㉤ 위험물의 취급에 관한 일지의 작성·기록

　　㉥ 그 밖의 위험물을 수납한 용기를 차량에 적재하는 작업, 위험물설비를 보수하는 작업 등 위험물의 취급과 관련된 작업의 안전에 관하여 필요한 감독의 수행

POINT 위험물취급자격자의 기준〈위험물안전관리법 시행령 별표5〉

위험물취급자격자의 구분	취급할 수 있는 위험물
국가기술자격법에 따라 위험물기능장, 위험물산업기사, 위험물기능사의 자격을 취득한 사람	모든 위험물
안전관리자교육이수재(소방청장이 실시하는 안전관리자교육을 이수한 자)	위험물 중 제4류 위험물
소방공무원 경력재(소방공무원으로 근무한 경력이 3년 이상인 자를 말한다.)	위험물 중 제4류 위험물

01 다음 중 소방조직에 대한 설명으로 틀린 것은?

① 소방령 이상의 소방공무원은 소방청장의 제청으로 국무총리를 거쳐 대통령이 임용한다.

② 소방총감은 대통령이 임명한다.

③ 소방령 이상 소방준감 이하의 소방공무원에 대한 전보, 휴직, 직위해제, 강등, 정직 및 복직은 소방청장이 한다.

④ 소방경 이하의 소방공무원은 소방본부장이 임용한다.

✔advice 소방경 이하의 소방공무원은 소방청장이 임용한다〈소방공무원법 제6조 제2항〉.

02 다음 중 소방공무원의 업무로 옳지 않은 것은?

① 신고자, 목격자, 방화자의 조사

② 소송쟁의에 대해 조사

③ 위험 시설물에 대한 시정명령

④ 패닉현상, 안전사고 대비

✔advice ①④ 화재조사 업무

③ 소방검사 업무

② 소방공무원은 소화활동, 화재조사, 소방검사, 구조업무를 담당하기 때문에 소송쟁의에 대해 조사 업무는 소방업무에 해당되지 않는다.

03 다음 중 인사위원회의 기능으로 옳지 않은 것은?

① 소방공무원의 인사행정에 관한 방침과 기준 및 기본계획을 심의한다.

② 소방공무원의 인사에 관한 법령의 제정·개정 또는 폐지에 관한 사항을 심의한다.

③ 소방청장과 시·도지사가 해당 인사위원회의 회의에 부치는 사항을 심의한다.

④ 소방령 이상의 국가소방공무원의 인사상담 및 고충을 심의한다.

✔advice 인사위원회의 기능〈소방공무원법 제5조〉

㉠ 소방공무원의 인사행정에 관한 방침과 기준 및 기본계획 심의

㉡ 소방공무원의 인사에 관한 법령의 제정·개정 또는 폐지에 관한 사항 심의

㉢ 그 밖에 소방청장과 시·도지사가 해당 인사위원회의 회의에 부치는 사항 심의

04 소방사를 소방교로 근속승진임용하려는 경우 해당 계급에서 몇 년 이상 근속해야 하는가?

① 3년
② 4년
③ 5년
④ 6년

advice 근속승진⟨소방공무원법 제15조⟩
다음 기간 동안 재직한 사람은 소방교, 소방장, 소방위, 소방경으로 근속승진임용을 할 수 있다.
㉠ 소방사를 소방교로 근속승진임용하려는 경우 : 해당 계급에서 4년 이상 근속자
㉡ 소방교를 소방장으로 근속승진임용하려는 경우 : 해당 계급에서 5년 이상 근속자
㉢ 소방장을 소방위로 근속승진임용하려는 경우 : 해당 계급에서 6년 6개월 이상 근속자
㉣ 소방위를 소방경으로 근속승진임용하려는 경우 : 해당 계급에서 10년 이상 근속자

05 다음 중 화재진압을 위해 근대도시계획의 개념과 같이 도시구획 정리와 금화도감을 설치한 시대로 옳은 것은?

① 통일신라
② 고려시대
③ 조선시대
④ 대한제국

advice ③ 조선 세종 8년에 화재의 민가확대를 방지하기 위해 도시구역의 정비와 금화도감을 설치하였다.

06 다음 중 소방공무원의 징계 종류로 옳지 않은 것은?

① 정직
② 감봉
③ 견책
④ 훈계

advice ④ 훈계는 징계의 종류에 해당되지 않는다.
 ※ 징계의 종류⟨소방공무원 징계령 제1조의2⟩
  ㉠ 중징계 : 파면, 해임, 강등, 정직
  ㉡ 경징계 : 감봉, 견책

07 다음 중 소방조직의 변천과정에 대한 설명으로 옳지 않은 것은?

① 고려시대 – 금화법령의 제정

② 조선시대 – 금화관서의 설치

③ 미군정시대 – 최초의 자치소방제도 시행

④ 정부수립 이후 – 소방법의 제정 및 국가소방체제

advice ① 금화법령이 제정된 것은 조선시대이며 고려시대에는 별도의 소방조직은 없었고, 금화제도만 시행하였다.

08 소방공무원임용령에 관한 설명으로 틀린 것은?

① 소방공무원인사위원회는 위원장을 포함한 5인 이상 10인 이하의 위원으로 구성한다.

② 시험실시기관 또는 시험실시권의 위임을 받은 자는 소방공무원공개경쟁채용시험을 실시하고자 할 때에는 임용예정계급, 응시자격, 선발예정인원, 시험의 방법·시기·장소·시험과목 및 배점에 관한 사항을 시험실시 20일 전까지 공고하여야 한다.

③ 소방공무원의 신규채용은 공개경쟁시험으로 한다.

④ 소방공무원의 채용시험은 필기시험·체력시험·신체검사·면접시험·실기시험과 서류전형에 의한다.

advice 소방공무원인사위원회는 위원장을 포함한 5인 이상 7인 이하의 위원으로 구성한다〈소방공무원임용령 제8 조 제1항〉.

09 다음 중 우리나라 소방의 역사에 관한 설명 중 옳은 것은?

① 세종 때 '소방'이라는 용어를 처음으로 사용했다.

② 삼국시대에 금화도감이 설치되었다.

③ 대한민국 정부수립 이후에 동력소방펌프가 처음 등장했다.

④ 1958년 제정된 소방법은 화재의 예방 및 진압·경계에 목적이 있었다.

advice ① 1895년 갑오개혁 이후 경무청 내 총무국에서 처음 사용하였다.
② 금화도감은 조선시대에 설치되었다.
③ 1912년 가솔린펌프차가 스웨덴에서 처음으로 수입되었다.

10 다음 중 공무원의 분류상 소방공무원은 어디에 해당하는가?

① 별정직 공무원

② 특정직 공무원

③ 일반직 공무원

④ 정무직 공무원

advice ② 경력직공무원 중 특정직공무원에 해당한다〈국가공무원법 제2조 제2항〉.

11 다음 중 소방기본법상의 용어 정의에 대한 설명으로 틀린 것은?

① 소방대상물이란 건축물, 차량, 선박(「선박법」 제1조의2 제1항에 따른 선박으로서 항구에 매어둔 선박만 해당한다), 선박 건조 구조물, 산림, 그 밖의 인공 구조물 또는 물건을 말한다.

② 소방대장이란 특별시·광역시·특별자치시·도 또는 특별자치도에서 화재의 예방·경계·진압· 조사 및 구조·구급 등의 업무를 담당하는 부서의 장을 말한다.

③ 관계지역이란 소방대상물이 있는 장소 및 그 이웃 지역으로서 화재의 예방·경계·진압, 구조· 구급 등의 활동에 필요한 지역을 말한다.

④ 관계인이란 소방대상물의 소유자·관리자 또는 점유자를 말한다.

advice 소방대장이란 소방본부장 또는 소방서장 등 화재, 재난·재해, 그 밖의 위급한 상황이 발생한 현장에서 소 방대를 지휘하는 사람을 말하며〈소방기본법 제2조 제6호〉, ②는 소방본부장에 대한 설명이다.

12 우리나라에 최초로 경성 소방서가 설치된 시기는?

① 1925년

② 1927년

③ 1930년

④ 1933년

advice 1925년 우리나라에 최초로 경성 소방서가 설치되었으며, 현재의 종로 소방서의 전신이다.

답 07.① 08.① 09.④ 10.② 11.② 12.①

13 다음 중 의용소방대원의 임무가 아닌 것은?

① 화재의 경계와 진압업무의 보조

② 소방기술자 자격증 대여

③ 화재 등 재난 발생 시 대피 및 구호업무의 보조

④ 화재예방업무의 보조

advice 의용소방대원의 임무〈의용소방대 설치 및 운영에 관한 법률 제7조〉
- ㉠ 화재의 경계와 진압업무의 보조
- ㉡ 구조·구급 업무의 보조
- ㉢ 화재 등 재난 발생 시 대피 및 구호업무의 보조
- ㉣ 화재예방업무의 보조
- ㉤ 그 밖에 행정안전부령으로 정하는 사항

14 다음 중 화재가 사회적 재앙으로 출현하게 된 시기는?

① 삼국시대   ② 고려시대

③ 조선시대   ④ 미군정시대

advice 소방조직의 변천
- ㉠ 원시시대 : 불의 발견 및 이용
- ㉡ 삼국시대 : 사회적 재앙으로 출현한 화재
- ㉢ 고려시대 : 금화제도의 시행
- ㉣ 조선시대 : 금화법령의 제정과 금화관서의 설치
- ㉤ 광복과 미군정시대(1945~1948) : 자치소방제도의 최초 시행
- ㉥ 정부 수립 이후(1948~1970) : 국가소방체제
- ㉦ 소방제도의 발전기(1970~1992) : 국가 + 자치소방체제
- ㉧ 성숙기(1992~2019) : 시·도 광역자치 소방체제
- ㉨ 국가소방공무원 시대 : 2020. 4. 1. 소방공무원의 국가직 전환

15 소방제도의 발전기(1970~1992)의 우리나라 소방행정에 대한 설명으로 옳은 것은?

① 소방행정은 중앙소방위원회(소방청), 도소방위원회(지방 소방청) 및 시·읍·면 소방부를 창설·운영함으로써 독립된 자치소방제도를 최초로 시행하였다.

② 소방법이 제정·시행되면서 중앙은 내무부 치안국 소방과로, 지방은 경찰국 소방과로 예속되고, 전국 50개 소방서는 24개 소방서로 축소 조정되었다.

③ 서울과 부산은 자치사무, 기타 시·도는 국가사무로 다루어지는 이원적 행정체계를 이때부터 유지하게 되었다.

④ 전국 시·도에 소방본부를 설치·운영함으로써 시·도 광역자치 소방체제가 본격적으로 개막되었다.

advice ① 미군정시대(1945~1948)
② 정부수립 이후(1948~1970)
③ 소방제도의 발전기(1970~1992)
④ 성숙기(1992~2019)

02 소방기능

1 화재의 예방 · 경계 · 진압 · 조사활동

(1) 화재의 예방 · 경계

① 화재의 예방조치 등〈소방기본법 제12조〉
  ㉠ 소방본부장이나 소방서장은 화재의 예방상 위험하다고 인정되는 행위를 하는 사람이나 소화(消火) 활동에 지장이 있다고 인정되는 물건의 소유자 · 관리자 또는 점유자에게 다음의 명령을 할 수 있다.
  • 불장난, 모닥불, 흡연, 화기(火氣) 취급, 그 밖에 화재예방상 위험하다고 인정되는 행위의 금지 또는 제한
  • 타고 남은 불 또는 화기가 있을 우려가 있는 재의 처리
  • 함부로 버려두거나 그냥 둔 위험물, 그 밖에 불에 탈 수 있는 물건을 옮기거나 치우게 하는 등의 조치
  ㉡ 소방본부장이나 소방서장은 '함부로 버려두거나 그냥 둔 위험물, 그 밖에 불에 탈 수 있는 물건을 옮기거나 치우게 하는 등의 조치'에 해당하는 경우로서 그 위험물 또는 물건의 소유자 · 관리자 또는 점유자의 주소와 성명을 알 수 없어서 필요한 명령을 할 수 없을 때에는 소속 공무원으로 하여금 그 위험물 또는 물건을 옮기거나 치우게 할 수 있다.
  ㉢ 소방본부장이나 소방서장은 ㉡에 따라 옮기거나 치운 위험물 또는 물건을 보관하여야 한다.
  ㉣ 소방본부장이나 소방서장은 ㉢에 따라 위험물 또는 물건을 보관하는 경우에는 그 날부터 14일 동안 소방본부 또는 소방서의 게시판에 그 사실을 공고하여야 한다.
  ㉤ ㉢에 따라 소방본부장이나 소방서장이 보관하는 위험물 또는 물건의 보관기간 및 보관기간 경과 후 처리 등에 대하여는 대통령령으로 정한다.

② 화재경계지구 지정 등〈소방기본법 제13조〉
  ㉠ 시 · 도지사는 다음의 어느 하나에 해당하는 지역 중 화재가 발생할 우려가 높거나 화재가 발생하는 경우 그로 인하여 피해가 클 것으로 예상되는 지역을 화재경계지구(火災警戒地區)로 지정할 수 있다.
  • 시장지역
  • 공장 · 창고가 밀집한 지역
  • 목조건물이 밀집한 지역
  • 위험물의 저장 및 처리 시설이 밀집한 지역
  • 석유화학제품을 생산하는 공장이 있는 지역
  • 「산업입지 및 개발에 관한 법률」에 따른 산업단지

- 소방시설·소방용수시설 또는 소방출동로가 없는 지역
- 그 밖에 ㉠에 준하는 지역으로서 소방청장·소방본부장 또는 소방서장이 화재경계지구로 지정할 필요가 있다고 인정하는 지역

㉡ ㉠에도 불구하고 시·도지사가 화재경계지구로 지정할 필요가 있는 지역을 화재경계지구로 지정하지 아니하는 경우 소방청장은 해당 시·도지사에게 해당 지역의 화재경계지구 지정을 요청할 수 있다.

㉢ 소방본부장이나 소방서장은 대통령령으로 정하는 바에 따라 ㉠에 따른 화재경계지구 안의 소방대상물의 위치·구조 및 설비 등에 대하여 「소방시설 설치·유지 및 안전관리에 관한 법률」에 따른 소방특별조사를 하여야 한다.

㉣ 소방본부장이나 소방서장은 ㉢에 따른 소방특별조사를 한 결과 화재의 예방과 경계를 위하여 필요하다고 인정할 때에는 관계인에게 소방용수시설, 소화기구, 그 밖에 소방에 필요한 설비의 설치를 명할 수 있다.

㉤ 소방본부장이나 소방서장은 화재경계지구 안의 관계인에 대하여 대통령령으로 정하는 바에 따라 소방에 필요한 훈련 및 교육을 실시할 수 있다.

㉥ 시·도지사는 대통령령으로 정하는 바에 따라 ㉠에 따른 화재경계지구의 지정 현황, ㉢에 따른 소방특별조사의 결과, ㉣에 따른 소방설비 설치 명령 현황, ㉤에 따른 소방교육의 현황 등이 포함된 화재경계지구에서의 화재예방 및 경계에 필요한 자료를 매년 작성·관리하여야 한다.

③ 화재에 관한 위험경보〈소방기본법 제14조〉

소방본부장이나 소방서장은 「기상법」에 따른 이상기상(異常氣象)의 예보 또는 특보가 있을 때에는 화재에 관한 경보를 발령하고 그에 따른 조치를 할 수 있다.

④ 불을 사용하는 설비 등의 관리와 특수가연물의 저장·취급〈소방기본법 제15조〉

㉠ 보일러, 난로, 건조설비, 가스·전기시설, 그 밖에 화재 발생 우려가 있는 설비 또는 기구 등의 위치·구조 및 관리와 화재 예방을 위하여 불을 사용할 때 지켜야 하는 사항은 대통령령으로 정한다.

㉡ 화재가 발생하는 경우 불길이 빠르게 번지는 고무류·면화류·석탄 및 목탄 등 대통령령으로 정하는 특수가연물(特殊可燃物)의 저장 및 취급 기준은 대통령령으로 정한다.

(2) 화재의 진압

① **소방활동**〈소방기본법 제16조〉
　　㉠ 소방청장, 소방본부장 또는 소방서장은 화재, 재난·재해, 그 밖의 위급한 상황이 발생하였을 때에는 소방대를 현장에 신속하게 출동시켜 화재진압과 인명구조·구급 등 소방에 필요한 활동을 하게 하여야 한다.
　　㉡ 누구든지 정당한 사유 없이 ㉠에 따라 출동한 소방대의 화재진압 및 인명구조·구급 등 소방활동을 방해하여서는 아니 된다.

② **소방자동차의 우선 통행** ⋯ 모든 차와 사람은 소방자동차(지휘를 위한 자동차 및 구조·구급차를 포함)가 화재진압 및 구조·구급활동을 위하여 출동을 할 때에는 이를 방해하여서는 아니 된다〈소방기본법 제21조〉.

③ **소방대의 긴급통행** ⋯ 소방대는 화재, 재난·재해, 그 밖의 위급한 상황이 발생한 현장에 신속하게 출동하기 위하여 긴급할 때에는 일반적인 통행에 쓰이지 아니하는 도로·빈터 또는 물 위로 통행할 수 있다〈소방기본법 제22조〉.

④ **소방활동구역의 설정** ⋯ 소방대장은 화재, 재난·재해, 그 밖의 위급한 상황이 발생한 현장에 소방활동구역을 정하여 소방활동에 필요한 사람으로서 대통령령이 정하는 사람 외에는 그 구역에 출입하는 것을 제한할 수 있다〈소방기본법 제23조〉.

⑤ **소방활동 종사 명령** ⋯ 소방본부장·소방서장 또는 소방대장은 화재, 재난·재해, 그 밖의 위급한 상황이 발생한 현장에서 소방활동을 위하여 필요할 때에는 그 관할구역에 사는 사람 또는 그 현장에 있는 사람으로 하여금 사람을 구출하는 일 또는 불을 끄거나 불이 번지지 아니하도록 하는 일을 하게 할 수 있다〈소방기본법 제24조〉.

⑥ **강제처분 등** ⋯ 소방본부장·소방서장 또는 소방대장은 사람을 구출하거나 불이 번지는 것을 막기 위하여 필요한 때에는 화재가 발생하거나 불이 번질 우려가 있는 소방대상물 및 토지를 일시적으로 사용하거나 그 사용의 제한 또는 소방활동에 필요한 처분을 할 수 있다〈소방기본법 제25조〉.

⑦ **피난 명령** ⋯ 소방본부장·소방서장 또는 소방대장은 화재, 재난·재해, 그 밖의 위급한 상황이 발생하여 사람의 생명을 위험하게 할 것으로 인정할 때에는 일정한 구역을 지정하여 그 구역에 있는 사람에게 그 구역 밖으로 피난할 것을 명할 수 있다〈소방기본법 제26조〉.

⑧ **위험시설 등에 대한 긴급조치** ⋯ 소방본부장·소방서장 또는 소방대장은 화재 진압 등 소방활동을 위하여 필요할 때에는 소방용수 외에 댐·저수지 또는 수영장 등의 물을 사용하거나 수도(水道)의 개폐장치 등을 조작할 수 있다〈소방기본법 제27조〉.

⑨ **소방용수시설 또는 비상소화장치의 사용금지 등**〈소방기본법 제28조〉 ⋯ 누구든지 다음에 해당하는 행위를 하여서는 아니 된다.
　　㉠ 정당한 사유 없이 소방용수시설을 사용하는 행위
　　㉡ 정당한 사유 없이 손상·파괴, 철거 또는 그 밖의 방법으로 소방용수시설의 효용을 해치는 행위
　　㉢ 소방용수시설의 정당한 사용을 방해하는 행위

⑩ 화재진압전술
  ㉠ 공격진압전술 : 소방력이 불길의 세력보다 클 때 화재발생지점에 소방력을 집중한다.
  ㉡ 수비진압전술 : 소방력이 불길보다 약하면 불길확산 방지, 불길이 소방력보다 약하면 공격진압전술을 취한다.
  ㉢ 포위전술 : 노즐을 화재발생지점에 포위 배치하여 진압한다.
  ㉣ 블록전술 : 확대가능한 면을 대응 방어로 포위하여 인접 건물로 확대되는 것을 방지한다.
  ㉤ 중점전술 : 통제 불가능할 정도의 재해 발생 시 사회·경제적으로 중요대상물을 방어한다. 대폭발 등으로부터 인명을 보호하기 위해 피난로, 피난예정지 확보 등을 한다.

⑪ 방수활동
  ㉠ 직상주수 : 대량의 물로 화점을 직접 공격하여 냉각효과를 유도하는 방식
    • 장점 : 원거리로 화점을 직접 타격할 수 있다.
    • 단점 : 대량의 물이 필요하고 호스의 반동이 크다.
  ㉡ 분무주수 : 물을 작은 물방울이나 안개형태로 분사하는 방식
    • 장점 : 직상주수보다 냉각효과가 크다.
    • 단점 : 단거리로 밀폐공간에서 사용해야 한다.

(3) 화재조사

① **화재의 원인 및 피해 조사**〈소방기본법 제29조〉
  ㉠ 소방청장, 소방본부장 또는 소방서장은 화재가 발생하였을 때에는 화재의 원인 및 피해 등에 대한 조사(이하 "화재조사"라 한다)를 하여야 한다.
  ㉡ ㉠에 따른 화재조사의 방법 및 전담조사반의 운영과 화재조사자의 자격 등 화재조사에 필요한 사항은 행정안전부령으로 정한다.

② **출입·조사 등**〈소방기본법 제30조〉
  ㉠ 소방청장, 소방본부장 또는 소방서장은 화재조사를 하기 위하여 필요하면 관계인에게 보고 또는 자료 제출을 명하거나 관계 공무원으로 하여금 관계 장소에 출입하여 화재의 원인과 피해의 상황을 조사하거나 관계인에게 질문하게 할 수 있다.
  ㉡ ㉠에 따라 화재조사를 하는 관계 공무원은 그 권한을 표시하는 증표를 지니고 이를 관계인에게 보여 주어야 한다.
  ㉢ ㉠에 따라 화재조사를 하는 관계 공무원은 관계인의 정당한 업무를 방해하거나 화재조사를 수행하면서 알게 된 비밀을 다른 사람에게 누설하여서는 아니 된다.

③ **수사기관에 체포된 사람에 대한 조사**〈소방기본법 제31조〉
  소방청장, 소방본부장 또는 소방서장은 수사기관이 방화(放火) 또는 실화(失火)의 혐의가 있어서 이미 피의자를 체포하였거나 증거물을 압수하였을 때에 화재조사를 위하여 필요한 경우에는 수사에 지장을 주지 아니하는 범위에서 그 피의자 또는 압수된 증거물에 대한 조사를 할 수 있다. 이 경우 수사기관은 소방청장, 소방본부장 또는 소방서장의 신속한 화재조사를 위하여 특별한 사유가 없으면 조사에 협조하여야 한다.

④ 소방공무원과 국가경찰공무원의 협력 등〈소방기본법 제32조〉

　㉠ 소방공무원과 국가경찰공무원은 화재조사를 할 때에 서로 협력하여야 한다.

　㉡ 소방본부장이나 소방서장은 화재조사 결과 방화 또는 실화의 혐의가 있다고 인정하면 지체 없이 관할 경찰서장에게 그 사실을 알리고 필요한 증거를 수집·보존하여 그 범죄수사에 협력하여야 한다.

⑤ 소방기관과 관계 보험회사의 협력〈소방기본법 제33조〉

　소방본부, 소방서 등 소방기관과 관계 보험회사는 화재가 발생한 경우 그 원인 및 피해상황을 조사할 때 필요한 사항에 대하여 서로 협력하여야 한다.

Q 기출문제　　　　　　　　　　　　　　　　　　　　　　　2019. 9. 28. 제33차

소방기본법 및 같은 법 시행규칙상 화재조사에 관한 내용으로 옳지 않은 것은?

① 화재조사는 화재진압이 완료되는 즉시 실시되어야 한다.

② 소방서와 보험회사는 화재원인조사를 위해 협력해야 한다.

③ 화재조사에는 화재원인조사 뿐만 아니라 화재피해조사도 포함된다.

④ 화재조사 담당 공무원은 발화원인 파악을 위해 관계인에게 질문할 수 있다.

답 ①

---

2 소방시설의 설치유지 및 안전관리

(1) 건축허가 등의 동의〈화재예방, 소방시설 설치·유지 및 안전관리에 관한 법률 제7조〉

① 건축물 등의 신축·증축·개축·재축(再築)·이전·용도변경 또는 대수선(大修繕)의 허가·협의 및 사용승인(「주택법」에 따른 승인 및 사용검사, 「학교시설사업 촉진법」에 따른 승인 및 사용승인을 포함하며, 이하 "건축허가 등"이라 한다)의 권한이 있는 행정기관은 건축허가등을 할 때 미리 그 건축물 등의 시공지(施工地) 또는 소재지를 관할하는 소방본부장이나 소방서장의 동의를 받아야 한다.

② 건축물 등의 대수선·증축·개축·재축 또는 용도변경의 신고를 수리(受理)할 권한이 있는 행정기관은 그 신고를 수리하면 그 건축물 등의 시공지 또는 소재지를 관할하는 소방본부장이나 소방서장에게 지체 없이 그 사실을 알려야 한다.

③ ①에 따른 건축허가 등의 권한이 있는 행정기관과 ②에 따른 신고를 수리할 권한이 있는 행정기관은 ①에 따라 건축허가 등의 동의를 받거나 ②에 따른 신고를 수리한 사실을 알릴 때 관할 소방본부장이나 소방서장에게 건축허가 등을 하거나 신고를 수리할 때 건축허가 등을 받으려는 자 또는 신고를 한 자가 제출한 설계도서 중 건축물의 내부구조를 알 수 있는 설계도면을 제출하여야 한다. 다만, 국가안보상 중요하거나 국가기밀에 속하는 건축물을 건축하는 경우로서 관계 법령에 따라 행정기관이 설계도면을 확보할 수 없는 경우에는 그러하지 아니하다.

④ 소방본부장이나 소방서장은 ①에 따른 동의를 요구받으면 그 건축물 등이 이 법 또는 이 법에 따른 명령을 따르고 있는지를 검토한 후 행정안전부령으로 정하는 기간 이내에 해당 행정기관에 동의 여부를 알려야 한다.

⑤ ①에 따라 사용승인에 대한 동의를 할 때에는 「소방시설공사업법」에 따른 소방시설공사의 완공검사 증명서를 교부하는 것으로 동의를 갈음할 수 있다. 이 경우 ①에 따른 건축허가 등의 권한이 있는 행정기관은 소방시설공사의 완공검사증명서를 확인하여야 한다.

⑥ ①에 따른 건축허가 등을 할 때에 소방본부장이나 소방서장의 동의를 받아야 하는 건축물 등의 범위는 대통령령으로 정한다.

⑦ 다른 법령에 따른 인가 · 허가 또는 신고 등(건축허가등과 ②에 따른 신고는 제외하며, 이하 이 항에서 "인허가 등"이라 한다)의 시설기준에 소방시설 등의 설치 · 유지 등에 관한 사항이 포함되어 있는 경우 해당 인허가 등의 권한이 있는 행정기관은 인허가 등을 할 때 미리 그 시설의 소재지를 관할하는 소방본부장이나 소방서장에게 그 시설이 이 법 또는 이 법에 따른 명령을 따르고 있는지를 확인하여 줄 것을 요청할 수 있다. 이 경우 요청을 받은 소방본부장 또는 소방서장은 행정안전부령으로 정하는 기간 이내에 확인 결과를 알려야 한다.

(2) 주택에 설치하는 소방시설〈화재예방, 소방시설 설치 · 유지 및 안전관리에 관한 법률 제8조〉

① 다음의 주택 소유자는 대통령령으로 정하는 소방시설을 설치하여야 한다.
  ㉠ 「건축법」의 단독주택
  ㉡ 「건축법」의 공동주택(아파트 및 기숙사는 제외한다)

② 국가 및 지방자치단체는 ①에 따라 주택에 설치하여야 하는 소방시설(이하 "주택용 소방시설"이라 한다)의 설치 및 국민의 자율적인 안전관리를 촉진하기 위하여 필요한 시책을 마련하여야 한다.

③ 주택용 소방시설의 설치기준 및 자율적인 안전관리 등에 관한 사항은 특별시 · 광역시 · 특별자치시 · 도 또는 특별자치도의 조례로 정한다.

> **POINT** 주택용 소방시설〈화재예방, 소방시설 설치 · 유지 및 안전관리에 관한 법률 시행령 제13조〉 ⋯ 법 제8조 제1항 각 호 외의 부분에서 "대통령령으로 정하는 소방시설"이란 소화기 및 단독경보형감지기를 말한다.

Q 기출문제   2019. 3. 16. 제32차

「화재예방, 소방시설 설치 · 유지 및 안전관리에 관한 법률 시행령」에서 정하는 주택용 소방시설에 해당하는 것은?

① 차동식감지기   ② 단독경보형감지기
③ 정온식감지기   ④ 보상식감지기

답 ①

---

(3) 소방대상물의 방염 등〈화재예방, 소방시설 설치 · 유지 및 안전관리에 관한 법률 제12조〉

① 대통령령으로 정하는 특정소방대상물에 실내장식 등의 목적으로 설치 또는 부착하는 물품으로서 대통령령으로 정하는 물품(이하 "방염대상물품"이라 한다)은 방염성능기준 이상의 것으로 설치하여야 한다.

② 소방본부장이나 소방서장은 방염대상물품이 ①에 따른 방염성능기준에 미치지 못하거나 방염성능검사를 받지 아니한 것이면 소방대상물의 관계인에게 방염대상물품을 제거하도록 하거나 방염성능검사를 받도록 하는 등 필요한 조치를 명할 수 있다.

③ ①에 따른 방염성능기준은 대통령령으로 정한다.

3 위험물 안전관리

(1) 위험물

① **위험물의 정의** … 위험물안전관리법에서 규정하는 인화성 또는 발화성 등의 물품을 말하며, 제1류 ~ 제6류 위험으로 나누고 공통적인 물리 · 화학적인 특성 등으로 화재 위험성이 있는 것을 위험물이라 한다〈위험물안전관리법 제2조〉.

② **위험물의 지정** … 저장, 취급, 운반 과정에서의 안전을 위해 위험물안전관리법에서 위험물에 대하여 제1류 ~ 제6류까지 각각의 유별로 품명의 수량을 지정하였다.
  ㉠ 품명의 지정 기준
    • 화학적 성질 : 화학적 조성, 반응성, 폭발성, 농도에 따른 위험성의 변화 등
    • 물리적 성질 : 인화점, 연소점, 발화점, 연소 범위, 취급 형태 등
  ㉡ 지정수량
    • 위험물안전관리법 시행령에 의하여 위험성을 고려하여 위험물의 종류별로 정하는 수량이며 제조소 등의 설치허가 등에 적용되는 최저의 기준이 되는 수량이다.
    • 고체일 경우 kg, 액체일 경우 l로 표시한다(단, 제6류 위험물의 경우 액체이지만 kg으로 표시).

(2) 위험물 안전관리

① **위험물의 저장 및 취급의 제한**〈위험물안전관리법 제5조〉
  ㉠ 지정수량 이상의 위험물을 저장소가 아닌 장소에서 저장하거나 제조소 등이 아닌 장소에서 취급하여서는 아니 된다.
  ㉡ ㉠에도 불구하고 다음의 어느 하나에 해당하는 경우에는 제조소 등이 아닌 장소에서 지정수량 이상의 위험물을 취급할 수 있다. 이 경우 임시로 저장 또는 취급하는 장소에서의 저장 또는 취급의 기준과 임시로 저장 또는 취급하는 장소의 위치 · 구조 및 설비의 기준은 시 · 도의 조례로 정한다.

- 시 · 도의 조례가 정하는 바에 따라 관할소방서장의 승인을 받아 지정수량 이상의 위험물을 90일 이내의 기간 동안 임시로 저장 또는 취급하는 경우
- 군부대가 지정수량 이상의 위험물을 군사목적으로 임시로 저장 또는 취급하는 경우
ⓒ 제조소 등에서의 위험물의 저장 또는 취급에 관하여는 다음의 중요기준 및 세부기준에 따라야 한다.
- 중요기준 : 화재 등 위해의 예방과 응급조치에 있어서 큰 영향을 미치거나 그 기준을 위반하는 경우 직접적으로 화재를 일으킬 가능성이 큰 기준으로서 행정안전부령이 정하는 기준
- 세부기준 : 화재 등 위해의 예방과 응급조치에 있어서 중요기준보다 상대적으로 적은 영향을 미치거나 그 기준을 위반하는 경우 간접적으로 화재를 일으킬 수 있는 기준 및 위험물의 안전관리에 필요한 표시와 서류 · 기구 등의 비치에 관한 기준으로서 행정안전부령이 정하는 기준
ⓓ ㉠에 따른 제조소 등의 위치 · 구조 및 설비의 기술기준은 행정안전부령으로 정한다.
ⓔ 둘 이상의 위험물을 같은 장소에서 저장 또는 취급하는 경우에 있어서 당해 장소에서 저장 또는 취급하는 각 위험물의 수량을 그 위험물의 지정수량으로 각각 나누어 얻은 수의 합계가 1 이상인 경우 당해 위험물은 지정수량 이상의 위험물로 본다.

② **위험물시설의 유지 · 관리**〈위험물안전관리법 제14조〉
ⓐ 제조소 등의 관계인은 당해 제조소 등의 위치 · 구조 및 설비가 제조소 등의 위치 · 구조 및 설비의 기술기준에 적합하도록 유지 · 관리하여야 한다.
ⓑ 시 · 도지사, 소방본부장 또는 소방서장은 ㉠의 규정에 따른 유지 · 관리의 상황이 제조소 등의 위치 · 구조 및 설비의 기술기준에 부적합하다고 인정하는 때에는 그 기술기준에 적합하도록 제조소 등의 위치 · 구조 및 설비의 수리 · 개조 또는 이전을 명할 수 있다.

③ **정기점검 및 정기검사**〈위험물안전관리법 제18조〉
ⓐ 대통령령이 정하는 제조소 등의 관계인은 그 제조소 등에 대하여 행정안전부령이 정하는 바에 따라 제조소 등의 위치 · 구조 및 설비의 기술기준에 적합한지의 여부를 정기적으로 점검하고 점검결과를 기록하여 보존하여야 한다.
ⓑ ㉠의 규정에 따른 정기점검의 대상이 되는 제조소 등의 관계인 가운데 대통령령이 정하는 제조소 등의 관계인은 행정안전부령이 정하는 바에 따라 소방본부장 또는 소방서장으로부터 당해 제조소 등이 제조소 등의 위치 · 구조 및 설비의 기술기준에 적합하게 유지되고 있는지의 여부에 대하여 정기적으로 검사를 받아야 한다.

④ **위험물 출입 · 검사**〈위험물안전관리법 제22조 제1항〉 ··· 소방청장, 시 · 도지사, 소방본부장 또는 소방서장은 위험물의 저장 또는 취급에 따른 화재의 예방 또는 진압대책을 위하여 필요한 때에는 위험물을 저장 또는 취급하고 있다고 인정되는 장소의 관계인에 대하여 필요한 보고 또는 자료제출을 명할 수 있으며, 관계공무원으로 하여금 당해 장소에 출입하여 그 장소의 위치 · 구조 · 설비 및 위험물의 저장 · 취급상황에 대하여 검사하게 하거나 관계인에게 질문하게 하고 시험에 필요한 최소한의 위험물 또는 위험물로 의심되는 물품을 수거하게 할 수 있다. 다만, 개인의 주거는 관계인의 승낙을 얻은 경우 또는 화재발생의 우려가 커서 긴급한 필요가 있는 경우가 아니면 출입할 수 없다.

(3) 위험물 시설의 종류〈위험물안전관리법 제2조〉

① **제조소** … 위험물을 제조할 목적으로 지정수량 이상의 위험물을 취급하기 위하여 위험물안전관리법에 따라 허가를 받은 장소이다.

② **저장소** … 지정수량 이상의 위험물을 저장하기 위하여 대통령령이 정하는 장소로서 위험물안전관리법 제6조 제1항의 규정에 따라 허가를 받은 장소이다.

③ **취급소** … 지정수량 이상의 위험물을 제조 외의 목적으로 취급하기 위한 대통령령이 정하는 장소로서, 위험물안전관리법 규정에 따라 허가를 받은 장소이다.

4 구조 · 구급 행정관리

(1) 구조의 개념

구조란 화재, 재난 · 재해 및 테러, 그 밖의 위급한 상황(이하 "위급상황"이라 한다)에서 외부의 도움을 필요로 하는 사람(이하 "요구조자"라 한다)의 생명, 신체 및 재산을 보호하기 위하여 수행하는 모든 활동을 말한다〈119구조 · 구급에 관한 법률 제2조〉.

(2) 구조대

① 구조대의 편성과 운영

    ㉠ 소방청장 · 소방본부장 또는 소방서장은 위급상황에서 요구조자의 생명 등을 신속하고 안전하게 구조하는 업무를 수행하기 위하여 대통령령으로 정하는 바에 따라 119구조대를 편성하여 운영하여야 한다〈119구조 · 구급에 관한 법률 제8조 제1항〉.

    ㉡ 소방청장은 국외에서 대형재난 등이 발생한 경우 재외국민의 보호 또는 재난발생국의 국민에 대한 인도주의적 구조 활동을 위하여 국제구조대를 편성하여 운영할 수 있다〈119구조 · 구급에 관한 법률 제9조 제1항〉.

② 구조대 기준

    ㉠ 구조대원의 자격기준〈119구조 · 구급에 관한 법률 시행령 제6조〉

      • 소방청장이 실시하는 인명구조사 교육을 받았거나 인명구조사 시험에 합격한 사람

      • 국가 · 지방자치단체 및 「공공기관의 운영에 관한 법률」에 따른 공공기관의 구조 관련 분야에서 근무한 경력이 2년 이상인 사람

      • 「응급의료에 관한 법률」에 따른 응급구조사 자격을 가진 사람으로서 소방청장이 실시하는 구조 업무에 관한 교육을 받은 사람

ⓛ 구조대의 편성 · 운영〈119구조 · 구급에 관한 법률 시행령 제5조〉

구분	내용
일반구조대	시 · 도의 규칙으로 정하는 바에 따라 소방서마다 1개 대(隊) 이상 설치하되, 소방서가 없는 시 · 군 · 구의 경우에는 해당 시 · 군 · 구 지역의 중심지에 있는 119안전센터에 설치할 수 있다.
특수구조대	소방대상물, 지역 특성, 재난 발생 유형 및 빈도 등을 고려하여 시 · 도의 규칙으로 정하는 바에 따라 다음 각 목의 구분에 따른 지역을 관할하는 소방서에 다음의 구분에 따라 설치한다. －화학구조대 : 화학공장이 밀집한 지역 －수난구조대 : 내수면어업법에 따른 내수면지역 －산악구조대 : 자연공원법에 따른 자연공원 등 산악지역 －고속국도구조대 : 고속국도법에 따른 고속국도(직할구조대에 설치할 수 있음) －지하철구조대 : 도시철도법 따른 도시철도의 역사(驛舍) 및 역무시설
직할구조대	대형 · 특수 재난사고의 구조, 현장 지휘 및 지원 등을 위하여 소방청 또는 시 · 도 소방본부에 설치하되, 소방본부에 설치하는 경우에는 시 · 도의 규칙으로 정하는 바에 따른다.
테러대응구조대	테러 및 특수재난에 전문적으로 대응하기 위하여 필요한 경우 소방청 또는 시 · 도 소방본부에 설치하는 것을 원칙으로 하되, 구조대의 효율적 운영을 위하여 필요한 경우에는 화학구조대와 직할구조대를 테러대응구조대로 지정할 수 있다.

③ **구조 · 구급활동을 위한 지원요청**〈119구조 · 구급에 관한 법률 제20조〉

ⓙ 소방청장 등은 구조 · 구급활동을 함에 있어서 인력과 장비가 부족한 경우에는 대통령령으로 정하는 바에 따라 관할구역 안의 의료기관, 「응급의료에 관한 법률」에 따른 구급차 등의 운용자 및 구조 · 구급과 관련된 기관 또는 단체(이하 이 조에서 "의료기관등"이라 한다)에 대하여 구조 · 구급에 필요한 인력 및 장비의 지원을 요청할 수 있다. 이 경우 요청을 받은 의료기관 등은 정당한 사유가 없으면 이에 따라야 한다.

ⓛ ⓙ의 지원요청에 따라 구조 · 구급활동에 참여하는 사람은 소방청장 등의 조치에 따라야 한다.

ⓒ ⓙ에 따라 지원활동에 참여한 구급차 등의 운용자는 소방청장 등이 지정하는 의료기관으로 응급환자를 이송하여야 한다.

ⓔ 소방청장 등은 행정안전부령으로 정하는 바에 따라 ⓙ에 따른 지원요청대상 의료기관 등의 현황을 관리하여야 한다.

ⓜ 소방청장 등은 ⓙ에 따라 구조 · 구급활동에 참여한 의료기관 등에 대하여는 그 비용을 보상할 수 있다.

(3) 구급의 개념

구급이란 응급환자에 대하여 행하는 상담, 응급처치 및 이송 등의 활동을 말한다〈119구조 · 구급에 관한 법률 제2조〉.

(4) 구급대

① 구급대의 편성과 운영〈119구조 · 구급에 관한 법률 시행령 제10조〉
　　㉠ 일반구급대 : 시 · 도의 규칙으로 정하는 바에 따라 소방서마다 1개 대 이상 설치하되, 소방서가 설치되지 아니한 시 · 군 · 구의 경우에는 해당 시 · 군 · 구 지역의 중심지에 소재한 119안전센터에 설치할 수 있다.
　　㉡ 고속국도구급대 : 교통사고 발생 빈도 등을 고려하여 소방청, 시 · 도 소방본부 또는 고속국도를 관할하는 소방서에 설치하되, 시 · 도 소방본부 또는 소방서에 설치하는 경우에는 시 · 도의 규칙으로 정하는 바에 따른다.

② 구급대원의 자격기준〈119구조 · 구급에 관한 법률 시행령 제11조〉
　　㉠ 「의료법」에 따른 의료인
　　㉡ 「응급의료에 관한 법률」에 따라 1급 응급구조사 자격을 취득한 사람
　　㉢ 「응급의료에 관한 법률」에 따라 2급 응급구조사 자격을 취득한 사람
　　㉣ 소방청장이 실시하는 구급업무에 관한 교육을 받은 사람(구급차 운전과 구급에 관한 보조업무만 할 수 있다)

③ 119구급대에 두는 소방자동차 등의 배치기준〈소방력 기준에 관한 규칙 별표1〉
　　㉠ 구급차 : 소방서에 소속된 119안전센터의 수(數)에 1대를 추가한 수의 구급차를 기본으로 배치한다. 119안전센터 관할에서 관할 인구 3만 명을 기준으로 하여 관할 인구 5만 명 또는 구급활동 건수가 연간 500건 이상 증가할 때마다 구급차 1대를 추가로 배치할 수 있다.
　　㉡ 구급오토바이 : 구급활동을 원활하게 추진하기 위하여 필요한 경우 구급대별로 1대 이상의 구급오토바이를 배치할 수 있다.

5 구조 · 구급활동

(1) 구조 및 구급활동

① 구조 · 구급활동〈119구조 · 구급에 관한 법률 제13조〉
　　㉠ 소방청장 등은 위급상황이 발생한 때에는 구조 · 구급대를 현장에 신속하게 출동시켜 인명구조 및 응급처치, 그 밖에 필요한 활동을 하게 하여야 한다.
　　㉡ 누구든지 ㉠에 따른 구조 · 구급활동을 방해하여서는 아니 된다.
　　㉢ 소방청장 등은 대통령령으로 정하는 위급하지 아니한 경우에는 구조 · 구급대를 출동시키지 아니할 수 있다.

② 유관기관과의 협력〈119구조 · 구급에 관한 법률 제14조〉
　　㉠ 소방청장 등은 구조 · 구급활동을 함에 있어서 필요한 경우에는 시 · 도지사 또는 시장 · 군수 · 구청장에게 협력을 요청할 수 있다.
　　㉡ 시 · 도지사 또는 시장 · 군수 · 구청장은 특별한 사유가 없으면 ㉠의 요청에 따라야 한다.

③ 구조된 사람과 물건의 인도·인계〈119구조·구급에 관한 법률 제16조〉

  ㉠ 소방청장 등은 구조 활동으로 구조된 사람(이하 "구조된 사람"이라 한다) 또는 신원이 확인된 사망자를 그 보호자 또는 유족에게 지체 없이 인도하여야 한다.

  ㉡ 소방청장 등은 구조·구급활동과 관련하여 회수된 물건(이하 "구조된 물건"이라 한다)의 소유자가 있는 경우에는 소유자에게 그 물건을 인계하여야 한다.

  ㉢ 소방청장 등은 다음의 어느 하나에 해당하는 때에는 구조된 사람, 사망자 또는 구조된 물건을 특별자치도지사·시장·군수·구청장(「재난 및 안전관리 기본법」에 따른 재난안전대책본부가 구성된 경우 해당 재난안전대책본부장을 말한다. 이하 같다)에게 인도하거나 인계하여야 한다.

    • 구조된 사람이나 사망자의 신원이 확인되지 아니한 때

    • 구조된 사람이나 사망자를 인도받을 보호자 또는 유족이 없는 때

    • 구조된 물건의 소유자를 알 수 없는 때

④ 구조·구급활동을 위한 지원 요청〈119구조·구급에 관한 법률 시행령 제24조〉

  ㉠ 구조·구급에 필요한 인력과 장비의 지원을 요청할 때에는 팩스·전화 등의 신속한 방법으로 하여야 한다.

  ㉡ ㉠ 외에 의료기관에 대한 지원 요청에 필요한 사항은 보건복지부장관과 협의하여 소방청장이 정하고, 구조·구급과 관련된 기관 또는 단체에 대한 지원 요청에 관하여 필요한 사항은 관할 구역의 구조·구급과 관련된 기관 또는 단체의 장과 협의하여 소방본부장 또는 소방서장이 정한다.

(2) 구조활동의 구분과 중요사항

① **구조방법에 따른 분류** ··· 로프구조, 구출, 수상 및 빙상구조, 도시수색구조, 위험물구조가 있다.

② **사고의 유형에 따른 분류** ··· 교통사고, 기계사고, 건물사고, 추락사고, 산악사고, 수난사고, 가스사고가 있다.

③ 수색·구조 활동은 신속, 안전하게 요구조자를 위험지역에서 탈출시켜야 한다.

> **POINT** 황금시간(Golden Hour) ··· 일반적으로 지진·건축물 붕괴 등의 재난현장에서 고립 또는 부상당한 사람을 24시간 안에 구조한 경우 생존율이 80% 이상으로 높아지기 때문에 사고 후 24시간이 매우 중요하다.

④ 재난현장에는 구조자와 요구조자 모두 위험하므로 신속함과 함께 안전에도 주의해야 한다.

⑤ 구조대원은 위험한 상황에서도 신속하고 안전한 구조를 위해 지식, 능력, 기술이 필요하다.

> **POINT** 구조활동의 성공요건 ··· 대응시간의 적시성, 대응활동의 효과성, 대응규모의 적절성

(3) 분야별 구조활동

① 건물붕괴사고

  ㉠ 전기, 수도, 가스시설 등의 파손을 수반하므로 요구조자와 구조대원에게 큰 위험을 줄 수 있고 건물의 2차 붕괴 시 1차 붕괴보다 더 큰 피해를 초래하므로 각별히 주의해야 한다.

  ㉡ 건물붕괴 구조활동

    • 비상대피시설 등 어느 정도 안전한 곳에 있는 요구조자 위치를 파악하기 위한 정찰활동을 수행한다.

    • 빈 공간에 있을지 모를 요구조자를 위해 부르고 듣는 방법을 사용한다.

  © 구조활동 순서
- 진입 장애물 제거 : 인적장비와 물적장비의 현장도착을 위해 장애물 제거가 필요하다.
- 2차 위험물 제거 : 건물과 산악도로의 경우처럼 추가붕괴로 인한 요구조자의 구조 어려움을 막기 위한 작업이다.
- 요구조자 구조 : 건물붕괴로 인한 요구조자까지의 위치도달을 위한 통로 확보 작업이다.
- 요구조자 구조 응급조치 : 요구조자를 현장에서 이송하기 전에 사전 응급조치를 해야 한다.

② 차량사고
  ㉠ 교통사고는 화재나 충돌 등 2차 사고가 발생할 수 있다.
  ㉡ 교통통제를 실시하여 구급차량의 도착을 돕고 2차사고 발생을 방지한다.
  ㉢ 유압스프레더, 유압램, 유압절단기 등으로 차량에서 사람을 구출하고 이동식 윈치 등을 이용하여 차량 견인을 한다.
  ㉣ 차량을 절단, 해체할 때 불꽃이 발생할 수 있는 장비(가스절단기 등)를 사용할 경우 차량에서 새어 나오는 연료가 착화될 위험이 있으므로 사용하지 않도록 한다.

③ 수난사고 … 시간이 경과하여 구조대가 현장에 도착할 때는 요구조자가 이미 사망한 경우가 많으며 제방·다리 등에서 추락하여 물에 빠진 경우 선박 좌초, 차량의 추락, 수영 미숙에 의한 익사사고 등이 있다.

④ 항공기사고
  ㉠ 인명구조, 응급의료, 진화작업이 함께 수행되어야 요구조자를 효과적으로 구조할 수 있다.
  ㉡ 항공기 추락현장으로 진입 시 누출된 연료에 의해 만들어진 가연성 증기를 피하기 위해 바람을 등지고 접근하여 구조작업을 한다.
  ㉢ 항공기사고는 화재의 위험성이 매우 크며 추락 후 발생한 화재는 확대가 빠르게 진행되어 주변의 건축물을 비롯하여 사람들에게 큰 위험을 초래한다.
  ㉣ 연료가 누출된 경우 언제라도 화재가 발생할 수 있으므로 미리 대량의 포를 방사하고 항공기에 접근한다.
  ㉤ 비행기의 측면으로 강제진입을 시도할 경우 동체의 하부에 전선, 연료, 유류, 산소 등의 파이프라인이 설치되어 있어 위험하므로 각별히 주의해야 한다.

⑤ 산악사고
  ㉠ 암벽 등반·등산 중 실족사고, 산속에서 질병이 발생한 경우 등이 있다.
  ㉡ 산악사고는 요구조자의 위치를 파악하는 작업이 필요하고 산속으로 접근하는 데 시간이 많이 소요되므로 헬기를 이용한 구조작업이 주로 이용된다.

⑥ 가스사고
  ㉠ LNG, LPG, 유독가스 등 누출된 가스에 의한 사고이다.
  ㉡ 구조작업은 우선 누출된 가스의 종류·누출범위를 파악하고 구조대원의 보호조치를 취한 뒤, 구조작전을 수행하며 폭발 및 화재 등에 주의한다.
  ㉢ 불꽃에 의한 폭발사고에 주의해야 하므로 조명기구, 장비의 선택에 신중해야 하며 유독가스의 경우 보호장비를 준비한다.

⑦ **추락사고** … 일반적인 건물 추락사고는 건물의 형태와 현장주변의 각종 장비들 그리고 화재위험물의 제거가 필수적이다. 산악추락사고의 경우 요구조자의 위치, 접근성, 부상정도를 파악하여 도보에 의한 구조와 헬기에 의한 구조인지를 파악하여야 한다.

　　㉠ 구조대원 현장진입 이전에 안전장비 착용유무의 확인과 현장특성상의 필요장비를 파악하여야 한다.

　　㉡ 현장지휘자는 구조현장의 2차적인 위험도를 확인 후 구조대원의 진입을 명해야 한다.

　　㉢ 건물추락사고는 요구조자의 추락으로 인한 2차 추락물의 확인 과정이 필요하다.

　　㉣ 요구조자의 구조활동은 로프를 이용하여 현장의 바스켓 또는 헬기의 바스켓을 이용하여 구조한다.

(4) 헬기구조

① **헬기구조의 특징**

　　㉠ 지상에서 접근이 곤란한 장소의 인명구조에 폭넓게 활용된다.

　　㉡ 높은 기동성으로 구조대원 및 각종 장비, 의약품 등을 빠르게 수송할 수 있다.

　　㉢ 기상상태가 나쁠 경우 운행이 어렵고 추락 등의 헬기사고가 발생하면 피해가 치명적이다.

　　㉣ 헬기에 케이블과 기중장치가 부착되어 있어 공중에서 인명구조를 할 수 있다.

　　㉤ 공중수색 작업은 장시간 계속해서 주의집중이 필요하므로 숙련된 구조대원이 요구된다.

② **헬기를 이용한 환자수송**

　　㉠ 헬기를 이용한 수송 시에 부상자는 다소의 요동 때문에 상태가 악화될 수 있다.

　　㉡ 환자의 상태에 따른 수송방법

　　　• 흉부통증환자 : 환자상태가 기압변화에 민감하기 때문에 헬기수송을 피하고 되도록 육상수송 방법을 택한다.

　　　• 순환기 계통의 출혈환자, 빈혈환자 : 고도가 높아지면 위험할 수 있으므로 되도록 지표 근처까지 헬기를 운용한다.

(5) 소방장비

① **기동장비** … 자체에 동력원이 부착되어 자력으로 이동하거나 견인되어 이동할 수 있는 장비

② **화재 진압장비** … 화재진압활동에 직접 사용되는 필수장비

③ **구조장비** … 구조활동에 사용되는 장비

④ **구급장비** … 구급활동에 사용되는 장비

⑤ **정보통신장비** … 소방업무 수행을 위한 의사전달 및 정보교환 · 분석에 필요한 장비

⑥ **측정장비** … 소방업무 수행에 수반되는 각종 조사 및 측정을 위하여 사용되는 장비

⑦ **보호장비** … 소방현장에서 소방대원의 신체를 보호하는 장비

⑧ **보조장비** … 소방업무 수행을 위하여 간접 또는 부수적으로 필요한 장비

※ **소방장비의 분류**〈소방장비관리법 시행령 별표1〉

대분류	중분류	소분류
1. 기동장비	소방자동차	소방펌프차, 소방물탱크차, 소방화학차, 화생방 대응차, 소방사다리차, 무인 방수차, 지휘차, 구조차, 구급차, 조명배연차, 화재조사차, 생활안전차, 안전 진단차, 소방순찰차, 현장지원차, 행정 및 교육지원차, 이륜차, 중장비
	소방선박	소방정, 구조정, 지휘정
	소방항공기	고정익항공기, 회전익항공기
2. 화재 진압장비	소화용수 기구	결합금속구, 소방용수 이용장비
	관창	일반관창, 특수관창, 폼관창, 방수총
	사다리	화재진압용 사다리
	소방용 펌프	동력소방펌프
	소방호스	소방호스, 소방호스 운용 용품
	소방용 보조기구	소화용 기구, 산소발생 공기정화기, 열화상 카메라, 이동식 송배풍기
	이동식 진화기	소화기, 초순간진화기
	소화약제	분말형 소화약제, 액체형 소화약제, 기체형 소화약제
	소방용 로봇	화재진압 로봇, 정찰 로봇
3. 구조장비	일반구조장비	구조용 사다리, 개방장비, 조명기구, 총포류, 동물포획 장비 세트, 일반구조 통신장비, 이송 및 안전장비, 그 밖의 일반장비
	산악구조장비	등하강 및 확보장비, 산악용 안전벨트, 고리, 도르래, 슬링, 등반용 로프 및 부대장비, 배낭, 일반장비, 빙벽 등반장비 세트, 설상 구조장비 세트, 암벽 및 거벽 등반장비 세트, 구조대상자 이송 및 안전장비, 산악용 근거리 통신장비
	수난구조장비	급류 구조장비, 잠수장비, 수중통신장비, 인명구조 및 안전장비
	화생방 및 대테러 구조장비	경계구역 설정라인, 제독 · 소독장비, 누출물 수거장비, 누출방지장비, 화생방 오염환자 이송장비, 시료 채취 및 이송장비, 슬링백 세트, 에어리프팅 백, 보호의류 등, 대테러 구조장비
	절단 구조장비	절단기, 톱, 드릴, 유압절단장비
	중량물 작업장비	유압장비, 휴대용 윈치, 다목적 구조 삼각대, 운전석 에어백 작동 방지장치, 에어백, 지지대, 리프트 잭, 체인블록, 체인세트, 벨트슬링, 중량물 작업용 와이어
	탐색 구조장비	헬멧식 연기투시기, 적외선 야간투시경, 매몰자 탐지기, 영상송수신장비세트, 붕괴물 경보기, 수중 탐지기, 수중비디오, 수중카메라, GPS수신기, 인명구조견, 구조용 로봇, 공중수색장비
	파괴장비	도끼, 방화문파괴기, 해머드릴, 착암기

4. 구급장비	환자평가 장비	신체검진 기구
	응급처치 장비	기도확보유지 기구, 호흡유지 기구, 심장박동회복 기구, 순환유지 기구, 외상처치 기구, 분만처치 기구
	환자이송장비	환자운반기, 체온유지기
	구급의약품	의약품, 소독제
	감염방지장비	감염방지기구, 장비소독기구
	통신기록장비	통신장비, 기록장비
	교육실습장비	전문술기(전문응급처치) 교육실습장비, 구급대원 교육실습장비
	재난대응장비	환자분류 장비, 환자처치 장비
5. 정보 통신장비	기반장비	냉방장치, 동력조절장비, 발전기류, 회로보호장치 및 액세서리
	네트워크장비	고정 네트워크 장비 및 부품, 광 네트워크 장치, 네트워크서비스 장비, 음향장비 및 제어기
	무선통신장비	개인무선통신장치, 고정 네트워크 장비 및 부품, 전화장비, 위성접속장비
	보안장비	네트워크 보안장비, 보안 및 보호 소프트웨어
	소프트웨어	네트워킹 소프트웨어, 데이터관리 및 질문 소프트웨어
	유선통신장비	개인유선통신장치, 이동식 및 임시용 조명 및 액세서리, 전기케이블 및 부속품, 정류기(整流器)
	전산장비	복합영상장비 및 콘트롤러, 음향기기 및 영상기기, 카메라 및 액세서리, 컴퓨터, 컴퓨터 디스플레이, 컴퓨터데이터입력장비, 컴퓨터 프린터, 고정 네트워크 장비 및 부품, 복사기, 매체저장장치, 영사기 및 소모품, 회의용 비디오 및 전화장비, 음성통합관리장치
6. 측정장비	소방시설점검장비	공통시설 점검장비, 소화기구 점검장비, 소화설비 점검장비, 화재경보설비 점검장비, 누전 점검장비, 무전통신보조설비 점검장비, 제연설비 점검장비, 유도등 및 조명등 점검장비
	화재조사 및 감식장비	발굴용 장비, 기록용 장비, 감식감정용 장비, 증거수집장비, 특수감식감정장비, 분석실 구비 장비
	일반측정장비	전기측정장비, 가스측정장비, 공기성분 분석기, 측정기, 화재탐지기, X-ray 투시기
	화생방 등 측정장비	방사능 측정장비, 화학생물학 측정장비
7. 보호장비	호흡장비	공기호흡기, 공기공급기, 산소호흡기, 마스크
	보호의류 및 안전모	방화복, 방호복, 특수방호복, 방화두건, 보호장갑, 안전화, 안전모
	안전장구	안전안경, 인명구조 경보기, 신체 및 관절보호대, 대원 위치추적장치, 대원 탈출장비, 대원 안전확보장비, 손매듭기, 방탄조끼, 방한덮개, 청력보호장비

	기록보존장비	카메라, 녹음기, 차량용 운행기록계, 초시계, 컴퓨터 프린터, 영상장비
	정비기구	일반정비기구, 세탁건조장비, 발전기
8. 보조장비	현장지휘소 운영장비	지휘 텐트, 상황브리핑 장비
	현장지원장비	출입통제선, 차량 이동기, 휴대용 확성기
	그 밖의 보조장비	안전매트, 전선 릴, 수중펌프, 드럼펌프, 양수기, 수손(水損) 방지막

6 재난대응 시 소방조직 및 기능의 역할

(1) 재난대응 시 소방조직

소방조직의 재난대응 활동은 재난 및 안전관리 기본법에 규정되어 있는 소방관련기관 및 소방공무원의 긴급구조 활동이다.

① 긴급구조〈재난 및 안전관리 기본법 제3조 제6호〉… 긴급구조란 재난이 발생할 우려가 현저하거나 재난이 발생하였을 때에 국민의 생명·신체 및 재산을 보호하기 위하여 긴급구조기관과 긴급구조지원기관이 하는 인명구조, 응급처치, 그 밖에 필요한 모든 긴급한 조치를 말한다.

② 긴급구조기관〈재난 및 안전관리 기본법 제3조 제7호〉… 긴급구조기관이란 소방청·소방본부 및 소방서를 말한다. 다만, 해양에서 발생한 재난의 경우에는 해양경찰청·지방해양경찰청 및 해양경찰서를 말한다.

Q 기출문제   2019. 9. 28. 제33차

재난 및 안전관리 기본법상 긴급구조기관에 해당하지 않는 것은?

① 소방청   ② 소방서
③ 해양경찰청   ④ 해양수산부

답 ④

POINT 긴급구조〈재난 및 안전관리 기본법 제51조〉
① 지역통제단장은 재난이 발생하면 소속 긴급구조요원을 재난현장에 신속히 출동시켜 필요한 긴급구조활동을 하게 하여야 한다.
② 지역통제단장은 긴급구조를 위하여 필요하면 긴급구조지원기관의 장에게 소속 긴급구조지원요원을 현장에 출동시키거나 긴급구조에 필요한 장비·물자를 제공하는 등 긴급구조활동을 지원할 것을 요청할 수 있다. 이 경우 요청을 받은 기관의 장은 특별한 사유가 없으면 즉시 요청에 따라야 한다.
③ ②에 따른 요청에 따라 긴급구조활동에 참여한 민간 긴급구조지원기관에 대하여는 대통령령으로 정하는 바에 따라 그 경비의 전부 또는 일부를 지원할 수 있다.
④ 긴급구조활동을 하기 위하여 회전익항공기(이하 이 항에서 "헬기"라 한다)를 운항할 필요가 있으면 긴급구조기관의 장이 헬기의 운항과 관련되는 사항을 헬기운항통제기관에 통보하고 헬기를 운항할 수 있다. 이 경우 관계 법령에 따라 해당 헬기의 운항이 승인된 것으로 본다.

(2) 긴급구조통제단

① **중앙긴급구조통제단**〈재난 및 안전관리 기본법 제49조〉

　㉠ 긴급구조에 관한 사항의 총괄·조정, 긴급구조기관 및 긴급구조지원기관이 하는 긴급구조활동의 역할 분담과 지휘·통제를 위하여 소방청에 중앙긴급구조통제단(이하 "중앙통제단"이라 한다)을 둔다.

　㉡ 중앙통제단의 단장은 소방청장이 된다.

　㉢ 중앙통제단장은 긴급구조를 위하여 필요하면 긴급구조지원기관 간의 공조체제를 유지하기 위하여 관계 기관·단체의 장에게 소속 직원의 파견을 요청할 수 있다. 이 경우 요청을 받은 기관·단체의 장은 특별한 사유가 없으면 요청에 따라야 한다.

　㉣ 중앙통제단의 구성·기능 및 운영에 필요한 사항은 대통령령으로 정한다.

② **지역긴급구조통제단**〈재난 및 안전관리 기본법 제50조〉

　㉠ 지역별 긴급구조에 관한 사항의 총괄·조정, 해당 지역에 소재하는 긴급구조기관 및 긴급구조지원기관 간의 역할분담과 재난현장에서의 지휘·통제를 위하여 시·도의 소방본부에 시·도 긴급구조통제단을 두고, 시·군·구의 소방서에 시·군·구 긴급구조통제단을 둔다.

　㉡ 시·도 긴급구조통제단과 시·군·구 긴급구조통제단(이하 "지역통제단"이라 한다)에는 각각 단장 1명을 두되, 시·도 긴급구조통제단의 단장은 소방본부장이 되고 시·군·구 긴급구조통제단의 단장은 소방서장이 된다.

　㉢ 지역통제단장은 긴급구조를 위하여 필요하면 긴급구조지원기관 간의 공조체제를 유지하기 위하여 관계 기관·단체의 장에게 소속 직원의 파견을 요청할 수 있다. 이 경우 요청을 받은 기관·단체의 장은 특별한 사유가 없으면 요청에 따라야 한다.

　㉣ 지역통제단의 기능과 운영에 관한 사항은 대통령령으로 정한다.

(3) 긴급구조 현장지휘〈재난 및 안전관리 기본법 제52조〉

① 재난현장에서는 시·군·구 긴급구조통제단장이 긴급구조활동을 지휘한다. 다만, 치안활동과 관련된 사항은 관할 경찰관서의 장과 협의하여야 한다.

② ①에 따른 현장지휘는 다음의 사항에 관하여 한다.

　㉠ 재난현장에서 인명의 탐색·구조

　㉡ 긴급구조기관 및 긴급구조지원기관의 인력·장비의 배치와 운용

　㉢ 추가 재난의 방지를 위한 응급조치

　㉣ 긴급구조지원기관 및 자원봉사자 등에 대한 임무의 부여

　㉤ 사상자의 응급처치 및 의료기관으로의 이송

　㉥ 긴급구조에 필요한 물자의 관리

　㉦ 현장접근 통제, 현장 주변의 교통정리, 그 밖에 긴급구조활동을 효율적으로 하기 위하여 필요한 사항

(4) 긴급대응협력관〈재난 및 안전관리 기본법 제52조의2조〉

긴급구조기관의 장은 긴급구조지원기관의 장에게 다음의 업무를 수행하는 긴급대응협력관을 대통령령으로 정하는 바에 따라 지정·운영하게 할 수 있다.
　　㉠ 평상시 해당 긴급구조지원기관의 긴급구조대응계획 수립 및 보유자원관리
　　㉡ 재난대응업무의 상호 협조 및 재난현장 지원업무 총괄

(5) 긴급구조활동에 대한 평가〈재난 및 안전관리 기본법 제53조〉

① 중앙통제단장과 지역통제단장은 재난상황이 끝난 후 대통령령으로 정하는 바에 따라 긴급구조지원기관의 활동에 대하여 종합평가를 하여야 한다.

② ①에 따른 종합평가결과는 시·군·구 긴급구조통제단장은 시·도 긴급구조통제단장 및 시장·군수·구청장에게, 시·도 긴급구조통제단장은 소방청장에게 보고하거나 통보하여야 한다.

(6) 긴급구조대응계획의 수립〈재난 및 안전관리 기본법 제54조〉

긴급구조기관의 장은 재난이 발생하는 경우 긴급구조기관과 긴급구조지원기관이 신속하고 효율적으로 긴급구조를 수행할 수 있도록 대통령령으로 정하는 바에 따라 재난의 규모와 유형에 따른 긴급구조대응계획을 수립·시행하여야 한다.

01 중앙긴급구조통제단의 단장으로 옳은 것은?

① 행정안전부장관

② 소방청장

③ 중앙대책본부장

④ 소방서장

advice 중앙통제단의 단장은 소방청장이 된다〈재난 및 안전관리 기본법 제49조 제2항〉.

02 다음 중 직상주수에 관한 설명으로 옳지 않은 것은?

① 대량의 물을 이용한다.

② 호스의 반동이 크다.

③ 단거리로 사용해야 한다.

④ 냉각효과를 유도할 수 있다.

advice 방수활동
　㉠ 직상주수 : 대량의 물로 화점을 직접 공격하여 냉각효과를 유도하는 방식
　　• 장점 : 원거리로 화점을 직접 타격할 수 있다.
　　• 단점 : 대량의 물이 필요하고 호스의 반동이 크다.
　㉡ 분무주수 : 물을 작은 물방울이나 안개형태로 분사하는 방식
　　• 장점 : 직상주수보다 냉각효과가 크다.
　　• 단점 : 단거리로 밀폐공간에서 사용해야 한다.

03 다음 중 구조대 설치기준에 대한 설명으로 틀린 것은?

① 소방청장·소방본부장 또는 소방서장은 위급상황에서 요구조자의 생명 등을 신속하고 안전하게 구조하는 업무를 수행하기 위하여 대통령령으로 정하는 바에 따라 119구조대를 편성하여 운영하여야 한다.

② 소방청장·소방본부장 또는 소방서장은 여름철 물놀이 장소에서의 안전을 확보하기 위하여 민간 자원봉사자로 구성된 구조대를 지원할 수 있다.

③ 119시민수상구조대의 운영, 그 밖에 필요한 사항은 시·도 조례로 정한다.

④ 구조대의 출동구역은 대통령령으로 정한다.

advice 구조대의 출동구역은 행정안전부령으로 정한다〈119구조·구급에 관한 법률 시행령 제5조 제2항〉.

04 다음 중 구급대원의 자격기준이 아닌 것은?

① 「의료법」에 따른 의료인

② 「응급의료에 관한 법률」에 따라 1급 응급구조사 자격을 취득한 사람

③ 「응급의료에 관한 법률」에 따라 2급 응급구조사 자격을 취득한 사람

④ 소방서장이 실시하는 구급업무에 관한 교육을 받은 사람

advice 구급대원의 자격기준〈119구조·구급에 관한 법률 시행령 제11조〉 ··· 구급대원은 소방공무원으로서 다음의 어느 하나에 해당하는 자격을 갖추어야 한다. 다만, ㉣에 해당하는 구급대원은 구급차 운전과 구급에 관한 보조업무만 할 수 있다.
  ㉠ 「의료법」에 따른 의료인
  ㉡ 「응급의료에 관한 법률」에 따라 1급 응급구조사 자격을 취득한 사람
  ㉢ 「응급의료에 관한 법률」에 따라 2급 응급구조사 자격을 취득한 사람
  ㉣ 소방청장이 실시하는 구급업무에 관한 교육을 받은 사람

05 다음 중 기동장비에 해당하지 않는 것은?

① 소방자동차   ② 소방선박

③ 소방용수 기구   ④ 소방항공기

대분류	중분류	소분류
기동장비	소방자동차	소방펌프차, 소방물탱크차, 소방화학차, 화생방 대응차, 소방사다리차, 무인 방수차, 지휘차, 구조차, 구급차, 조명배연차, 화재조사차, 생활안전차, 안전 진단차, 소방순찰차, 현장지원차, 행정 및 교육지원차, 이륜차, 중장비
	소방선박	소방정, 구조정, 지휘정
	소방항공기	고정익항공기, 회전익항공기

③ 소방용수 기구는 화재 진압장비에 해당한다.

06 다음 중 구조에 대한 개념으로 올바른 것은?

① 위급한 상황에서 외부의 도움을 필요로 하는 사람의 생명, 신체 및 재산을 보호하기 위하여 수행하는 모든 활동을 말한다.

② 탐색 및 구조활동에 필요한 장비를 갖추고 소방공무원으로 편성된 단위조직을 말한다.

③ 구급활동에 필요한 장비를 갖추고 소방공무원으로 편성된 단위조직을 말한다.

④ 응급환자에 대하여 행하는 상담, 응급처치 및 이송 등의 활동을 말한다.

advice 구조란 화재, 재난 · 재해 및 테러, 그 밖의 위급한 상황(이하 "위급상"이라 한다)에서 외부의 도움을 필요로 하는 사람(이하 "요구조자"라 한다)의 생명, 신체 및 재산을 보호하기 위하여 수행하는 모든 활동을 말한다〈119구조 · 구급에 관한 법률 제2조〉.

07 다음 중 구급대원이 구급요청 시 거절사유에 해당되는 것은?

① 38도 이상의 고열 발생자

② 의사가 동승한 응급환자의 병원 간 이송 요청자

③ 만성질환자로서 검진 또는 입원 목적의 이송 요청자

④ 강한 자극에도 의식의 회복이 없거나 외상이 있는 주취자

advice ①②④ 거절불가 사유에 해당된다.

※ 거절가능 사유〈119구조 · 구급에 관한 법률 시행령 제20조 제2항〉

㉠ 단순 치통환자

㉡ 단순 감기환자. 다만, 섭씨 38도 이상의 고열 또는 호흡곤란이 있는 경우는 제외한다.

㉢ 혈압 등 생체징후가 안정된 타박상 환자

㉣ 술에 취한 사람. 다만, 강한 자극에도 의식이 회복되지 아니하거나 외상이 있는 경우는 제외한다.

㉤ 만성질환자로서 검진 또는 입원 목적의 이송 요청자

㉥ 단순 열상(裂傷) 또는 찰과상(擦過傷)으로 지속적인 출혈이 없는 외상환자

㉦ 병원 간 이송 또는 자택으로의 이송 요청자. 다만, 의사가 동승한 응급환자의 병원 간 이송은 제외한다.

08 다음 중 특수구조대 종류로 옳지 않은 것은?

① 국제구조대
② 산악구조대
③ 고속국도구조대
④ 화학구조대

advice ① 국외에서 재난 시 자국민 보호나 국제협력이 필요할 경우 편성 · 운영된다.
  ※ 특수구조대 … 소방대상물, 지역 특성, 재난 발생 유형 및 빈도 등을 고려하여 시 · 도의 규칙으로 정하는 바에 따라 다음 각 목의 구분에 따른 지역을 관할하는 소방서에 다음 각 목의 구분에 따라 설치한다. 다만 고속국도구조대는 직할구조대에 설치할 수 있다〈119구조 · 구급에 관한 법률 시행령 제5조〉.
   ㉠ 화학구조대 : 화학공장이 밀집한 지역
   ㉡ 수난구조대 : 내수면어업법 제2조 제1호에 따른 내수면지역
   ㉢ 산악구조대 : 자연공원법 제2조 제1호에 따른 자연공원 등 산악지역
   ㉣ 고속국도구조대 : 도로법 제10조 제1호에 따른 고속국도
   ㉤ 지하철구조대 : 도시철도법 제2조 제3호 가목에 따른 도시철도의 역사(驛舍) 및 역 시설

09 다음 중 소방안전관리자의 주요 업무가 아닌 것은?

① 피난시설 유지 · 관리
② 소방시설의 설계 · 감리
③ 소방훈련
④ 자위소방대 조직

advice 특정소방대상물(소방안전관리대상물은 제외한다)의 관계인과 소방안전관리대상물의 소방안전관리자의 업무는 다음과 같다. 다만, ㉠ · ㉡ 및 ㉣의 업무는 소방안전관리대상물의 경우에만 해당한다〈화재예방, 소방시설 설치 · 유지 및 안전관리에 관한 법률 제20조 제6항〉.
   ㉠ 피난계획에 관한 사항과 대통령령으로 정하는 사항이 포함된 소방계획서의 작성 및 시행
   ㉡ 자위소방대(自衛消防隊) 및 초기대응체계의 구성 · 운영 · 교육
   ㉢ 피난시설, 방화구획 및 방화시설의 유지 · 관리
   ㉣ 소방훈련 및 교육
   ㉤ 소방시설이나 그 밖의 소방 관련 시설의 유지 · 관리
   ㉥ 화기(火氣) 취급의 감독
   ㉦ 그 밖에 소방안전관리에 필요한 업무

10 다음 중 긴급구조기관이 아닌 것은?

① 소방청

② 소방본부

③ 소방서

④ 경찰청

advice "긴급구조기관"이란 소방청·소방본부 및 소방서를 말한다. 다만, 해양에서 발생한 재난의 경우에는 해양경찰청·지방해양경찰청 및 해양경찰서를 말한다〈재난 및 안전관리 기본법 제3조〉.

11 다음 중 국제구조대를 편성하고 운영하는 자는 누구인가?

① 중앙 119구조대장 　　　　　② 소방청장

③ 외교부장관 　　　　　④ 국무총리

advice 소방청장은 국외에서 대형재난 등이 발생한 경우 재외국민의 보호 또는 재난발생국의 국민에 대한 인도주의적 구조 활동을 위하여 국제구조대를 편성하여 운영할 수 있다〈119구조·구급에 관한 법률 제9조 제1항〉.

12 다음 중 소방장비에 관한 설명으로 옳지 않은 것은?

① 기동장비 : 자체에 동력원이 부착되어 자력으로 이동하거나 견인되어 이동할 수 있는 장비

② 화재진압장비 : 화재진압활동에 직접 사용되는 필수장비

③ 구조장비 : 소방업무 수행을 위한 의사전달 및 정보교환·분석에 필요한 장비

④ 측정장비 : 소방업무 수행에 수반되는 각종 조사 및 측정을 위하여 사용되는 장비

advice 소방장비〈소방장비관리법 시행령 별표1〉

① 기동장비 : 자체에 동력원이 부착되어 자력으로 이동하거나 견인되어 이동할 수 있는 장비

② 화재진압장비 : 화재진압활동에 직접 사용되는 필수장비

③ 구조장비 : 구조활동에 사용되는 장비

④ 구급장비 : 구급활동에 사용되는 장비

⑤ 정보통신장비 : 소방업무 수행을 위한 의사전달 및 정보교환·분석에 필요한 장비

⑥ 측정장비 : 소방업무 수행에 수반되는 각종 조사 및 측정을 위하여 사용되는 장비

⑦ 보호장비 : 소방현장에서 소방대원의 신체를 보호하는 장비

⑧ 보조장비 : 소방업무 수행을 위하여 간접 또는 부수적으로 필요한 장비

답 08.① 09.② 10.④ 11.② 12.③

13 다음 중 구조 · 구급활동에 관한 설명으로 옳지 않은 것은?

① 소방청장 등은 위급상황에서 다른 업무가 우선될 때 일시적으로 구조 · 구급활동을 방해할 수 있다.

② 소방청장 등은 위급상황이 발생한 때에는 구조 · 구급대를 현장에 신속하게 출동시켜야 한다.

③ 소방청장 등은 구조 · 구급활동을 함에 있어서 필요한 경우에는 시 · 도지사 또는 시장 · 군수 · 구청장에게 협력을 요청할 수 있다.

④ 소방청장 등은 대통령령으로 정하는 위급하지 아니한 경우에는 구조 · 구급대를 출동시키지 아니할 수 있다.

advice 누구든지 위급상황이 발생한 때에는 구조 · 구급활동을 방해하여서는 아니 된다〈119구조 · 구급에 관한 법률 제13조 제2항〉.

14 다음 중 소방전술에 관한 설명으로 옳지 않은 것은?

① 화재발생 시 화재진압과 인명의 구조를 수행하는 것을 소방전술이라 한다.

② 소방전술은 소방대가 장비와 수리시설을 빠르고 정확하게 이용하고 활용하는 방법을 가르친다.

③ 인근주민과 협조할 필요는 없고 단독적으로 소방훈련을 실시한다.

④ 소방전술은 화재진압 시 소방대가 행동하는 것이 원칙이지만 경우에 따라 예외가 있을 수 있다.

advice ③ 화재진압 시 현장 주변의 상황에 대한 정보취득과 인명대피 또는 진압을 위해서는 인근주민과 협조하여 함께 소방훈련을 실시하여야 한다.

15 다음 중 위험물 취급에 관한 설명으로 옳지 않은 것은?

① 제조소 등에서의 위험물의 저장 또는 취급에 관한 중요기준은 화재 등 위해의 예방과 응급조치에 있어서 큰 영향을 미치거나 그 기준을 위반하는 경우 직접적으로 화재를 일으킬 가능성이 큰 기준으로서 행정안전부령이 정하는 기준을 말한다.

② 제조소 등에서의 위험물의 저장 또는 취급에 관한 세부기준은 화재 등 위해의 예방과 응급조치에 있어서 중요기준보다 상대적으로 적은 영향을 미치거나 그 기준을 위반하는 경우 간접적으로 화재를 일으킬 수 있는 기준 및 위험물의 안전관리에 필요한 표시와 서류·기구 등의 비치에 관한 기준으로서 행정안전부령이 정하는 기준을 말한다.

③ 시·도의 조례가 정하는 바에 따라 관할소방서장의 승인을 받아 지정수량 이상의 위험물을 90일 이내의 기간 동안 임시로 저장 또는 취급하는 경우 지정수량 이상의 위험물을 저장소가 아닌 장소에서 저장하거나 제조소 등이 아닌 장소에서 취급하여서는 아니 된다.

④ 군부대가 지정수량 이상의 위험물을 군사목적으로 임시로 저장 또는 취급하는 경우 제조소 등이 아닌 장소에서 지정수량 이상의 위험물을 취급할 수 있다.

advice ①② 제조소 등에서의 위험물의 저장 또는 취급에 관하여는 다음의 중요기준 및 세부기준에 따라야 한다 〈위험물안전관리법 제5조 제3항〉.
- 중요기준 : 화재 등 위해의 예방과 응급조치에 있어서 큰 영향을 미치거나 그 기준을 위반하는 경우 직접적으로 화재를 일으킬 가능성이 큰 기준으로서 행정안전부령이 정하는 기준
- 세부기준 : 화재 등 위해의 예방과 응급조치에 있어서 중요기준보다 상대적으로 적은 영향을 미치거나 그 기준을 위반하는 경우 간접적으로 화재를 일으킬 수 있는 기준 및 위험물의 안전관리에 필요한 표시와 서류·기구 등의 비치에 관한 기준으로서 행정안전부령이 정하는 기준

③④ 다음의 어느 하나에 해당하는 경우에는 제조소 등이 아닌 장소에서 지정수량 이상의 위험물을 취급할 수 있다. 이 경우 임시로 저장 또는 취급하는 장소에서의 저장 또는 취급의 기준과 임시로 저장 또는 취급하는 장소의 위치·구조 및 설비의 기준은 시·도의 조례로 정한다〈위험물안전관리법 제5조 제2항〉.
- 시·도의 조례가 정하는 바에 따라 관할소방서장의 승인을 받아 지정수량 이상의 위험물을 90일 이내의 기간 동안 임시로 저장 또는 취급하는 경우
- 군부대가 지정수량 이상의 위험물을 군사목적으로 임시로 저장 또는 취급하는 경우

13.① 14.③ 15.③

의무소방원 소방상식

재난관리

재난 및 재난관리의 개념

1 재난의 특성과 유형

(1) 재난의 개념

① 재난의 정의 ··· 재난이란 국민의 생명·신체·재산과 국가에 피해를 주거나 줄 수 있는 것으로 다음의 것을 말한다〈재난 및 안전관리 기본법 제3조〉.

   ⊙ 자연재난: 태풍·홍수·호우(豪雨)·강풍·풍랑·해일(海溢)·대설·한파·낙뢰·가뭄·폭염·지진·황사(黃砂)·조류 대발생·조수·화산활동, 소행성·유성체 등 자연우주물체의 추락·충돌 그 밖에 이에 준하는 자연현상으로 인하여 발생하는 재해

   ⊙ 사회재난: 화재·붕괴·폭발·교통사고(항공사고 및 해상사고 포함)·화생방사고·환경오염사고 등으로 인하여 발생하는 대통령령으로 정하는 규모 이상의 피해와 국가핵심기반의 마비, 감염병 또는 가축감염병의 확산, 미세먼지 등으로 인한 피해

Q 기출문제   2019. 3. 16. 제32차

재난은 국민의 생명·신체·재산과 국가에 피해를 주거나 줄 수 있는 것으로 정의된다. 다음 중 "사회재난"의 종류에 해당하는 것으로 옳은 것은?

① 황사   ② 지진
③ 화생방사고   ④ 화산활동

                                               답 ③

Q 기출문제   2019. 9. 28. 제33차

재재난 및 안전관리 기본법상 자연재난에 해당하는 것은?

① 황사   ② 붕괴
③ 교통사고   ④ 환경오염사고

                                               답 ①

Q 기출문제   2020. 5. 9. 제34차

「재난 및 안전관리 기본법령」에서 규정하고 있는 "사회재난"에 해당하는 것은?

| ㄱ. 지진 | ㄴ. 화재 |
| ㄷ. 황사(黃砂) | ㄹ. 붕괴 |

① ㄱ, ㄴ   ② ㄱ, ㄷ
③ ㄷ, ㄹ   ④ ㄴ, ㄹ

답 ①

② **재난의 특징**
　㉠ 피해규모 : 자연재난은 사회기반시설, 산업시설, 교통기반시설 등에 피해가 발생하였을 경우 국가와 국민적 피해규모는 연쇄적인 반응으로 확산된다. 재난 대응단계에서는 인명구조와 2차적인 재난피해의 감소가 중요시 되고 있다.
　㉡ 예측불가 : 재난의 발생시점이 정해진 것이 아니라 대규모 돌발사태 또는 국소적인 지역에서 돌발적으로 발생하여 더 넓은 지역으로 확산되기 때문에 해당지역의 대응력만으로 해결이 불가능한 재난으로 규정된다.

③ **기타 재난의 개념**
　㉠ 감염병, 병충해 등의 농작물 피해와 환경파괴 등도 재해에 속하며 과정이 느리게 진행된다.
　㉡ 인간이 자연을 대상으로 행하는 개발로 인하여 자연재해가 일어나기도 하며 상호복합적인 작용에 의한 재해가 증가하고 있다.

(2) 재난의 유형

① **재해분류** … Anesth는 재해를 자연재해와 인위재해로 양분하고 자연재해를 기후성 재해와 지진성 재해로 분류하며, 인위재해를 고의성 유무에 따라 사고성 재해와 계획적 재해로 구분한다. 이런 분류는 대기오염, 수질오염과 같이 장기간에 걸쳐 전개되고 있어 일반재해관리에서는 제외하고 있으며 미국의 지역재난계획에서 주로 사용되고 있다.

② **인위재난** … 인위적으로 발생하여 국민의 생명과 재산에 피해를 줄 수 있는 사고이다.
　㉠ 근본적으로 재난의 발생 자체를 줄일 수 있는 대책 수립이 가능하다.
　㉡ 대부분 단기간, 국소지역에서 피해가 발생한다.
　　• 화재 : 화재는 소방기본법에서 정한 소방대상물의 화재로 인해 인명과 재산피해를 말한다. 단 산불은 소방기본법상 소방대상물로 되어 있으나 산림자원의 조성 및 관리에 관한 법률에 따라 산림청에서 관리한다.
　　• 산불 : 산불은 산림이나 산림에 잇닿은 지역의 나무·풀·낙엽 등이 인위적으로나 자연적으로 발생한 불에 타는 것을 말한다.
　　• 붕괴 : 건축물, 교량, 육교 등의 노후, 관리 소홀, 지반약화 등으로 인한 인명과 재산피해를 말한다.

- 폭발 : 폭발사고는 도시가스사업법과 에너지이용 합리화법에서 정한 가스 및 에너지가 누출되어 폭발하여 인명과 재산피해를 말한다.
- 교통사고 : 도로법, 유료도로법, 농어촌도로 정비법에 따라 지정된 곳에서 발생된 인명 및 재산피해를 말한다.
- 환경오염사고 : 환경정책기본법에 규정된 환경오염 피해를 입은 사고를 말한다. 수지오염, 방사능오염, 악취, 진동, 폐기물 방류 등과 같이 인류에게 피해를 주는 사고를 말한다.
- 해양오염사고 : 해운법, 선박법에 따라 안전수칙위반, 변칙 운항 등에 의한 해난사고로 인해 발생한 유류오염, 선박이용자에게 피해를 주는 사고를 말한다.

③ **자연재난** … 자연현상으로 인해 발생되는 피해이다.
- ㉠ 인위적으로 완전히 근절할 수 없는 불가항력적인 요소를 지니고 있다.
- ㉡ 재해발생의 예방조치, 재해 발생 시 복구대책 등 재해의 피해를 최소화할 수는 있다.
- ㉢ 태풍, 홍수, 호우, 폭풍, 해일, 폭설, 가뭄 등이 해당한다.

④ **사회적 재난** … 교통, 통신, 금융, 의료와 같은 국가기반의 마비와 피해(ex : 정전, 테러) 확산을 말한다.

2 재난관리의 개념과 체제

(1) 재난관리의 개념

① **재난관리의 정의** … 재난관리는 재난의 예방·대비·대응 및 복구를 위하여 행하는 모든 활동을 말한다〈재난 및 안전관리 기본법 제3조〉.

② **재난관리기관**〈재난 및 안전관리 기본법 제3조〉
- ㉠ 재난관리책임기관 : 재난관리업무를 하는 다음의 기관을 말한다.
  - 중앙행정기관 및 지방자치단체(「제주특별자치도 설치 및 국제자유도시 조성을 위한 특별법」에 따른 행정시를 포함한다)
  - 지방행정기관·공공기관·공공단체(공공기관 및 공공단체의 지부 등 지방조직을 포함한다) 및 재난관리의 대상이 되는 중요시설의 관리기관 등으로서 대통령령으로 정하는 기관
- ㉡ 재난관리주관기관 : 재난이나 그 밖의 각종 사고에 대하여 그 유형별로 예방·대비·대응 및 복구 등의 업무를 주관하여 수행하도록 대통령령으로 정하는 관계 중앙행정기관을 말한다.

③ **재난관리의 행정적 특성**
- ㉠ 상호연관성 : 재난발생 시 재난의 독립적인 현상으로 종결되는 것이 아니라 주변 지역민의 피해와 사회기반시설의 붕괴로 인해 재난발생시점보다 2차적 피해현상의 확산으로 피해의 범위와 기준이 달라질 수 있다.
- ㉡ 불확실성 : 자연적·인위적 재난현상에 대해 과거 경험에 의해 그 피해의 유형을 사전적으로 감지할 수는 있지만 실제 재난의 발생 규모, 시기에 대해 사전적 인지 예측은 불가능하다.
  - 재난관리에 대한 행정적 체제와 대응방법이 수립되어야 한다.

- 발생시기의 불확실한 상황에 맞는 재난대응의 관리법이 필요하다.
  ㉢ 복잡성 : 재난관리는 재난이 독립적인 현상으로 종결되지 않는다는 것과 불확실한 시점 때문에 사전에 포괄적으로 처리할 순 없지만 일정한 재난관리 기능을 담당해야 한다.

④ 재난관리체제의 특성
  ㉠ 하나의 네트워크 체제로 재난에 대응하기 위하여 구성요소들 간 협력한다.
  ㉡ 정부조직 간뿐만 아니라 국제기구와 적십자사 등의 비정부조직과도 연계하는 체제이다.
  ㉢ 재해 발생 이전보다 이후에 영역이 확대되며 정책결정·집행에 여러 기관이 협력하여 처리한다.
  ㉣ 구성원들 간 최신의 정보 공유와 구성원들을 조정하고 통제할 지휘체계가 중요하다.
  ㉤ 재난관리업무는 불확실성 때문에 가외성을 갖는다.
  ㉥ 대규모 재난 시 일상적 대응능력은 열위에 있으며 주변의 자원을 통합적으로 이용하기 때문에 대응계획과 훈련이 중요하다.

⑤ 재난관리체제

구분	분산관리	통합관리
업무 방식	소관부처별로 업무 분산	비상대응기관을 통합적 관리
관련 부처	다수	소수
지휘 체계	다양화	단일화
책임 부담	분산	과도
재난 인지	단편적	종합적

(2) 재난관리의 단계별 관리사항

① 재난발생 이후 재난관리를 위해서 국가는 재난의 수습·복구를 위한 계획을 수립·시행하고 이에 대한 재정상의 조치를 강구하며, 지방자치단체 등에게 국고보조를 하도록 규정하고 있다. 또한 지방자치단체는 단계별 절차에 의해 재난관리계획의 수립과 시행(복구)을 이행해야 한다.
  ㉠ 예방
  - 발생가능성이 있는 미래의 재난을 예방한다.
  - 재난발생가능성을 낮추고 피해를 최소화하기 위한 활동이다.
  ㉡ 대비(준비)
  - 재난발생시 대응정책을 위한 대응자원을 확보한다.
  - 재난발생지역의 대응기관들의 사전 동의를 확보한다.
  - 재난으로 인한 재산상의 손실을 줄이기 위해 재난대응활동가들을 훈련시킨다.
  - 재난대응계획을 개발하고 관리에 필요한 체제를 준비한다.
  ㉢ 대응
  - 재해가 발생하면 신속하게 적절히 대응하여 인명·재산 피해를 최소화한다.
  - 복구작업이 원활하게 이루어지도록 한다.

② 복구
　　　　• 복구관리는 재난으로 피해를 입은 피해지역 주민과 공동체를 위기 이전의 상태로 회복시키는 활동이다.
　　　　• 복구단계는 재난으로 발생한 피해를 재난 이전의 상태로 회복시키고 체제의 보완을 통하여 재발방지와 재난관리 능력을 향상시키는 관리활동이다.

② 재난통합관리
　　㉠ 2004년 이전의 재난 분류
　　　　• 자연재해 : 태풍, 호우, 홍수, 폭풍, 폭설, 해일, 가뭄, 지진 등 자연현상에 의한 재난
　　　　• 인위재난 : 화재, 폭발, 붕괴, 교통사고, 환경오염사고, 화생방사고 등의 재난
　　　　• 민방위 사태 : 적의 침략, 국토의 안녕을 위협하는 재난
　　㉡ 2004년, 재난의 통합관리 필요성에 따라 재난 및 안전관리 기본법 제정과 함께 재난을 유형별로 관리하던 방식에서 통합 관리하는 방식으로 제도를 바꾸었다.
　　㉢ 2013년, 각 부처의 중앙사고대책본부를 중앙재난안전대책본부로 통합하여 안전행정부에 설치하였다.
　　㉣ 2014년, 소방방재청이 폐지되고 국민안전처에 중앙재난안전대책본부를 두어 관리하였다.
　　㉤ 2017년, 대통령령으로 정하는 대규모 재난(이하 "대규모재난"이라 한다)의 대응·복구(이하 "수습"이라 한다) 등에 관한 사항을 총괄·조정하고 필요한 조치를 하기 위하여 행정안전부에 중앙재난안전대책본부(이하 "중앙대책본부"라 한다)를 두었다.

③ 재난예방조치 … 재난관리책임기관의 장은 소관 관리대상 업무의 분야에서 재난 발생을 사전에 방지하기 위하여 다음의 조치를 하여야 한다〈재난 및 안전관리 기본법 제25조의2〉.
　　㉠ 재난에 대응할 조직의 구성 및 정비
　　㉡ 재난의 예측 및 예측정보 등의 제공·이용에 관한 체계의 구축
　　㉢ 재난 발생에 대비한 교육·훈련과 재난관리예방에 관한 홍보
　　㉣ 재난이 발생할 위험이 높은 분야에 대한 안전관리체계의 구축 및 안전관리규정의 제정
　　㉤ 국가핵심기반의 관리
　　㉥ 특정관리대상시설 등에 관한 조치
　　㉦ 재난방지시설의 점검·관리
　　㉧ 재난관리자원의 비축 및 장비·인력의 지정
　　㉨ 그 밖에 재난을 예방하기 위하여 필요하다고 인정되는 사항

④ 재난신고 등〈재난 및 안전관리 기본법 제19조〉
　　㉠ 누구든지 재난의 발생이나 재난이 발생할 징후를 발견하였을 때에는 즉시 그 사실을 시장·군수·구청장·긴급구조기관, 그 밖의 관계 행정기관에 신고하여야 한다.
　　㉡ ㉠에 따른 신고를 받은 시장·군수·구청장과 그 밖의 관계 행정기관의 장은 관할 긴급구조기관의 장에게, 긴급구조기관의 장은 그 소재지 관할 시장·군수·구청장 및 재난관리주관기관의 장에게 통보하여 응급대처방안을 마련할 수 있도록 조치하여야 한다.

01 다음 중 「재난 및 안전관리 기본법」에 명시된 재난에 해당하지 않는 것은?

① 태풍에 의해서 발생하는 재해

② 국가핵심기반의 마비로 인한 피해

③ 붕괴사고로 발생하는 대통령령으로 정하는 규모 이상의 피해

④ 장마로 인하여 발생하는 일시적인 인적·물적 피해

advice 재난 … 국민의 생명·신체·재산과 국가에 피해를 주거나 줄 수 있는 것을 말한다.
①②③ 재난 및 안전관리 기본법의 재난에 해당된다.
④ 장마로 인한 일시적인 인적·물적 피해는 재난에 포함되지 않는다.

02 재난관리단계 중 재난발생확률이 높아진 경우 재해발생 후의 효과적 대응을 위한 장치들을 구성하는 단계는?

① 예방   ② 준비

③ 대응   ④ 복구

advice 재난관리단계
㉠ 예방
  • 발생가능성이 있는 재난을 예방한다.
  • 재난발생가능성을 낮추고 피해를 최소화하기 위한 활동이다.
㉡ 준비 : 재난발생확률이 높아진 경우 재해발생 후의 효과적 대응을 위한 장치들을 구성한다.
㉢ 대응
  • 재해가 발생하면 신속하고 적절히 대응하여 인명·재산피해를 최소화한다.
  • 복구작업이 원활하게 이루어지도록 한다.
㉣ 복구 : 재난·재해상황이 긴급한 단계를 지나 안정되면 피해지역을 재해 이전의 상태로 복구하는 활동이다.

03 다음 중 자연재해의 특징이 아닌 것은?

① 장기간에 걸쳐 진행되기도 한다.

② 대부분 국소지역에서 큰 피해가 발생된다.

③ 재해의 피해를 최소화할 수는 있다.

④ 인위적으로 완전히 근절할 수 없는 불가항력적 요소를 지니고 있다.

advice ② 인위재난의 특징에 속한다.

　　※ 인위재난 … 대부분 단기간 국소지역에서 발생하며 화재, 붕괴, 폭발, 교통사고, 화생방사고, 환경오염사
　　　고 등이 있다.

04 다음 중 재난관리체제의 특성으로 옳지 않은 것은?

① 비정부조직과도 연계하는 체제이다.

② 분산된 독립체제이다.

③ 재해 발생 이전보다 이후에 대폭 그 영역이 확대된다.

④ 구성원들을 조정하고 통제할 지휘체계가 중요하다.

advice ② 하나의 네트워크체제로 재난에 대응하기 위하여 구성요소들 간에 협력한다.

05 재난관리방식 중 분산관리방식의 특징으로 옳지 않은 것은?

① 재난의 발생유형에 따라 소관부처별로 업무를 분산시킨다.

② 전체적 관리능력이 저하된다.

③ 통합관리방식의 문제점이 제기되자 제시되었다.

④ 지휘체계가 다양하다.

advice ③ 분산관리방식의 문제점이 많아지자 통합관리방식이 제시되었다.

　　※ 통합관리 장점

　　　㉠ 일상적 비상대응기관을 통합적으로 관리한다.

　　　㉡ 유사한 지원동원체제와 자원유형을 필요로 한다.

　　　㉢ 관련부처의 수가 적다.

　　　㉣ 지휘체제가 단일화되어 있다.

우리나라의 재난관리

1 안전관리기구 및 기능

(1) 재난관리법의 형성

① **자연재해대책법(자연재해)** ··· 1961년 전북 남원과 경북 영주의 수해 피해로 인해 국토건설청 소속의 '수해복구사무소'를 설치하였고, 1967년 '풍수해 대책법'을 제정하였다. 1996년 12월에 '풍수해대책법'을 '자연재해대책법'으로 개정하면서 가뭄과 지진재해를 자연재해에 포함시켜 관리하게 되었다.

② **재난 및 안전관리 기본법(사회재난)** ··· 1993년 '재해의 예방 및 수습에 관한 훈령'을 기점으로 1995년 재난현장의 지휘체계상의 문제점 해결을 위해 재난관리법을 제정하였다. 재난관리법의 제정을 통하여 '인위재난 사고의 대응을 위해 사고대책본부의 설치와 긴급구조본부'에 대한 설치근거를 마련하였고, 결국 자연재해 중심의 복구관리체계에서 인명구조 및 응급의료서비스와 같은 인위재난관리를 포괄하는 재난관리 대응체제로 전환되었다.

(2) 안전관리의 목적 및 책무

① 각종 재난으로부터 국토를 보존하고 국민의 생명·신체 및 재산을 보호하기 위하여 국가와 지방자치단체의 재난 및 안전관리체제를 확립하고, 재난의 예방·대비·대응·복구와 안전문화활동, 그 밖에 재난 및 안전관리에 필요한 사항을 규정함을 목적으로 한다〈재난 및 안전관리 기본법 제1조〉.

> **POINT** 정의〈재난 및 안전관리 기본법 제3조〉
> ㉠ 재난 : 국민의 생명·신체·재산과 국가에 피해를 주거나 줄 수 있는 것으로서 다음의 것을 말한다.
> • 자연재난 : 태풍, 홍수, 호우(豪雨), 강풍, 풍랑, 해일(海溢), 대설, 한파, 낙뢰, 가뭄, 폭염, 지진, 황사(黃砂), 조류(藻類) 대발생, 조수(潮水), 화산활동, 소행성·유성체 등 자연우주물체의 추락·충돌, 그 밖에 이에 준하는 자연현상으로 인하여 발생하는 재해
> • 사회재난 : 화재·붕괴·폭발·교통사고(항공사고 및 해상사고를 포함한다)·화생방사고·환경오염사고 등으로 인하여 발생하는 대통령령으로 정하는 규모 이상의 피해와 국가핵심기반의 마비, 「감염병의 예방 및 관리에 관한 법률」에 따른 감염병 또는 「가축전염병예방법」에 따른 가축전염병의 확산 등으로 인한 피해
> ㉡ 해외재난 : 대한민국의 영역 밖에서 대한민국 국민의 생명·신체 및 재산에 피해를 주거나 줄 수 있는 재난으로서 정부차원에서 대처할 필요가 있는 재난을 말한다.
> ㉢ 재난관리 : 재난의 예방·대비·대응 및 복구를 위하여 하는 모든 활동을 말한다.
> ㉣ 안전관리 : 재난이나 그 밖의 각종 사고로부터 사람의 생명·신체 및 재산의 안전을 확보하기 위하여 하는 모든 활동을 말한다.
> ㉤ 안전기준 : 각종 시설 및 물질 등의 제작, 유지관리 과정에서 안전을 확보할 수 있도록 적용하여야 할 기술적 기준을 체계화한 것을 말하며, 안전기준의 분야, 범위 등에 관하여는 대통령령으로 정한다.
> ㉥ 재난관리책임기관 : 재난관리업무를 하는 다음 각 목의 기관을 말한다.
> • 중앙행정기관 및 지방자치단체(「제주특별자치도 설치 및 국제자유도시 조성을 위한 특별법」에 따른 행정시를 포함한다)

- 지방행정기관·공공기관·공공단체(공공기관 및 공공단체의 지부 등 지방조직을 포함한다) 및 재난관리의 대상이 되는 중요시설의 관리기관 등으로서 대통령령으로 정하는 기관
  - ⓐ 재난관리주관기관 : 재난이나 그 밖의 각종 사고에 대하여 그 유형별로 예방·대비·대응 및 복구 등의 업무를 주관하여 수행하도록 대통령령으로 정하는 관계 중앙행정기관을 말한다.
  - ◎ 긴급구조 : 재난이 발생할 우려가 현저하거나 재난이 발생하였을 때에 국민의 생명·신체 및 재산을 보호하기 위하여 긴급구조기관과 긴급구조지원기관이 하는 인명구조, 응급처치, 그 밖에 필요한 모든 긴급한 조치를 말한다.
  - ㉣ 긴급구조기관 : 소방청·소방본부 및 소방서를 말한다. 다만, 해양에서 발생한 재난의 경우에는 해양경찰청·지방해양경찰청 및 해양경찰서를 말한다.
  - ㉤ 긴급구조지원기관 : 긴급구조에 필요한 인력·시설 및 장비, 운영체계 등 긴급구조능력을 보유한 기관이나 단체로서 대통령령으로 정하는 기관과 단체를 말한다.
  - ㉠ 국가재난관리기준 : 모든 유형의 재난에 공통적으로 활용할 수 있도록 재난관리의 전 과정을 통일적으로 단순화·체계화한 것으로서 행정안전부장관이 고시한 것을 말한다.
  - ㉡ 안전문화활동 : 안전교육, 안전훈련, 홍보 등을 통하여 안전에 관한 가치와 인식을 높이고 안전을 생활화하도록 하는 등 재난이나 그 밖의 각종 사고로부터 안전한 사회를 만들어가기 위한 활동을 말한다.
  - ㉢ 안전취약계층 : 어린이, 노인, 장애인 등 재난에 취약한 사람을 말한다.
  - ㉥ 재난관리정보 : 재난관리를 위하여 필요한 재난상황정보, 동원가능 자원정보, 시설물정보, 지리정보를 말한다.
  - ㉦ 재난안전통신망 : 재난관리책임기관·긴급구조기관 및 긴급구조지원기관이 재난관리업무에 이용하거나 재난현장에서의 통합지휘에 활용하기 위하여 구축·운영하는 무선통신망을 말한다.
  - ㉧ 국가핵심기반 : 에너지, 정보통신, 교통수송, 보건의료 등 국가경제, 국민의 안전·건강 및 정부의 핵심기능에 중대한 영향을 미칠 수 있는 시설, 정보기술시스템 및 자산 등을 말한다.

② **국가 등의 책무** … 국가와 지방자치단체는 재난이나 그 밖의 각종 사고로부터 국민의 생명·신체 및 재산을 보호할 책무를 지고, 재난이나 그 밖의 각종 사고를 예방하고 피해를 줄이기 위하여 노력하여야 하며, 발생한 피해를 신속히 대응·복구하기 위한 계획을 수립·시행하여야 한다〈재난 및 안전관리 기본법 제4조〉.

③ **국민의 책무** … 국민은 국가와 지방자치단체가 재난 및 안전관리업무를 수행할 때 최대한 협조하여야 하고, 자기가 소유하거나 사용하는 건물·시설 등으로부터 재난이나 그 밖의 각종 사고가 발생하지 아니하도록 노력하여야 한다〈재난 및 안전관리 기본법 제5조〉.

(3) 중앙안전관리위원회〈재난 및 안전관리 기본법 제9조〉

① **중앙안전관리위원회의 설치** … 재난 및 안전관리에 관한 사항을 심의하기 위하여 국무총리 소속으로 중앙안전관리위원회(이하 "중앙위원회"라 한다)를 둔다.

② **중앙안전관리위원회의 심의 사항**
  - ㉠ 재난 및 안전관리에 관한 중요 정책에 관한 사항
  - ㉡ 국가안전관리기본계획에 관한 사항
  - ㉢ 재난 및 안전관리 사업 관련 중기사업계획서, 투자우선순위 의견 및 예산요구서에 관한 사항
  - ㉣ 중앙행정기관의 장이 수립·시행하는 계획, 점검·검사, 교육·훈련, 평가 등 재난 및 안전관리 업무의 조정에 관한 사항
  - ㉤ 안전기준관리에 관한 사항
  - ㉥ 재난사태의 선포에 관한 사항
  - ㉦ 특별재난지역의 선포에 관한 사항

ⓞ 재난이나 그 밖의 각종 사고가 발생하거나 발생할 우려가 있는 경우 이를 수습하기 위한 관계 기관 간 협력에 관한 중요 사항

ⓩ 중앙행정기관의 장이 시행하는 대통령령으로 정하는 재난 및 사고의 예방사업 추진에 관한 사항

ⓩ 그 밖에 위원장이 회의에 부치는 사항

③ 중앙안전관리위원회의 특징

ⓐ 중앙위원회의 위원장은 국무총리가 되고, 위원은 대통령령으로 정하는 중앙행정기관 또는 관계 기관·단체의 장이 된다.

ⓑ 중앙위원회의 위원장은 중앙위원회를 대표하며, 중앙위원회의 업무를 총괄한다.

ⓒ 중앙위원회에 간사 1명을 두며, 간사는 행정안전부장관이 된다.

ⓓ 중앙위원회의 위원장이 사고 또는 부득이한 사유로 직무를 수행할 수 없을 때에는 행정안전부장관, 대통령령으로 정하는 중앙행정기관의 장 순으로 위원장의 직무를 대행한다.

ⓜ ⓓ에 따라 행정안전부장관 등이 중앙위원회 위원장의 직무를 대행할 때에는 행정안전부의 재난안전관리사무를 담당하는 본부장이 중앙위원회 간사의 직무를 대행한다.

ⓑ 중앙위원회는 ①의 사무가 국가안전보장과 관련된 경우에는 국가안전보장회의와 협의하여야 한다.

ⓢ 중앙위원회의 위원장은 그 소관 사무에 관하여 재난관리책임기관의 장이나 관계인에게 자료의 제출, 의견 진술, 그 밖에 필요한 사항에 대하여 협조를 요청할 수 있다. 이 경우 요청을 받은 사람은 특별한 사유가 없으면 요청에 따라야 한다.

ⓞ 중앙위원회의 구성과 운영 등에 필요한 사항은 대통령령으로 정한다.

(4) 중앙재난안전대책본부

① 중앙재난안전대책본부의 설치〈재난 및 안전관리 기본법 제14조〉 ··· 대통령령으로 정하는 대규모 재난(이하 "대규모재난"이라 한다)의 대응·복구(이하 "수습"이라 한다) 등에 관한 사항을 총괄·조정하고 필요한 조치를 하기 위하여 행정안전부에 중앙재난안전대책본부(이하 "중앙대책본부"라 한다)를 둔다.

② 중앙재난안전대책본부의 특징〈재난 및 안전관리 기본법 제14조〉

ⓐ 중앙대책본부에 본부장과 차장을 둔다.

ⓑ 중앙대책본부의 본부장(이하 "중앙대책본부장"이라 한다)은 행정안전부장관이 되며, 중앙대책본부장은 중앙대책본부의 업무를 총괄하고 필요하다고 인정하면 중앙재난안전대책본부회의를 소집할 수 있다. 다만, 해외재난의 경우에는 외교부장관이, 「원자력시설 등의 방호 및 방사능 방재 대책법」에 따른 방사능재난의 경우에는 중앙방사능방재대책본부의 장이 각각 중앙대책본부장의 권한을 행사한다.

ⓒ ⓑ에도 불구하고 재난의 효과적인 수습을 위하여 다음의 어느 하나에 해당하는 경우에는 국무총리가 중앙대책본부장의 권한을 행사할 수 있다. 이 경우 행정안전부장관, 외교부장관(해외재난의 경우에 한정한다) 또는 원자력안전위원회 위원장(방사능 재난의 경우에 한정한다)이 차장이 된다.

• 국무총리가 법정부적 차원의 통합 대응이 필요하다고 인정하는 경우

• 행정안전부장관이 국무총리에게 건의하거나 수습본부장의 요청을 받아 행정안전부장관이 국무총리에게 건의하는 경우

  ⓔ 중앙대책본부장은 대규모재난이 발생하거나 발생할 우려가 있는 경우에는 대통령령으로 정하는 바에 따라 실무반을 편성하고, 중앙재난안전대책본부 상황실을 설치하는 등 해당 대규모재난에 대하여 효율적으로 대응하기 위한 체계를 갖추어야 한다. 이 경우 중앙재난안전상황실과 인력, 장비, 시설 등을 통합 · 운영할 수 있다.

  ⓜ 중앙대책본부, 중앙재난안전대책본부회의 구성과 운영에 필요한 사항은 대통령령으로 정한다.

③ **수습지원단 파견 등**〈재난 및 안전관리 기본법 제14조의2〉

  ㉠ 중앙대책본부장은 국내 또는 해외에서 발생하였거나 발생할 우려가 있는 대규모재난의 수습을 지원하기 위하여 관계 중앙행정기관 및 관계 기관 · 단체의 재난관리에 관한 전문가 등으로 수습지원단을 구성하여 현지에 파견할 수 있다.

  ㉡ 중앙대책본부장은 구조 · 구급 · 수색 등의 활동을 신속하게 지원하기 위하여 행정안전부 · 소방청 또는 해양경찰청 소속의 전문 인력으로 구성된 특수기동구조대를 편성하여 재난현장에 파견할 수 있다.

  ㉢ 수습지원단의 구성과 운영 및 특수기동구조대의 편성과 파견 등에 필요한 사항은 대통령령으로 정한다.

④ **중앙대책본부장의 권한 등**〈재난 및 안전관리 기본법 제15조〉

  ㉠ 중앙대책본부장은 대규모재난을 효율적으로 수습하기 위하여 관계 재난관리책임기관의 장에게 행정 및 재정상의 조치, 소속 직원의 파견, 그 밖에 필요한 지원을 요청할 수 있다. 이 경우 요청을 받은 관계 재난관리책임기관의 장은 특별한 사유가 없으면 요청에 따라야 한다.

  ㉡ ㉠에 따라 파견된 직원은 대규모재난의 수습에 필요한 소속 기관의 업무를 성실히 수행하여야 하며, 대규모재난의 수습이 끝날 때까지 중앙대책본부에서 상근하여야 한다.

  ㉢ 중앙대책본부장은 해당 대규모재난의 수습에 필요한 범위에서 수습본부장 및 지역대책본부장을 지휘할 수 있다.

(5) 재난의 관리

① **재난의 신고 등**〈재난 및 안전관리 기본법 제19조〉

  ㉠ 누구든지 재난의 발생이나 재난이 발생할 징후를 발견하였을 때에는 즉시 그 사실을 시장 · 군수 · 구청장 · 긴급구조기관, 그 밖의 관계 행정기관에 신고하여야 한다.

  ㉡ 신고를 받은 시장 · 군수 · 구청장과 그 밖의 관계 행정기관의 장은 관할 긴급구조기관의 장에게, 긴급구조기관의 장은 그 소재지 관할 시장 · 군수 · 구청장 및 재난관리주관기관의 장에게 통보하여 응급대처방안을 마련할 수 있도록 조치하여야 한다.

② **재난안전상황실의 설치**〈재난 및 안전관리 기본법 제18조 제1항〉 … 행정안전부장관, 시 · 도지사 및 시장 · 군수 · 구청장은 재난정보의 수집 · 전파, 상황관리, 재난발생 시 초동조치 및 지휘 등의 업무를 수행하기 위하여 다음 각 호의 구분에 따른 상시 재난안전상황실을 설치 · 운영하여야 한다.

  ㉠ 행정안전부장관 : 중앙재난안전상황실

  ㉡ 시 · 도지사 및 시장 · 군수 · 구청장 : 시 · 도별 및 시 · 군 · 구별 재난안전상황실

③ **재난상황의 보고**⟨재난 및 안전관리 기본법 제20조⟩

　㉠ 시장·군수·구청장, 소방서장, 해양경비안전서장, 재난관리책임기관의 장 또는 국가핵심기반을 관리하는 기관·단체의 장은 그 관할구역, 소관 업무 또는 시설에서 재난이 발생하거나 발생할 우려가 있으면 대통령령으로 정하는 바에 따라 재난상황에 대해서는 즉시, 응급조치 및 수습현황에 대해서는 지체 없이 각각 행정안전부장관, 관계 재난관리주관기관의 장 및 시·도지사에게 보고하거나 통보하여야 한다. 이 경우 관계 재난관리주관기관의 장 및 시·도지사는 보고받은 사항을 확인·종합하여 행정안전부장관에게 통보하여야 한다.

　㉡ 시장·군수·구청장, 소방서장, 해양경찰서장, 재난관리책임기관의 장 또는 국가기반시설의 장은 재난이 발생한 경우 또는 재난 발생을 신고 받거나 통보받은 경우에는 즉시 관계 재난관리책임기관의 장에게 통보하여야 한다.

④ **해외재난상황의 보고 및 관리**⟨재난 및 안전관리 기본법 제21조⟩

　㉠ 재외공관의 장은 관할 구역에서 해외재난이 발생하거나 발생할 우려가 있으면 즉시 그 상황을 외교부장관에게 보고하여야 한다.

　㉡ ㉠의 보고를 받은 외교부장관은 지체 없이 해외재난 발생 또는 발생 우려 지역에 거주하거나 체류하는 대한민국 국민(이하 이 조에서 "해외재난국민"이라 한다)의 생사확인 등 안전 여부를 확인하고, 행정안전부장관 및 관계 중앙행정기관의 장과 협의하여 해외재난국민의 보호를 위한 방안을 마련하여 시행하여야 한다.

　㉢ 해외재난국민의 가족 등은 외교부장관에게 해외재난국민의 생사확인 등 안전 여부 확인을 요청할 수 있다. 이 경우 외교부장관은 특별한 사유가 없으면 그 요청에 따라야 한다.

　㉣ ㉡ 및 ㉢에 따른 안전 여부 확인과 가족 등의 범위는 대통령령으로 정한다.

2 긴급구조와 긴급구조통제단

(1) 긴급구조 등

① **긴급구조**⟨재난 및 안전관리 기본법 제51조⟩

　㉠ 지역통제단장은 재난이 발생하면 소속 긴급구조요원을 재난현장에 신속히 출동시켜 필요한 긴급구조활동을 하게 하여야 한다.

　㉡ 지역통제단장은 긴급구조를 위하여 필요하면 긴급구조지원기관의 장에게 소속 긴급구조지원요원을 현장에 출동시키거나 긴급구조에 필요한 장비·물자를 제공하는 등 긴급구조활동을 지원할 것을 요청할 수 있다. 이 경우 요청을 받은 기관의 장은 특별한 사유가 없으면 즉시 요청에 따라야 한다.

　㉢ 긴급구조활동에 참여한 민간 긴급구조지원기관에 대하여는 대통령령이 정하는 바에 따라 그 경비의 전부 또는 일부를 지원할 수 있다.

　㉣ 긴급구조활동을 위하여 회전익항공기의 운항 할 필요가 있으면 긴급구조기관의 장이 헬기의 운항과 관련되는 사항을 헬기운항통제기관에 통보하고 헬기를 운항할 수 있다. 이 경우 관계법령에 따라 당해 헬기의 운항이 승인된 것으로 본다.

② **해상에서의 긴급구조**〈재난 및 안전관리 기본법 제56조〉 … 해상에서 발생한 선박이나 항공기 등의 조난사고의 긴급구조활동에 관하여는 「수상에서의 수색·구조 등에 관한 법률」 등 관계 법령에 따른다.

③ **항공기 등 조난사고시의 긴급구조 등**〈재난 및 안전관리 기본법 제57조〉 … 소방청장은 항공기나 선박의 조난사고가 발생하면 관계법령에 따라 긴급구조업무에 책임이 있는 기관의 긴급구조활동에 대한 군의 지원을 신속하게 할 수 있도록 다음의 조치를 취하여야 한다.

　　㉠ 탐색구조본부의 설치·운영
　　㉡ 탐색구조부대의 지정 및 출동대기태세의 유지
　　㉢ 조난 항공기에 관한 정보 제공

(2) 중앙긴급구조통제단과 지역긴급구조통제단

① **중앙긴급구조통제단**〈재난 및 안전관리 기본법 제49조〉

　　㉠ 긴급구조에 관한 사항의 총괄·조정, 긴급구조기관 및 긴급구조지원기관이 하는 긴급구조활동의 역할 분담과 지휘·통제를 위하여 소방청에 중앙긴급구조통제단(이하 "중앙통제단"이라 한다)을 둔다.

　　㉡ 중앙통제단의 단장은 소방청장이 된다.

　　㉢ 중앙통제단장은 긴급구조를 위하여 필요하면 긴급구조지원기관 간의 공조체제를 유지하기 위하여 관계 기관·단체의 장에게 소속 직원의 파견을 요청할 수 있다. 이 경우 요청을 받은 기관·단체의 장은 특별한 사유가 없으면 요청에 따라야 한다.

　　㉣ 중앙통제단의 구성·기능 및 운영에 필요한 사항은 대통령령으로 정한다.

② **지역긴급구조통제단**〈재난 및 안전관리 기본법 제50조〉

　　㉠ 지역별 긴급구조에 관한 사항의 총괄·조정, 해당 지역에 소재하는 긴급구조기관 및 긴급구조지원기관 간의 역할분담과 재난현장에서의 지휘·통제를 위하여 시·도의 소방본부에 시·도 긴급구조통제단을 두고, 시·군·구의 소방서에 시·군·구 긴급구조통제단을 둔다.

　　㉡ 시·도 긴급구조통제단과 시·군·구 긴급구조통제단(이하 "지역통제단"이라 한다)에는 각각 단장 1명을 두되, 시·도 긴급구조통제단의 단장은 소방본부장이 되고 시·군·구 긴급구조통제단의 단장은 소방서장이 된다.

　　㉢ 지역통제단장은 긴급구조를 위하여 필요하면 긴급구조지원기관 간의 공조체제를 유지하기 위하여 관계 기관·단체의 장에게 소속 직원의 파견을 요청할 수 있다. 이 경우 요청을 받은 기관·단체의 장은 특별한 사유가 없으면 요청에 따라야 한다.

　　㉣ 지역통제단의 기능과 운영에 관한 사항은 대통령령으로 정한다.

3 **재난안전관리계획과 대책**

(1) 재난 시 단계별 안전관리계획

① 국가안전관리기본계획의 수립〈재난 및 안전관리 기본법 제22조〉

  ㉠ 국무총리는 대통령령이 정하는 바에 따라 국가의 재난 및 안전관리업무에 관한 기본계획(국가안전관리기본계획)의 수립지침을 작성하여 관계 중앙행정기관의 장에게 통보하여야 한다.

  ㉡ 수립지침에는 부처별로 중점적으로 추진할 안전관리기본계획의 수립에 관한 사항과 국가재난관리체계의 기본방향이 포함되어야 한다.

  ㉢ 관계 중앙행정기관의 장은 수립지침에 따라 그 소관에 속하는 재난 및 안전관리업무에 관한 기본계획을 작성한 후 국무총리에게 제출하여야 한다.

  ㉣ 국무총리는 관계 중앙행정기관의 장이 제출한 기본계획을 종합하여 국가안전관리기본계획을 작성하여 중앙위원회의 심의를 거쳐 확정한 후 이를 관계 중앙행정기관의 장에게 통보하여야 한다.

  ㉤ 중앙행정기관의 장은 확정된 국가안전관리기본계획 중 그 소관에 관한 사항을 관계 재난관리책임기관(중앙행정기관 및 지방자치단체 제외)의 장에게 통보하여야 한다.

  > **POINT** 국가안전관리기본계획과 집행계획, 시·도 안전관리계획 및 시·군·구 안전관리계획은 민방위기본법에 의한 민방위계획 중 재난관리분야의 계획으로 본다.

② **집행계획**〈재난 및 안전관리 기본법 제23조〉

  ㉠ 관계 중앙행정기관의 장은 통보받은 국가안전관리기본계획에 따라 그 소관업무에 관한 집행계획을 작성하여 조정위원회의 심의를 거쳐 국무총리의 승인을 받아 확정한다.

  ㉡ 관계 중앙행정기관의 장은 확정된 집행계획을 행정안전부장관에게 통보하고, 시·도지사 및 재난관리책임기관의 장에게 통보하여야 한다.

  ㉢ 재난관리책임기관의 장은 통보받은 집행계획에 따라 세부집행계획을 작성하여 관할 시·도지사와 협의한 후 소속 중앙행정기관의 장의 승인을 얻어 이를 확정하여야 한다. 이 경우 그 재난관리책임기관의 장이 공공기관 또는 공공단체의 장인 경우에는 그 내용을 지부 등 지방조직에 통보하여야 한다.

③ 시·도 안전관리계획의 수립〈재난 및 안전관리 기본법 제24조〉

  ㉠ 행정안전부장관은 국가안전관리기본계획과 집행계획에 따라 시·도의 재난 및 안전관리업무에 관한 계획(시·도 안전관리계획)의 수립지침을 작성하여 이를 시·도지사에게 통보하여야 한다.

  ㉡ 시·도의 전부 또는 일부를 관할구역으로 하는 재난관리책임기관의 장은 그 소관 재난 및 안전관리업무에 관한 계획을 작성하여 관할 시·도지사에게 제출하여야 한다.

  ㉢ 시·도지사는 통보받은 수립지침과 제출받은 재난 및 안전관리업무에 관한 계획을 종합하여 시·도 안전관리계획을 작성하고 시·도위원회의 심의를 거쳐 확정한다.

  ㉣ 시·도지사는 확정된 시·도 안전관리계획을 행정안전부장관에게 보고하고, 재난관리책임기관의 장에게 통보하여야 한다.

④ 시·군·구 안전관리계획의 수립〈재난 및 안전관리 기본법 제25조〉
　　㉠ 시·도지사는 확정된 시·도 안전관리계획에 따라 시·군·구의 재난 및 안전관리업무에 관한 계획(시·군·구 안전관리계획)의 수립지침을 작성하여 시장·군수·구청장에게 통보하여야 한다.
　　㉡ 시·군·구의 전부 또는 일부를 관할 구역으로 하는 재난관리책임기관의 장은 그 소관 재난 및 안전관리업무에 관한 계획을 작성하여 시장·군수·구청장에게 제출하여야 한다.
　　㉢ 시장·군수·구청장은 통보받은 수립지침과 제출받은 재난 및 안전관리업무에 관한 계획을 종합하여 시·군·구 안전관리계획을 작성하고 시·군·구위원회의 심의를 거쳐 확정한다.
　　㉣ 시장·군수·구청장은 확정된 시·군·구 안전관리계획을 시·도지사에게 보고하고, 재난관리책임기관의 장에게 통보하여야 한다.

(2) 재난 예방과 대비

① 재난관리책임기관의 장의 재난예방조치〈재난 및 안전관리 기본법 제25조의2〉
　　㉠ 재난예방조치 : 재난관리책임기관의 장은 소관 관리대상 업무의 분야에서 재난의 발생을 사전에 방지하기 위하여 다음의 조치를 취하여야 한다.
　　　• 재난에 대응할 조직의 구성 및 정비
　　　• 재난의 예측 및 예측정보 등의 제공·이용에 관한 체계의 구축
　　　• 재난 발생에 대비한 교육·훈련과 재난관리예방에 관한 홍보
　　　• 재난이 발생할 위험이 높은 분야에 대한 안전관리체계의 구축 및 안전관리규정의 제정
　　　• 국가핵심기반의 관리
　　　• 특정관리대상 시설 등에 관한 조치
　　　• 재난방지시설의 점검·관리와 재난관리자원의 비축 및 장비·인력의 지정
　　　• 그 밖에 재난을 예방하기 위하여 필요하다고 인정되는 사항
　　㉡ 재난관리책임기관의 장은 재난예방조치를 효율적으로 시행하기 위하여 필요한 사업비를 확보하여야 한다.
　　㉢ 재난관리책임기관의 장은 다른 재난관리책임기관의 장에게 재난을 예방하기 위하여 필요한 협조를 요청할 수 있다. 이 경우 요청을 받은 다른 재난관리책임기관의 장은 특별한 사유가 없으면 요청에 따라야 한다.
　　㉣ 재난관리책임기관의 장은 재난관리의 실효성을 확보할 수 있도록 안전관리체계 및 안전관리규정을 정비·보완하여야 한다.

② 특정관리대상지역의 지정 및 관리 등〈재난 및 안전관리 기본법 제27조〉
　　㉠ 중앙행정기관의 장 또는 지방자치단체의 장은 재난이 발생할 위험이 높거나 재난예방을 위하여 계속적으로 관리할 필요가 있다고 인정되는 지역을 대통령령으로 정하는 바에 따라 특정관리대상지역으로 지정할 수 있다.
　　㉡ 재난관리책임기관의 장은 ㉠에 따라 지정된 특정관리대상지역에 대하여 대통령령으로 정하는 바에 따라 재난 발생의 위험성을 제거하기 위한 조치 등 특정관리대상지역의 관리·정비에 필요한 조치를 하여야 한다.

ⓒ 중앙행정기관의 장, 지방자치단체의 장 및 재난관리책임기관의 장은 ⓐ 및 ⓑ에 따른 지정 및 조치 결과를 대통령령으로 정하는 바에 따라 행정안전부장관에게 보고하거나 통보하여야 한다.

ⓓ 행정안전부장관은 ⓒ에 따라 보고받거나 통보받은 사항을 대통령령으로 정하는 바에 따라 정기적으로 또는 수시로 국무총리에게 보고하여야 한다.

ⓔ 국무총리는 ⓓ에 따라 보고받은 사항 중 재난을 예방하기 위하여 필요하다고 인정하는 사항에 대해서는 중앙행정기관의 장, 지방자치단체의 장 또는 재난관리책임기관의 장에게 시정조치나 보완을 요구할 수 있다.

ⓕ ⓐ부터 ⓔ까지에서 규정한 사항 외에 특정관리대상지역의 지정, 관리 및 정비에 필요한 사항은 대통령령으로 정한다.

③ 재난예방을 위한 긴급안전점검 등〈재난 및 안전관리 기본법 제30조〉

　　ⓐ 행정안전부장관 또는 재난관리책임기관(행정기관만을 말한다. 이하 이 조에서 같다)의 장은 대통령령으로 정하는 시설 및 지역에 재난이 발생할 우려가 있는 등 대통령령으로 정하는 긴급한 사유가 있으면 소속 공무원으로 하여금 긴급안전점검을 하게 하고, 행정안전부장관은 다른 재난관리책임기관의 장에게 긴급안전점검을 하도록 요구할 수 있다. 이 경우 요구를 받은 재난관리책임기관의 장은 특별한 사유가 없으면 요구에 따라야 한다.

　　ⓑ ⓐ에 따라 긴급안전점검을 하는 공무원은 관계인에게 필요한 질문을 하거나 관계 서류 등을 열람할 수 있다.

　　ⓒ ⓐ에 따른 긴급안전점검의 절차 및 방법, 긴급안전점검결과의 기록·유지 등에 필요한 사항은 대통령령으로 정한다.

　　ⓓ ⓐ에 따라 긴급안전점검을 하는 공무원은 그 권한을 표시하는 증표를 지니고 이를 관계인에게 보여주어야 한다.

　　ⓔ 행정안전부장관은 ⓐ에 따라 긴급안전점검을 하면 그 결과를 해당 재난관리책임기관의 장에게 통보하여야 한다.

④ 재난예방을 위한 안전조치〈재난 및 안전관리 기본법 제31조〉

　　ⓐ 행정안전부장관 또는 재난관리책임기관(행정기관만을 말한다.)의 장은 긴급안전점검 결과 재난 발생의 위험이 높다고 인정되는 시설 또는 지역에 대하여는 대통령령으로 정하는 바에 따라 그 소유자·관리자 또는 점유자에게 다음의 안전조치를 할 것을 명할 수 있다.

　　　• 정밀안전진단(시설만 해당한다). 이 경우 다른 법령에 시설의 정밀안전진단에 관한 기준이 있는 경우에는 그 기준에 따르고, 다른 법령의 적용을 받지 아니하는 시설에 대하여는 행정안전부령으로 정하는 기준에 따른다.

　　　• 보수(補修) 또는 보강 등 정비

　　　• 재난을 발생시킬 위험요인의 제거

　　ⓑ ⓐ에 따른 안전조치명령을 받은 소유자·관리자 또는 점유자는 이행계획서를 작성하여 행정안전부장관 또는 재난관리책임기관의 장에게 제출한 후 안전조치를 하고, 행정안전부령으로 정하는 바에 따라 그 결과를 행정안전부장관 또는 재난관리책임기관의 장에게 통보하여야 한다.

ⓒ 행정안전부장관 또는 재난관리책임기관의 장은 제1항에 따른 안전조치명령을 받은 자가 그 명령을 이행하지 아니하거나 이행할 수 없는 상태에 있고, 안전조치를 이행하지 아니할 경우 공중의 안전에 위해를 끼칠 수 있어 재난의 예방을 위하여 긴급하다고 판단하면 그 시설 또는 지역에 대하여 사용을 제한하거나 금지시킬 수 있다. 이 경우 그 제한하거나 금지하는 내용을 보기 쉬운 곳에 게시하여야 한다.

ⓔ 행정안전부장관 또는 재난관리책임기관의 장은 안전조치명령을 받아 이를 이행하여야 하는 자가 그 명령을 이행하지 아니하거나 이행할 수 없는 상태에 있고, 재난예방을 위하여 긴급하다고 판단하면 그 명령을 받아 이를 이행하여야 할 자를 갈음하여 필요한 안전조치를 할 수 있다. 이 경우 「행정대집행법」을 준용한다.

ⓜ 행정안전부장관 또는 재난관리책임기관의 장은 ⓒ에 따른 안전조치를 할 때에는 미리 해당 소유자·관리자 또는 점유자에게 서면으로 이를 알려 주어야 한다. 다만, 긴급한 경우에는 구두로 알리되, 미리 구두로 알리는 것이 불가능하거나 상당한 시간이 걸려 공중의 안전에 위해를 끼칠 수 있는 경우에는 안전조치를 한 후 그 결과를 통보할 수 있다.

⑤ 재난분야 위기관리 매뉴얼 작성〈재난 및 안전관리 기본법 제34조의5 제1항〉
재난관리책임기관의 장은 재난을 효율적으로 관리하기 위하여 재난유형에 따라 다음의 위기관리 매뉴얼을 작성·운용하여야 한다. 이 경우 재난대응활동계획과 위기관리 매뉴얼이 서로 연계되도록 하여야 한다.
- 위기관리 표준매뉴얼 : 국가적 차원에서 관리가 필요한 재난에 대하여 재난관리 체계와 관계 기관의 임무와 역할을 규정한 문서로 위기대응 실무매뉴얼의 작성 기준이 되며, 재난관리주관기관의 장이 작성한다. 다만, 다수의 재난관리주관기관이 관련되는 재난에 대해서는 관계 재난관리주관기관의 장과 협의하여 행정안전부장관이 위기관리 표준매뉴얼을 작성할 수 있다.
- 위기대응 실무매뉴얼 : 위기관리 표준매뉴얼에서 규정하는 기능과 역할에 따라 실제 재난대응에 필요한 조치사항 및 절차를 규정한 문서로 재난관리주관기관의 장과 관계 기관의 장이 작성한다. 이 경우 재난관리주관기관의 장은 위기대응 실무매뉴얼과 위기관리 표준매뉴얼을 통합하여 작성할 수 있다.
- 현장조치 행동매뉴얼 : 재난현장에서 임무를 직접 수행하는 기관의 행동조치 절차를 구체적으로 수록한 문서로 위기대응 실무매뉴얼을 작성한 기관의 장이 지정한 기관의 장이 작성하되, 시장·군수·구청장은 재난유형별 현장조치 행동매뉴얼을 통합하여 작성할 수 있다. 다만, 현장조치 행동매뉴얼 작성 기관의 장이 다른 법령에 따라 작성한 계획·매뉴얼 등에 재난유형별 현장조치 행동매뉴얼에 포함될 사항이 모두 포함되어 있는 경우 해당 재난유형에 대해서는 현장조치 행동매뉴얼이 작성된 것으로 본다.

(3) 응급대책

① 재난대비훈련 실시〈재난 및 안전관리 기본법 제35조〉
ⓐ 행정안전부장관, 중앙행정기관의 장, 시·도지사, 시장·군수·구청장 및 긴급구조기관(훈련주관기관)의 장은 대통령령으로 정하는 바에 따라 매년 정기적으로 또는 수시로 재난관리책임기관, 긴급구조지원기관 및 군부대 등 관계 기관(훈련참여기관)과 합동으로 재난대비훈련을 실시하여야 한다.

ⓛ 훈련주관기관의 장은 재난대비훈련을 실시하려면 자체계획을 토대로 재난대비훈련 실시계획을 수립하여 훈련참여기관의 장에게 통보하여야 한다.

ⓒ 훈련참여기관의 장은 재난대비훈련을 실시하면 훈련상황을 점검하고, 그 결과를 대통령령으로 정하는 바에 따라 훈련주관기관의 장에게 제출하여야 한다.

ⓔ 훈련주관기관의 장은 대통령령으로 정하는 바에 따라 훈련참여기관의 훈련과정 및 훈련결과를 점검·평가하고, 훈련과정에서 나타난 미비사항이나 개선·보완이 필요한 사항에 대한 보완조치를 훈련참여기관의 장에게 요구하여야 한다. 또한 위기관리 매뉴얼의 미비점에 대한 개선·보완 및 개선·보완조치 요구를 하여야 한다.

ⓜ 재난대비훈련의 효율적인 추진을 위한 절차·방법 등에 필요한 사항은 대통령령으로 정한다.

② **재난사태 선포**〈재난 및 안전관리 기본법 제36조〉

㉠ 행정안전부장관은 대통령령으로 정하는 재난이 발생하거나 발생할 우려가 있는 경우 사람의 생명·신체 및 재산에 미치는 중대한 영향이나 피해를 줄이기 위하여 긴급한 조치가 필요하다고 인정하면 중앙위원회의 심의를 거쳐 재난사태를 선포할 수 있다. 다만, 행정안전부장관은 재난상황이 긴급하여 중앙위원회의 심의를 거칠 시간적 여유가 없다고 인정하는 경우에는 중앙위원회의 심의를 거치지 아니하고 재난사태를 선포할 수 있다.

㉡ 재난사태가 선포된 지역에 대한 조치

• 재난경보의 발령, 인력·장비 및 물자의 동원, 위험구역 설정, 대피명령, 응급지원 등 이 법에 따른 응급조치

• 해당 지역에 소재하는 행정기관 소속 공무원의 비상소집

• 해당 지역에 대한 여행 등 이동 자제 권고

• 「유아교육법」, 「초·중등교육법」 및 「고등교육법」에 따른 휴업명령 및 휴원·휴교 처분의 요청

• 그 밖에 재난예방에 필요한 조치

③ **응급조치**〈재난 및 안전관리 기본법 제37조〉

㉠ 응급조치의 실시 : 시·도 긴급구조통제단 및 시·군·구 긴급구조통제단의 단장과 시장·군수·구청장은 재난이 발생할 우려가 있거나 재난이 발생하였을 때에는 즉시 관계 법령이나 재난대응 활동계획 및 위기관리 메뉴얼에서 정하는 바에 의하여 수방(水防)·진화·구조 및 구난, 그 밖에 재난의 발생을 예방하거나 피해를 줄이기 위하여 필요한 다음의 응급조치를 하여야 한다. 다만, 지역통제단장의 경우에는 진화의 관한 응급조치와 긴급수송 및 구조 수단의 확보, 현장지휘통신체계의 확보의 응급조치만 하여야 한다.

• 경보의 발령 또는 전달이나 피난의 권고 또는 지시

• 재난예방을 위한 안전조치

• 진화·수방·지진방재, 그 밖의 응급조치와 구호

• 피해시설의 응급복구 및 방역과 방범, 그 밖의 질서의 유지

• 긴급수송 및 구조 수단의 확보

• 급수 수단의 확보, 긴급피난처 및 구호품의 확보

• 현장지휘통신체계의 확보

• 그 밖에 재난의 발생을 예방하거나 줄이기 위하여 필요한 사항

ⓛ 시·군·구의 관할 구역 안에 소재하는 재난관리책임기관의 장은 시장·군수·구청장이나 지역통제단장이 요청하면 관계법령이나 시·군·구 안전관리계획에서 정하는 바에 따라 시장·군수·구청장이나 지역통제단장의 지휘 또는 조정 하에 그 소관업무에 관계되는 응급조치를 실시하거나 시장·군수·구청장이나 지역통제단장이 실시하는 응급조치에 협력하여야 한다.

④ **위기경보의 발령**〈재난 및 안전관리 기본법 제38조〉

㉠ 재난관리주관기관의 장은 대통령령으로 정하는 재난에 대한 징후를 식별하거나 재난발생이 예상되는 경우에는 그 위험 수준, 발생 가능성 등을 판단하여 그에 부합되는 조치를 할 수 있도록 위기경보를 발령할 수 있다. 다만, 다수의 재난관리주관기관이 관련되는 재난에 대해서 관계 재난관리주관기관의 장과 협의하여 행정안전부장관이 위기관리 표준매뉴얼을 작성한 상황인 경우에는 행정안전부장관이 위기경보를 발령할 수 있다.

㉡ 위기경보는 재난 피해의 전개 속도, 확대 가능성 등 재난상황의 심각성을 종합적으로 고려하여 관심·주의·경계·심각으로 구분할 수 있다. 다만, 다른 법령에서 재난 위기경보의 발령 기준을 따로 정하고 있는 경우에는 그 기준을 따른다.

㉢ 재난관리주관기관의 장은 심각 경보를 발령 또는 해제할 경우에는 행정안전부장관과 사전에 협의하여야 한다. 다만, 긴급한 경우에 재난관리주관기관의 장은 우선 조치한 후 지체 없이 행정안전부장관과 협의하여야 한다.

㉣ 재난관리책임기관의 장은 위기경보가 신속하게 발령될 수 있도록 재난과 관련한 위험정보를 얻으면 즉시 행정안전부장관, 재난관리주관기관의 장, 시·도지사 및 시장·군수·구청장에게 통보하여야 한다.

⑤ **동원명령과 대피명령**

㉠ 동원명령 : 중앙대책본부장과 시장·군수·구청장은 재난이 발생하거나 발생할 우려가 있다고 인정하면 다음의 조치를 할 수 있다〈재난 및 안전관리 기본법 제39조〉.

• 민방위기본법에 따른 민방위대의 동원

• 응급조치를 위하여 재난관리책임기관의 장에 대한 관계직원의 출동 또는 재난관리자원 및 지정된 장비·인력의 동원 등 필요한 조치의 요청

• 동원 가능한 장비와 인력 등이 부족한 경우에는 국방부장관에 대한 군부대의 지원 요청

㉡ 대피명령 : 시장·군수·구청장과 지역통제단장(대통령령으로 정하는 권한을 행사하는 경우에 한함)은 재난이 발생하거나 발생할 우려가 있는 경우에 사람의 생명 또는 신체에 대한 위해를 방지하기 위하여 필요하면 해당 지역 주민이나 그 지역 안에 있는 사람에게 대피하도록 명하거나 선박·자동차 등을 그 소유자·관리자 또는 점유자에게 대피시킬 것을 명할 수 있다. 이 경우 미리 대피장소를 지정할 수 있다〈재난 및 안전관리 기본법 제40조〉.

> **POINT** 강제대피조치 … 시장·군수·구청장과 지역통제단장은 대피명령을 받은 사람 또는 위험구역에서의 퇴거나 대피명령을 받은 사람이 그 명령을 이행하지 아니하여 위급하다고 판단되면 그 지역 또는 위험구역 안의 주민이나 그 안에 있는 사람을 강제로 대피 또는 퇴거시키거나 선박·자동차 등을 견인시킬 수 있다.

⑥ **위험구역의 설정** ··· 시장·군수·구청장과 지역통제단장은 재난이 발생하거나 발생할 우려가 있는 경우에 사람의 생명 또는 신체에 대한 위해 방지나 질서의 유지를 위하여 필요하면 위험구역을 설정하고 응급조치에 종사하지 아니하는 사람에게 다음의 조치를 명할 수 있다〈재난 및 안전관리 기본법 제41조〉.

- 위험구역에 출입하는 행위나 그 밖의 행위의 금지 또는 제한
- 위험구역에서의 퇴거 또는 대피

⑦ **응급조치**

　㉠ 시·도지사가 실시하는 응급조치 등〈재난 및 안전관리 기본법 제46조〉

- 시·도지사는 다음의 경우에는 응급조치를 할 수 있다.
　－관할 구역에서 재난이 발생하거나 발생할 우려가 있는 경우로서 대통령령으로 정하는 경우
　－둘 이상의 시·군·구에 걸쳐 재난이 발생하거나 발생할 우려가 있는 경우
- 시·도지사는 ㉠에 따른 응급조치를 하기 위하여 필요하면 이 절에 따라 응급조치를 하여야 할 시장·군수·구청장에게 필요한 지시를 하거나 다른 시장·군수·구청장에게 응원을 요청할 수 있다.

　㉡ 재난관리책임기관의 장의 응급조치 : 재난관리책임기관의 장은 재난이 발생하거나 발생할 우려가 있으면 즉시 그 소관업무에 관하여 필요한 응급조치를 하고, 법 규정에 따라 시·도지사, 시장·군수·구청장 또는 지역통제단장이 실시하는 응급조치가 원활히 수행될 수 있도록 필요한 협조를 하여야 한다〈재난 및 안전관리 기본법 제47조〉.

　㉢ 지역통제단장의 응급조치〈재난 및 안전관리 기본법 제48조〉

- 지역통제단장은 긴급구조를 위하여 필요하면 중앙대책본부장, 시·도지사 또는 시장·군수·구청장에게 응급대책을 요청할 수 있고, 중앙대책본부장, 시·도지사 또는 시장·군수·구청장은 특별한 사유가 없으면 요청에 따라야 한다.
- 지역통제단장은 응급조치와 응급대책을 실시한 때에는 이를 즉시 해당 시장·군수·구청장에게 통보하여야 한다. 다만, 인명구조 및 응급조치 등 긴급한 대응이 필요한 경우에는 우선 조치한 후에 통보할 수 있다.

(4) 재난복구계획의 수립·시행〈재난 및 안전관리 기본법 제59조〉

① 재난관리책임기관의 장은 사회재난으로 인한 피해[사회재난 중 특별재난지역으로 선포된 지역의 사회재난으로 인한 피해(이하 이 조에서 "특별재난지역 피해"라 한다)는 제외한다]에 대하여 중앙대책본부장은 중앙재난피해합동조사단을 편성한 경우에는 피해조사를 마치면 지체 없이 자체복구계획을 수립·시행하여야 한다.

② 시·도지사 또는 시장·군수·구청장은 특별재난지역 피해에 대하여 관할구역의 피해상황을 종합하는 재난복구계획을 수립한 후 수습본부장 및 관계 중앙행정기관의 장과 협의를 거쳐 중앙대책본부장에게 제출하여야 한다.

③ ②에도 불구하고 긴급하게 복구를 실시하여야 하는 등 대통령령으로 정하는 특별한 사유가 있는 경우에는 수습본부장이 특별재난지역 피해에 대한 재난복구계획을 직접 수립하여 중앙대책본부장에게 제출할 수 있다.

④ 중앙대책본부장은 ② 또는 ③에 따라 제출받은 재난복구계획을 중앙재난안전대책본부회의의 심의를 거쳐 확정하고, 이를 관계 재난관리책임기관의 장에게 통보하여야 한다.

⑤ 재난관리책임기관의 장은 ④에 따라 재난복구계획을 통보받으면 그 재난복구계획에 따라 지체 없이 재난복구를 시행하여야 한다. 이 경우 지방자치단체의 장은 재난복구를 위하여 필요한 경비를 지방자치단체의 예산에 계상(計上)하여야 한다.

(5) 특별재난지역 선포 및 지원

① **특별재난지역의 선포**〈재난 및 안전관리 기본법 제60조〉
  ㉠ 중앙대책본부장은 대통령령으로 정하는 규모의 재난이 발생하여 국가의 안녕 및 사회질서의 유지에 중대한 영향을 미치거나 피해를 효과적으로 수습하기 위하여 특별한 조치가 필요하다고 인정하거나 지역대책본부장의 요청이 타당하다고 인정하는 경우에는 중앙위원회의 심의를 거쳐 해당 지역을 특별재난지역으로 선포할 것을 대통령에게 건의할 수 있다.
  ㉡ 특별재난지역의 선포를 건의 받은 대통령은 해당 지역을 특별재난지역으로 선포할 수 있다.
  ㉢ 지역대책본부장은 관할지역에서 발생한 재난으로 인하여 ㉠에 따른 사유가 발생한 경우에는 중앙대책본부장에게 특별재난지역의 선포 건의를 요청할 수 있다.

② **특별재난지역에 대한 지원**〈재난 및 안전관리 기본법 제61조〉··· 국가나 지방자치단체는 특별재난지역으로 선포된 지역에 대하여는 재난지역에 대한 국고보조 등의 지원을 하는 외에 대통령령으로 정하는 바에 따라 응급대책 및 재난구호와 복구에 필요한 행정상·재정상·금융상·의료상의 특별지원을 할 수 있다.

01 다음 중 재난발생 시 재난관리체계의 설명으로 옳은 것은?

① 재난발생 시 행정안전부장관이 중앙재난안전상황실을 설치한다.

② 재난사태의 선포는 중앙대책본부장이 한다.

③ 특별재난지역선포권은 국무총리에게 있다.

④ 중앙통제단장은 행정안전부장관이 된다.

advice ② 행정안전부장관은 대통령령으로 정하는 재난이 발생하거나 발생할 우려가 있는 경우 사람의 생명·신체 및 재산에 미치는 중대한 영향이나 피해를 줄이기 위하여 긴급한 조치가 필요하다고 인정하면 중앙위원회의 심의를 거쳐 재난사태를 선포할 수 있다〈재난 및 안전관리 기본법 제36조 제1항〉.

③ 중앙대책본부장은 대통령령으로 정하는 규모의 재난이 발생하여 국가의 안녕 및 사회질서의 유지에 중대한 영향을 미치거나 피해를 효과적으로 수습하기 위하여 특별한 조치가 필요하다고 인정하거나 지역대책본부장의 요청이 타당하다고 인정하는 경우에는 중앙위원회의 심의를 거쳐 해당 지역을 특별재난지역으로 선포할 것을 대통령에게 건의할 수 있다. 이에 따라 특별재난지역의 선포를 건의 받은 대통령은 해당 지역을 특별재난지역으로 선포할 수 있다〈재난 및 안전관리 기본법 제60조 제1항, 제2항〉.

④ 중앙통제단의 단장은 소방청장이 된다〈재난 및 안전관리 기본법 제49조 제2항〉.

※ 재난안전상황실〈재난 및 안전관리 기본법 제18조 제1항〉… 행정안전부장관, 시·도지사 및 시장·군수·구청장은 재난정보의 수집·전파, 상황관리, 재난발생 시 초동조치 및 지휘 등의 업무를 수행하기 위하여 다음의 구분에 따른 상시 재난안전상황실을 설치·운영하여야 한다.

㉠ 행정안전부장관 : 중앙재난안전상황실

㉡ 시·도지사 및 시장·군수·구청장 : 시·도별 및 시·군·구별 재난안전상황실

02 다음 중 화재 및 재난 발생 시 긴급구조기관으로 옳지 않은 것은?

① 소방서   ② 해양경찰청

③ 소방본부   ④ 경찰서

advice 긴급구조기관〈재난 및 안전관리 기본법 제3조 제7호〉… 소방청, 소방본부 및 소방서를 말한다. 다만, 해양에서 발생한 재난의 경우에는 해양경찰청·지방해양경찰청·해양경찰서를 말한다.

03 다음 중 재난상황 시 본부 설치에 대한 설명으로 옳은 것은?

① 방사능재난의 경우에는 환경부장관이 본부장의 권한을 행사한다.

② 중앙재난안전대책본부장은 행정안전부장관이며, 본부장은 업무를 총괄한다.

③ 중앙재난안전대책본부는 국무총리 직속으로 설치한다.

④ 중앙안전관리위원회의 위원장은 행정안전부장관이며, 조정위원회의 위원장은 중앙대책본부장이다.

> *advice* ① 방사능재난의 경우에는 중앙방사능방재대책본부의 장이 중앙대책본부장의 권한을 행사한다〈재난 및 안전관리 기본법 제14조 제3항 단서〉.
> ③ 대통령령으로 정하는 대규모 재난(대규모재난)의 대응·복구(수습) 등에 관한 사항을 총괄·조정하고 필요한 조치를 하기 위하여 행정안전부장관에 중앙재난안전대책본부(중앙대책본부)를 둔다〈재난 및 안전관리 기본법 제14조 제1항〉.
> ④ 중앙위원회의 위원장은 국무총리가 되고, 위원은 대통령령으로 정하는 중앙행정기관 또는 관계 기관·단체의 장이 된다〈재난 및 안전관리 기본법 제9조 제2항〉. 조정위원회의 위원장은 행정안전부장관이 된다〈재난 및 안전관리 기본법 제10조 제2항〉.

04 다음 중 빈칸에 들어갈 말로 옳은 것은?

_____란 재난의 예방·대비·대응 및 복구를 위하여 하는 모든 활동을 말한다.

① 재난관리　　　　　　　　　　② 안전관리

③ 안전기준　　　　　　　　　　④ 긴급구조

> *advice* ② 재난이나 그 밖의 각종 사고로부터 사람의 생명·신체 및 재산의 안전을 확보하기 위하여 하는 모든 활동을 말한다〈재난 및 안전관리 기본법 제3조 제4호〉.
> ③ 각종 시설 및 물질 등의 제작, 유지관리 과정에서 안전을 확보할 수 있도록 적용하여야 할 기술적 기준을 체계화한 것을 말한다〈재난 및 안전관리 기본법 제3조 제4의2호〉.
> ④ 재난이 발생할 우려가 현저하거나 재난이 발생하였을 때에 국민의 생명·신체 및 재산을 보호하기 위하여 긴급구조기관과 긴급구조지원기관이 하는 인명구조, 응급처치, 그 밖에 필요한 모든 긴급한 조치를 말한다〈재난 및 안전관리 기본법 제3조 제6호〉.

05 다음 중 재난 및 안전관리 기본법상 중앙긴급구조통제단에 대한 설명으로 옳지 않은 것은?

① 중앙긴급구조통제단은 소방청에 둔다.

② 중앙긴급구조통제단의 단장은 행정안전부장관이 된다.

③ 중앙통제단장은 긴급구조를 위하여 필요하면 긴급구조지원기관 간의 공조체제를 유지하기 위하여 관계 기관·단체의 장에게 소속 직원의 파견을 요청할 수 있다.

④ 중앙통제단의 구성·기능 및 운영에 필요한 사항은 대통령령으로 정한다.

> *advice* 중앙통제단의 단장은 소방청장이 된다〈재난 및 안전관리 기본법 제49조 제2항〉.

06 다음 중 재외공관의 장이 해외에서 재난이 발생했을 때 보고하여야 하는 사람은?

① 소방청장
② 중앙대책본부장
③ 외교부장관
④ 중안안전관리위원회 위원장

> *advice* 재외공관의 장은 관할 구역에서 해외재난이 발생하거나 발생할 우려가 있으면 즉시 그 상황을 외교부장관에게 보고하여야 한다〈재난 및 안전관리 기본법 제21조〉.

07 재난 및 안전관리 기본법상의 중앙안전관리위원회에 대한 설명으로 옳지 않은 것은?

① 국무총리 소속으로 중앙안전관리위원회를 둔다.
② 위원장은 국무총리가 된다.
③ 중앙위원회에 간사 1명을 두며, 간사는 행정안전부장관이 된다.
④ 중앙위원회는 사무가 국가안전보장과 관련된 경우에는 국방부와 협의하여야 한다.

> *advice* 중앙위원회는 사무가 국가안전보장과 관련된 경우에는 국가안전보장회의와 협의하여야 한다〈재난 및 안전관리 기본법 제9조 제7항〉.

08 국가의 재난 및 안전관리업무에 관한 기본계획의 수립지침을 작성하여 통보하는 사람은?

① 대통령
② 국무총리
③ 행정안전부장관
④ 중앙재난안전대책본부장

> *advice* 국무총리는 대통령령으로 정하는 바에 따라 국가의 재난 및 안전관리업무에 관한 기본계획의 수립지침을 작성하여 관계 중앙행정기관의 장에게 통보하여야 한다〈재난 및 안전관리 기본법 제22조 제1항〉.

09 다음 중 재난 및 안전관리 기본법의 목적으로 옳지 않은 것은?

① 각종 재난으로부터 국토를 보존하고 국민의 생명·신체 및 재산 보호를 목적으로 한다.
② 국가 및 지방자치단체의 재난 및 안전관리체제를 확립함을 목적으로 한다.
③ 재난 및 안전관리에 관하여 필요한 사항의 규정을 목적으로 한다.
④ 기본법에 위임된 사항과 그 시행에 관하여 필요한 사항을 규정함을 목적으로 한다.

> *advice* ④ 재난 및 안전관리 기본법이 아니라 재난 및 안전관리 기본법 시행령의 목적이다.

답 03.② 04.① 05.② 06.③ 07.④ 08.② 09.④

10 재난 및 안전관리 기본법에서 정의하고 있는 재난에 대한 설명으로 옳지 않은 것은?

① 사회재난에 화재·붕괴·폭발·교통사고(항공사고 및 해상사고를 포함한다)·화생방사고·환경오염사고 등이 포함된다.

② 재난관리란 재난이나 그 밖의 각종 사고로부터 사람의 생명·신체 및 재산의 안전을 확보하기 위하여 하는 모든 활동을 말한다.

③ 해외재난이란 대한민국의 영역 밖에서 대한민국 국민의 생명·신체 및 재산에 피해를 주거나 줄 수 있는 재난으로서 정부차원에서 대처할 필요가 있는 재난을 말한다.

④ 긴급구조란 재난이 발생할 우려가 현저하거나 재난이 발생하였을 때에 국민의 생명·신체 및 재산을 보호하기 위하여 긴급구조기관과 긴급구조지원기관이 하는 인명구조, 응급처치, 그 밖에 필요한 모든 긴급한 조치를 말한다.

advice ②는 안전관리에 관한 정의이다. 재난관리란 재난의 예방·대비·대응 및 복구를 위하여 하는 모든 활동을 말한다〈재난 및 안전관리 기본법 제3조 제3호〉.

11 다음 중 행정안전부장관이 재난관리체계 등의 정비·평가결과를 보고하는 곳은?

① 대통령
② 국무회의
③ 중앙안전관리위원회
④ 중앙재난대책본부

advice 행정안전부장관은 평가 결과를 중앙위원회(중앙안전관리위원회)에 종합 보고한다〈재난 및 안전관리 기본법 제33조의2 제4항〉.

12 재난 및 안전관리 기본법상 안전정책조정위원회에 대한 설명으로 틀린 것은?

① 행정안전부에 조정정위원회를 둔다.

② 조정위원회의 위원장은 행정안전부장관이 된다.

③ 조정위원회에 간사위원 1명을 두며, 간사위원은 행정안전부의 재난안전관리 사무를 담당하는 본부장이 된다.

④ 조정위원회의 위원장은 조정위원회에서 심의·조정된 사항 중 대통령령으로 정하는 중요 사항에 대해서는 조정위원회의 심의·조정 결과를 중앙위원회의 위원장에게 보고하여야 한다.

advice 중앙위원회에 상정될 안건을 사전에 검토하고 규정된 사무를 수행하기 위하여 중앙위원회에 안전정책조정위원회를 둔다〈재난 및 안전관리 기본법 제10조 제1항〉.

13 재난 및 안전관리 기본법상 재난안전상황실을 설치·운영할 수 없는 사람은?

① 행정안전부장관　　　　　　　　　② 중앙대책본부장

③ 시·도지사　　　　　　　　　　　④ 시장·군수·구청장

advice 행정안전부장관, 시·도지사 및 시장·군수·구청장은 재난정보의 수집·전파, 상황관리, 재난발생 시 초동
조치 및 지휘 등의 업무를 수행하기 위하여 다음 각 호의 구분에 따른 상시 재난안전상황실을 설치·운영
하여야 한다〈재난 및 안전관리 기본법 제18조 제1항〉.
　㉠ 행정안전부장관 : 중앙재난안전상황실
　㉡ 시·도지사 및 시장·군수·구청장 : 시·도별 및 시·군·구별 재난안전상황실

14 재난 및 안전관리 기본법상 재난관리책임기관이 아닌 것은?

① 중앙행정기관

② 지방자치단체

③ 공공기관 및 공공단체의 지부 등 지방조직

④ 재난관리의 대상이 되는 중요시설의 관리기관 등으로 국무총리가 정하는 기관

advice "재난관리책임기관"이란 재난관리업무를 하는 다음 각 목의 기관을 말한다〈재난 및 안전관리 기본법 제3조
제5호〉.
　㉠ 중앙행정기관 및 지방자치단체
　㉡ 지방행정기관·공공기관·공공단체(공공기관 및 공공단체의 지부 등 지방조직을 포함한다) 및 재난관리
　　의 대상이 되는 중요시설의 관리기관 등으로서 대통령령으로 정하는 기관

15 재난 및 안전관리 기본법상 재난사태 선포와 관련된 내용으로 틀린 것은?

① 재난사태의 선포권자는 대통령이다.

② 재난사태의 선포시 중앙위원회의 심의를 거쳐야 한다.

③ 예외적으로 재난상황이 긴급하여 중앙위원회의 심의를 거칠 시간적 여유가 없다고 인정하는 경우
에는 중앙위원회의 심의를 거치지 아니하고 재난사태를 선포할 수 있다.

④ 행정안전부장관은 재난으로 인한 위험이 해소되었다고 인정하는 경우 또는 재난이 추가적으로 발
생할 우려가 없어진 경우에는 선포된 재난사태를 즉시 해제하여야 한다.

advice 행정안전부장관은 대통령령으로 정하는 재난이 발생하거나 발생할 우려가 있는 경우 사람의 생명·신체
및 재산에 미치는 중대한 영향이나 피해를 줄이기 위하여 긴급한 조치가 필요하다고 인정하면 중앙위원회
의 심의를 거쳐 재난사태를 선포할 수 있다. 다만, 행정안전부장관은 재난상황이 긴급하여 중앙위원회의
심의를 거칠 시간적 여유가 없다고 인정하는 경우에는 중앙위원회의 심의를 거치지 아니하고 재난사태를
선포할 수 있다〈재난 및 안전관리 기본법 제36조 제1항〉.

답 10.② 11.③ 12.① 13.② 14.④ 15.①

연소이론

연소개요

1 연소의 개념과 연소의 3요소

(1) 연소의 개념과 연소반응식

① **연소의 정의** … 가연성물질과 산소와의 혼합체에서 두 물질이 급격하게 산화반응을 일으키고 이때 발생한 열량이 그 경계로부터 방출되는 열량을 초과하여 발열과 발광을 수반하는 산화현상을 연소라 한다.

$$CS_2 \;+\; 3O_2 \longrightarrow CO_2 \;+\; 2SO_2 \;+\; 열 \;+\; 빛$$
$$\text{(가연물)(산소공급원)} \qquad\qquad \text{(산화물)}$$

② **발열·발광**

㉠ 발열 : 가연물질 내의 C·H·O 등의 원자 또는 분자의 운동에너지가 증가함으로써 활발한 운동에 의해서 열에너지를 발생시킨다.

색상	휘백색	백적색	황적색	휘적색	적색	암적색
온도	1,500℃ 이상	1,300℃	1,100℃	950℃	850℃	700℃

[각종 물질의 연소온도]

물질	온도	물질	온도
전기용접의 불꽃	3,000℃ ~ 4,000℃	촛불, 연강 용해열	1,400℃
아세틸렌 불꽃	3,300℃	물의 비점	100℃
전구필라멘트 저항열	2,000℃	–	–

㉡ 발광 : 발열로 온도가 상승하면 그 온도에 대응하는 열 복사선을 방출하고 다시 온도가 고온으로 되었을 때, 열 복사선이 가시광선대역으로 들어오는 파장을 가지게 되며, 비로소 인간의 눈으로 불꽃을 볼 수 있게 된다.

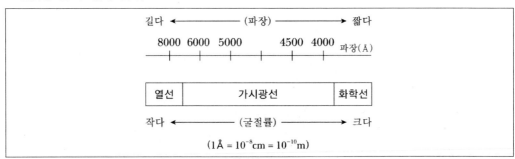

③ **연소반응식** ··· 탄소 $1Kg/mol$이 연소하는 경우 공기 중의 산소가 충분한 경우와 충분하지 않을 경우의 연소반응식은 아래와 같다.

　㉠ 불완전 연소시의 연소반응식 : $C + \dfrac{1}{2}O_2 \rightarrow CO + 26.4Kcal$

　㉡ 완전 연소시의 연소반응식 : $C + O_2 \rightarrow CO_2 + 94.05Kcal$

　㉢ 연소의 반응속도는 아레니우스(Arrhenius)식을 적용한다.

Arrhenius 반응식 : $V = Ce^{-E/RT}$	V : 반응속도 C : 빈도계수 E : 활성화에너지(cal/mol) R : 기체상수(1,987cal/mol) T : 절대온도(K)

　㉣ 에너지 수지 : 물제가 외부로부터 에너지의 유입과 유출에 균형을 이루는 현상으로서 열역학 제1법칙에 따라 에너지가 보존되기 때문에 그 주변에 경계면을 설정하면 에너지의 유입과 유출사이에 다음식이 성립된다.

(유입에너지) = (경계면 내부의 에너지) + (유출에너지) + (손실)

④ **기상반응과 표면반응**

　㉠ 기상반응 : 연소과정에서 가연물들은 모두 공기 중에 포함된 산소와 산화반응하여 단계적으로 반응하여 연소반응을 일으킨다. 가연성물질의 연소과정에서의 반응식을 보면 다음과 같다.

$H_2 + 1/2O_2 \rightarrow H_2O$
$C + O_2 \rightarrow CO_2$
$CH_4 + 2O_2 \rightarrow CO_2 + 2H_2O$

　㉡ 표면반응 : 목탄, 석탄처럼 휘발성이 없지만 탄소성분이 많은 고체가연물은 일반적인 온도에서 열분해 되지 않고 가연성 가스도 발생되지 않는다. 즉 고체표면에 공기가 접촉하면서 표면반응을 일으키는 연소를 한다.

$C + O_2 \rightarrow CO_2$
$C + H_2O \rightarrow CO + H_2$

(2) **연소의 3요소**

① **가연물** ··· 가연물은 산화되기 쉬운 물질이다. 산화되기 쉽다는 것은 연소하기 용이하다는 말과 같으며, 점화에너지를 적게 필요로 하고, 발열량이 많다는 것이다.

　㉠ 가연물의 형태별 분류

　　• 고체 가연물 : 종이류, 섬유류, 고무류, 코크스, 목재류와 그 가공물 또는 부산물, 플라스틱 제품 등

- 액체 가연물 : 휘발유, 등유, 경유, 중유, 알코올류, 동식물유 등
- 기체 가연물 : 프로판, 부탄, LPG, LNG, 아세틸렌 등

ⓒ 가연물의 구비조건
- 연소반응을 일으키는 점화원인 활성화 에너지 값이 적어야 한다.
- 산화되기 쉬운 물질로서 산소와 결합할 때 발열량이 커야 한다.
- 열의 축적이 용이하여야 하므로, 열전도도가 적어야 한다.
- 연쇄반응을 일으킬 수 있는 물질이어야 한다.
- 산소와 접촉할 수 있는 표면적이 큰 물질이어야 한다. 기체는 액체보다, 액체는 고체보다 표면적이 크므로 연소가 잘 일어난다.

ⓒ 가연물이 될 수 없는 물질 : 가연성 물질과는 반대로 아무리 많은 열과 산소가 제공된다 하더라도 연소가 이루어지지 않는 물질을 불연성 물질이라고 하며 불연성 물질은 다음과 같다.
- 이미 산소와 결합하여 더 이상 산소와 화학반응을 일으킬 수 없는 물질로, CO_2, P_2O_5, SO_3, CrO_3, Al_2O_3, H_2O 등이 있다.
- 산소와 화합하여 산화물을 생성하나 산화 발열반응을 일으킬 수 없는 물질로, $N_2(N_2 + O_2 \rightarrow 2NO - 43.2Kcal)$ 등이 이에 해당한다.
- 활성(결합력)이 없는 물질로 Ar, He, Kr, Xe, Rn 등이 이에 해당한다.
- 돌, 흙과 같이 그 자체가 연소하지 않는 물질도 가연물이 될 수 없다.

② **산소공급원** … 가연물이 연소 시 산소를 공급하는 물질은 대표적으로 공기이지만 그 외에도 자체 분자 내에 산소를 포함하고 있는 산화제와 자기 반응성 물질이 있다.

ⓐ 공기 : 연소에 필요한 산소는 공기 중에 약 1/5정도 존재하고 있다. 공기 중에는 산소가 21%, 질소가 78%, 나머지 아르곤, 이산화탄소, 기타 여러 가스 등이 존재한다.

ⓑ 산화제
- 산화제란 분자 내에 많은 양의 산소를 함유하고 있는 물질로서, 가연물질과 혼합 또는 접촉에 의하여 화재의 위험물을 일으킬 수 있어 위험물안전관리법에 의하여 1류(아염소산염류, 브롬산염류 등), 6류(과염소산, 과산화수소 등) 위험물로 분류되어 있는 물질이다.
- 자기반응성 물질은 그 자체가 연소속도가 대단히 빠르며 연소에 필요한 산소를 함유하고 있는 물질로서 폭발적인 연소현상을 일으키는 물질이다. 5류 위험물(유기과산화물, 니트로화합물 등) 에 속하며 대표적인 물질로서는 다이너마이트 원료로 사용되는 니트로글리세린 등이 있다.

③ **점화원(점화에너지 · 활성화에너지)** … 연소가 이루어지기 위해서는 가연물과 산소공급원 이외에 일정한 온도와 일정한 양의 열이 있어야 하는데 이를 점화원이라고 한다. 점화원의 강도는 온도로서 표시하게 되며, 화학열, 전기열, 기계열, 원자력 에너지로 분류할 수 있다.

ⓐ 화학적 에너지
- 연소열 : 물질이 연소하는 과정에서 발생되는 열이며, 탄소와 수소의 화합물 또는 탄소 및 산소와 수소의 화합물은 대부분 산화과정에서 열을 발생하게 된다.
- 자연발화 : 물질이 외부로부터 열을 공급받지 않고 내부의 반응열 축적만으로 온도가 상승하여 발화점에 도달하여 연소를 일으키는 현상을 말한다. 자연발화는 열의 확산속도와 물질의 자연발열 속도간의 균형이 깨져 열의 축적이 일어남에 따라 자연발화를 일어나게 된다.

- 분해열 : 화합물이 분해될 때 발생하는 열을 분해열이라 하며, 산업용이나 군용 폭발물은 불안정한 화합물의 급격한 분해를 이용하는 것이 대부분이다.
- 용해열 : 물질이 액체에 용해될 때 발생되는 열을 말하며, 모든 물질의 용해열이 화재를 발생시킬 정도의 위험한 에너지를 가지는 것은 아니지만 진한 황산이 물로 희석되는 과정에서 발생되는 열은 위험상태에 이르기도 한다.

ⓛ 전기적 에너지
- 저항열 : 물체에 전류를 흘려보내면 각 물질이 갖는 전기저항 때문에 전기에너지 일부가 열로 변하게 되며, 백열전구에서 열이 발생하는 것은 전구 내의 필라멘트의 저항에 의한 것이다. 도체에 발생하는 열량이 공기 중의 발산하는 열량보다 많을 경우 화재를 일으키는 점화원이 될 수 있다.
- 유도열 : 어떤 도체에 유도된 전류가 흐르는 경우, 그 도체에 유도전류의 크기에 적당한 전류용량을 갖지 못하는 경우 저항 때문에 열이 발생하게 된다.
- 유전열 : 일반적으로 절연물질로 사용되는 물질도 완전한 절연능력을 갖고 있지는 못하다. 따라서 전열물질에 전류가 흐르는데 이러한 전류를 누설전류라 하며, 누설전류에 의해 발생되는 열이 점화원이 될 수 있다.
- 아크열 : 전기흐름에 있어 접촉 또는 접점이 느슨하여 전류의 흐름이 끊어질 때 발생할 수 있으며, 아크에 의해 발생되는 온도는 매우 높다.
- 정전기열 : 두 물질이 접촉하였다가 떨어질 때 각 물질의 표면에 양과 음의 전하가 축적되어 스파크 방전이 일어난다. 이러한 정전기 방전에 의한 에너지는 가연성 증기나 기체 또는 분진을 점화시킬 수 있다.
- 낙뢰에 의한 열 : 번개는 구름에 축적된 전하가 다른 구름이나 반대 전하를 가진 지면으로의 방전현상을 말한다.

ⓒ 기계적 에너지
- 마찰 및 충격의 불꽃 : 두 개 이상의 물체가 서로 충격·마찰을 일으키면서 열에너지를 발생시켜 순간적으로 최대 1,000℃에 가까운 열을 발생시킨다. 사람의 출입이 없는 산속에서 겨울철에 많이 일어나는 산불은 건조한 날씨와 강풍으로 나무와 나무가 마찰되어 발생하는 수가 있으며, 정이나 망치로 바위를 깨뜨릴 때 생기는 불꽃은 충격에 의한 불꽃이라 할 수 있다.
- 단열압축 : 단열압축에 의한 발화현상은 디젤기관에서 착화원리를 이용하는 것으로서 기체를 압축시키면 기체분자간의 충돌횟수가 증가되어 내부에너지의 증가를 가져오며 결국 주위온도를 증가시켜 점화원의 역할을 하게 된다.

ⓓ 원자력 에너지 : 원자핵에 중성자를 충돌시키면 막대한 에너지가 방출된다. 이 때 발생되는 에너지는 열압력, 방사선 등의 형태로 방출된다.

Q 기출문제
2019. 3. 16. 제32차

연소의 3요소 중 점화원에 해당하지 않은 것은?

① 전기불꽃 ② 충격 및 마찰
③ 산화제 ④ 복사열

답 ③

---

④ 연쇄반응

    ㉠ 연소는 3요소로 성립된다는 것이 종래의 생각이었으나 계속적인 소방연구에 따라 연소에 있어서의 과정이 새로이 해명되었으며, 그 결과 연쇄반응이라는 요소가 추가되었다.

    ㉡ 연소 과정에 있어서 수소(H^+)와 수산화 이온(OH^-)을 발생하고 이것이 여러 가지 단계를 거쳐 연쇄적으로 확대되어 연소를 진행시키는 과정을 말한다.

2 연소의 종류와 연소조건

(1) 연소의 종류 및 연소형태

① 연소의 종류

    ㉠ 정상연소 : 가연물이 정상적인 대기상태에서 서서히 타는 현상을 말한다.

    ㉡ 접염연소 : 전도, 대류, 복사의 3가지의 형태에 의해 이루어지며, 불꽃에 직접 닿는 곳에는 전도, 가까운 곳에는 복사, 원거리이면 대류에 의해 연소가 이루어진다.

    ㉢ 대류연소 : 열기류에 의해 가연물의 온도를 높여 착화하는 형태의 연소현상을 말한다.

    ㉣ 복사연소 : 가연물이 연소할 때 발산하는 복사열에 의하여 착화되는 연소현상을 말한다.

    ㉤ 비화연소 : 불티가 날려서 화재 인근에 있는 가연물질을 인화시키는 연소를 말한다.

② **연소형태** … 연소형태는 가연성 물건의 형태에 따라 달라진다. 크게 정상연소와 비정상연소로 나누어지며 연소의 형태는 기체가연물, 액체가연물, 고체가연물에 따라 그 양상이 달라지게 된다.

    ㉠ 정상연소 : 발생하는 열과 발산하는 열이 균형을 이루는 형태를 말한다.

    ㉡ 비정상연소 : 가연성 기체와 공기와의 혼합기체가 밀폐된 공간에 존재할 때, 점화원이 주어져 폭발적으로 연소하는 현상을 말한다.

[가연물의 연소형태]

종류	내용		연소형식	예
기체	기체가 그대로 연소		확산연소	수소, 아세틸렌, 프로판
액체	액체 자신은 연소하지 않음	발생기체가 공기와 혼합하여 연소	증발연소	가솔린, 에테르, 알코올
		열분해로 생성된 기체가 연소	분해연소	지방산, 기계유, 중유
고체	고체 자신은 연소하지 않음	발생 증기가 연소	증발연소	황린, 나프탈렌
		열분해로 생성된 기체가 연소	분해연소	파라핀, 양초
	고체가 그대로 연소		표면연소	목탄, 코크스, 금속분, 숯
	고체자신이 열분해로 생긴 기체와 함께 연소		분해연소	목재, 석탄, 플라스틱, 종이

ⓒ 기체 연소형태 : 수소, 일산화탄소, 메탄, 아세틸렌, 프로판 등 가연성 가스와 공기 중의 산소가 혼합하여 연소하는 형태로서 혼합연소와 확산연소로 크게 구분된다.

- 혼합연소
- 가연성 기체와 산소가 미리 혼합된 상태에서 연소하는 상태이다.
- 반응이 빠르고 연소온도가 높으며, 화염의 전파속도가 빨라 예혼합연소에 해당된다.
- 혼합연소는 폭발적인 연소현상을 일으키므로 비정상연소이다.
- 확산연소
- 가연성 기체와 산소가 상호 확산에 의하여 혼합되면서 연소하는 것이다.
- 일정량의 가연성 기체가 산소와 접하고 있는 부분부터 불꽃과 그을음이 발생하는 불완전한 확산연소를 정상연소라고 한다.

ⓓ 액체 연소형태 : 액체가연물의 연소형태는 대부분 증발연소라고 할 수 있으며, 일부 액체가연물은 분해연소와 표면연소를 하기도 한다.

- 증발연소(석유, 알코올, 휘발유 등)
- 연소할 때 액체 자체가 아니라 액체 표면으로부터 증발된 증기가 연소하는 것이다.
- 액체가연물에서 발생되는 증기가 연소하는 것으로서 액체 표면에서 발생된 가연성 증기가 공기와 혼합되어 연소범위 내에 있을 때 열원(점화원)에 의해 연소되는 형태이다.

[증발연소의 폭발범위]

- 분해연소(중유, 타르 등)
- 점도가 높고, 비중이 큰 중질유인 중유 등에서 볼 수 있는 연소형태이다.
- 비휘발성이거나 끓는점이 높은 가연성 액체가 연소할 때 먼저 열분해하여 탄소를 발생시키면서 연소하는 현상을 말한다.

ⓔ 고체 연소형태
- 표면연소
- 고체표면에 부착된 산소분자를 산소공급원으로 하여 열분해에 의한 가연성 가스를 발생하지 않고 그 자체가 연소하는 형태이다.

- 발염을 동반하지 않아 무염연소, 고체표면의 산소와 반응하여 그 자체가 연소하는 형태이므로 직접연소라고도 한다.
- 숯, 코크스, 금속, 마그네슘 등이 표면연소를 하는 대표적인 가연물이다.
- 분해연소
- 물질을 가열하여 연소생성물의 발생을 열분해라고 하며, 열분해 생성물 중 가연성 가스인 일산화탄소, 수소, 메탄, 이외에 탄화수소 등이 산소와 반응하여 연소할 경우 이를 분해연소라고 한다.
- 목재, 종이, 석탄, 플라스틱 등이 분해연소를 하는 대표적인 가연물이다.
- 증발연소
- 고체 가연물 중 가열하면 열분해를 일으키지 않고, 물질자체가 용융하여 물질의 표면에서 가연성 증기를 발생시키고 이것이 산소와 반응하여 연소하는 형태를 증발연소라고 한다.
- 황, 나프탈렌 등이 증발연소를 한다.
- 자기연소 : 가연성 물질이면서 자체 내에 산소를 함유하고 있어 외부에서 열을 가하면 분해되어 가연성 기체와 산소를 발생시켜 공기 중의 산소를 필요로 하지 않고 연소하는 형태를 자기연소라고 한다.
- 질산에스테르류, 셀룰로이드류, 니트로화합물류 등이 해당한다.

(2) 연소의 조건

① 기체의 연소조건
  ㉠ 가연성 가스
    • 일반적인 공기 중에 포함되어 있는 산소와 반응하여 연소할 수 있는 가스이다.
    • 가스는 연소 및 폭발범위를 갖는다.
    • 가연성 가스가 액체로 변해도 비등점은 언제나 인화점보다 높다.
  ㉡ 불연성 가스
    • 산소와 반응하여 연소하지 않는 가스이며, 불연성이라도 조연성 또는 산화성 가스가 있다.
    • 스스로 연소하지 않으며 조연성의 성질을 갖지도 않는 가스들을 불활성 가스라고 한다.
      ㉪ 질소, 아르곤, 헬륨, 이산화탄소 등
  ㉢ 반응성 가스
    • 연소하지는 않으나 다른 물질과 반응 또는 스스로 격렬히 반응하는 가스로 열, 압력, 충격 등이 가해질 경우 급격히 열 또는 압력을 발생하거나 다른 물질을 만들기도 한다.
    • 아세틸렌, 불소, 염화비닐가스 등이 있다.
  ㉣ 유독성 가스
    • 흡입할 경우 위험하며 인명사고의 주된 원인이다.
    • 염소, 이황화수소, 암모니아, 이산화황, 일산화탄소 등이 있다.

② 액체의 연소조건
  ㉠ 액체의 연소는 액체 자체가 아니라 열이 가해져 액체에서 증발한 가연성 증기가 연소되는 것이다.
  ㉡ 공기보다 비중이 높은 가솔린 증기 등은 지표면에 체류하여 확산되지 않기 때문에 난로 등 점화원에 의한 플래시백 현상이 일어나기도 한다.

ⓒ 증기압은 포화상태하의 액체와 증기의 온도가 같을 때 측정한 증기의 압력이다. 증기압은 혼합가스 형성과 관련이 있으므로 인화점과 증기압을 바탕으로 가연성 증기의 연소범위와 폭발범위를 예측할 수 있다.

ⓔ 위험물의 인화점은 위험물의 증기압에서 가연성 가스를 생성할 수 있는 최저온도이다.

ⓜ 액체의 비중 : 물을 1로 볼 때 비중이 물보다 작을 경우 물에 떠 확산되므로 물로는 소화하기 어렵지만 비중이 물보다 클 경우 물에 가라앉아 물로 소화할 수 있다.

ⓑ 증발도는 주어진 압력과 온도에서 액체가 증기로 변하는 정도이며 증발도가 높을수록 인화성이 크다.

ⓢ 점도는 액체가 용기나 물체의 표면에 퍼지는 정도를 나타낸 것으로 점도가 낮을수록 넓게 퍼지게 되므로 화재의 확대현상이 유발된다.

③ **고체의 연소 조건**

ⓐ 목재는 탄소, 수소, 산소로 구성되어 있고 수분을 함유하고 있다. 목재의 수분함유 15% 이상일 경우 불이 붙기 어렵다.

ⓑ 부드러운 목재는 불이 붙기 쉬운데 나무 조직 사이에 공기가 들어있기 때문이다.

ⓒ 난연처리나, 회반죽으로 덧칠하여 불이 쉽게 붙는 것을 막는다.

ⓓ 목재 등의 고체 가연물질은 상온에서는 가연성 증기를 발생시키지 않는다.

> **POINT** 목재의 상태에 따른 연소상태
> ⓐ **두께 · 굵기** : 얇고 가는 것이 연소상태가 빠르고, 반대의 경우는 느리게 진행된다.
> ⓑ **표면** : 표면이 거친 것이 연소상태가 빠르며, 매끈한 것은 연소상태가 느리게 진행된다.
> ⓒ **건조정도** : 수분이 많은 것은 연소상태가 느리게 진행된다.
> ⓓ **형상** : 각진것은 연소상태가 빠르며, 둥근 것은 연소상태가 느리게 진행된다.
> ⓔ **내화성 · 방화성** : 내화 · 방화성의 처리 정도에 따라 연소의 속도가 다르다.
> ⓕ **페인트** : 페인트를 칠하지 않은 것이 연소상태가 느리게 진행된다.

---

3 발화의 과정 및 조건

(1) 발화의 개념

물질 자체의 산화반응 결과 열과 빛이 발생하는 현상으로서 외부에서 연소에 이르게 할 만한 에너지의 공급 없이 산화작용에 의한 자체 열로 발화되는 현상으로 온도는 인화점 < 연소점 < 발화점 순으로 발화되는 최저온도가 가장 높다.

(2) 발화의 과정

① **착화점**(발화점, 착화온도)

ⓐ 발화점이라고도 하며, 물체를 마찰시키거나 가열하여 어느 정도의 온도가 되면, 불꽃을 가까이 대지 않더라도 연소가 시작하는데 이때의 온도를 그 물체의 착화점이라고 한다.

ⓑ 가연물이 점화원 없이 자체 축적된 열만 가지고 스스로 연소가 시작되는 최저의 온도를 말하며, 보편적으로 인화점보다 수백℃ 높은 온도이다.

ⓒ 가연물질의 착화점

가연물질	발화온도	가연물질	발화온도	가연물질	발화온도
목재	410~450℃	적린	260℃	이황화탄소	100℃
노송·자작나무	253~263℃	메탄	645℃	수소	580~600℃
석탄	230~400℃	에탄	520~630℃	프로판	510℃
코크스	430~600℃	아세톤	538℃	황린	34℃
고무	440~450℃	일산화탄소	610~660℃	셀룰로이드	180℃

POINT ⊙ **반응열**: 화학반응 과정에서 흡수 또는 방출되는 열량으로 화학반응 전후의 물질의 에너지 차이를 말한다. 생성물의 에너지가 반응물보다 높으면 흡열반응이고 반응물의 에너지가 생성물보다 낮으면 발열반응이다.

ⓒ **연소열**: 물질 1mol 또는 1g이 완전 연소할 때 생성되는 열을 말하며, 표준연소열이란 가연물질이 공기 중의 산소와 반응하여 발생하는 연소의 열을 말하다.

② **인화점** … 기체 또는 휘발성 액체에서 발생하는 증기가 공기와 섞여서 가연성 혼합기체를 형성하고, 여기에 불꽃을 가까이 댔을 때 순간적으로 섬광을 내면서 연소하는, 즉 인화되는 최저의 온도이다.

가연물질	인화점	가연물질	인화점	가연물질	인화점
메틸알코올	11℃	가솔린	−40~0℃	아세톤	−18℃
에틸알코올	13℃	등유	30~60℃	벤젠	−11℃
디에틸에테르	−45℃	중유	70~150℃	경유	50~70℃

Q 기출문제   2019. 3. 16. 제32차

[보기]의 빈칸에 들어갈 말이 올바르게 짝지어진 것은?

> [보기]
> (가)이란 외부의 직접적인 점화원 없이 가열된 열의 축적에 의하여 발화가 되고 연소가 시작되는 최저온도
> (나)이란 기체 또는 휘발성 액체에서 발생하는 증기가 공기와 섞여서 가연성 혼합기체를 형성하고 착화원의 존재 시 발화가 일어날 수 있는 최저온도

	(가)	(나)		(가)	(나)
①	발화점	인화점	②	인화점	연소점
③	폭발점	발화점	④	연소점	폭발점

답 ①

---

③ **기체물질의 발화** … 가연물질이 가연성기체와 산화제가 가연조건하에 혼합되어 있는 상태에서 열이 가해져 연소반응이 시작되고 외부로 열을 방출한다.

④ **액체물질의 발화** … 가연액체증기가 산화제 중에 혼합되고 충격이나 불꽃과 같은 열의 발생 또는 유입으로 액체증기혼합물이 발화된다.

⑤ **고체물질의 발화** ··· 가연성고체 또한 가연성액체와 유사하게 가연성 기체로의 기화과정(분해, 증발, 승화)이 필요하며 가연액체물질의 발화과정처럼 발화한다.

⑥ **발화의 형태** ··· 연소반응을 일으키는 점화원은 외부적 요인에 의한 강제점화와 자연발화로 양분하고 있다.

    ㉠ 강제점화(forced ignition) : 점화원이 가연물질에 직접적으로 연소반응을 일으키는 것으로 불꽃, 마찰, 단열압축, 정전기, 복사열 등이 있다.

    ㉡ 자연발화(spontaneous ignition) : 외부의 가연물질에 화학반응을 일으키는 산화제나 첨가제의 영향없이 내부에서 생성된 열에 의해 발화가 시작되는 것으로 자동발화라고도 한다.

        POINT 발화과정에는 압력, 발열량, 화학적 활성도의 크기 등이 영향을 미친다.

⑦ **발열량** ··· 가연성물질이 완전연소 하였을 때 발생하는 열량으로서 모든 물질이 완전연소를 하지 않으므로 실제 발열량은 이론상의 발열량보다 적게 나온다. 발열량 측정은 열량계를 사용한다.

    ㉠ 고위발열량(Higher Heating Value) : 연료가 연소 후 발생한 연소가스의 온도를 최초 온도까지 내릴 때 발생하는 열량이며, 수증기는 액체로 응축할 때 응축열을 발산한다. 즉 그 응축열까지 포함한 것을 고위 발열량(총발열량)이라 한다.

    ㉡ 저위발열량(Lower Heating Value) : 저위발열량은 고위발열량에서 연소가스 중에 증발열(잠열)을 뺀 열량을 말한다.

    ㉢ 고위발열량 = 저위발열량 + 증발열

    ㉣ 가연물질이 고체와 액체인 경우에 열량 계산은 저위발열량으로 하는데 고체와 액체의 가연물은 연소를 위해 기화시키는 과정에서 수증기를 증발시키는데 열이 필요하기 때문이다.

(3) 발화의 조건

① 연소의 3요소인 가연성물질, 산소공급원, 점화원만으로 발화가 되는 것이 아니라 연소 3요소에 일정량 이상의 열에너지가 공급되어야 발화가 일어난다.

② **연소범위**

    ㉠ 연소범위의 표시 : 최저농도를 연소의 하한계, 최고농도를 연소 상한계로 하여 백분율로 나타낸다. 예를 들어 휘발유의 연소범위는 1.4%(연소하한계) ~ 7.6%(연소 상한계)이다.

      • 연소 하한계 : 연소현상을 위한 최저 농도

      • 연소 상한계 : 연소현상을 위한 최고 농도

    ㉡ 연소의 반응속도와 요인

      • 온도 : 온도가 높을수록 반응속도는 빨라지고 연소범위도 넓어진다.

      • 압력 : 기체물질의 반응에 있어서 압력의 증가에 따라 반응속도는 빨라지고 연소범위의 상한계는 높아지며 하한계는 낮아진다.

      • 농도 : 농도는 물질의 입자들이 일정한 부피 속에 존재하는 양의 대소를 나타내는 것으로서, 농도가 클수록 분자의 충돌회수가 많아져 반응속도가 커지고 반응물질도 많아진다.

      • 촉매 : 반응을 일으키는 물질들 사이에 포함되어 자기 자신은 변화하지 않고 반응속도에 영향을 미치는 물질을 촉매라고 한다.

- 정촉매 : 반응속도를 빠르게 하는 물질
- 부촉매 : 반응속도를 느리게 하는 물질
• 반응입자의 크기 : 반응을 일으키는 물질의 입자가 클수록, 다시 말하여 표면적이 클수록 반응속도는 빨라진다.

ⓒ 가연물질의 연소범위

가연물질	분자식	연소범위
이황화탄소	CS_2	1.2~44%
수소	H_2	4~75%
아세틸렌	C_2H_2	2.5~81%
일산화탄소	CO	12.5~74%
메틸알코올	CH_3OH	7.3~36%
에틸알코올	C_2H_5OH	4.3~19%
암모니아	NH_3	1.6~25%
에틸렌	C_2H_4	2.7~36%
프로판	C_3H_8	2.1~9.5%

ⓔ 연소범위에 관한 내용
• 가연성 가스의 온도가 높아지면 연소범위는 넓어진다.
• 가연성 가스의 압력이 높아지면 연소범위는 넓어진다.
• 공기 중에서 보다 산소 중에서 연소범위는 넓어진다.
• 불활성가스의 농도에 비례하여 좁아진다.
• 연소범위 변화요인 : 온도, 압력, 농도, 습도

> **Q 기출문제**   2019. 3. 16. 제32차
>
> 폭발범위에 대한 설명으로 옳지 않은 것은?
> ① 온도가 상승하면 폭발범위는 넓어진다.
> ② 압력이 상승하면 폭발범위는 넓어진다.
> ③ 산소농도가 증가하면 폭발범위는 넓어진다.
> ④ 불활성물질을 첨가하면 폭발범위는 넓어진다.
>
> **답** ④

ⓜ 위험도(H) … H의 수치가 클수록 위험하다. 위험도를 구하는 공식은 $H = \dfrac{상한 - 하한}{하한}$ 으로, 예를 들어 CS_2의 연소범위 1.2 ~ 44%이므로, 위험도는 $\dfrac{44 - 1.2}{1.2} = 35.67$이 된다.

③ 자연발화의 조건

 ㉠ 외부환경에 에너지가 쉽게 전달되지 않고 열의 축적이 쉬운 분말상, 섬유상의 물질은 공기를 포함하기 때문에 열전도율이 작은 쪽이 좋다.

 ㉡ 발화물 내부의 발열량이 커야 열 축적이 잘 이루어진다.

 ㉢ 주변온도가 높은 발화물질의 열 발생은 그 증가속도가 빠르며, 반응속도 또한 빠르다.

 ㉣ 표면적이 넓어야 발화가 쉽고 분말이나 액체가 종이 등에 부착되어 있는 상태가 쉽다.

> **POINT** 자연발화 방지법
> ㉠ 저장실의 온도를 낮춘다.
> ㉡ 습도가 높은 곳을 피한다.
> ㉢ 통풍을 잘 시킨다.
> ㉣ 퇴적 및 수납 시 열이 쌓이지 않게 한다.

④ 발화를 일으키는 과정에서 외부적인 요인에 의해 발화(착화)의 온도가 낮아질 수 있다.

 ㉠ 점화원 없는 자연발화 종류

  • 산화열로 인한 자연발화 : 석탄, 건성유, 고무분말 등

  • 분해열로 인한 자연발화 : 셀룰로이드, 니트로셀룰로이드 등

  • 미생물로 인한 자연발화 : 퇴비, 먼지 등

  • 흡착열로 인한 자연발화 : 목탄, 활성탄 등

 ㉡ 발화점이 낮아지는 이유

  • 분자구조가 복잡할 때

  • 증기압 및 습도가 낮을 때

  • 산소와 친화력이 좋을 때

  • 열전도율이 낮을 때

01 고체의 연소형태로 발염을 동반하지 않는 것은?

① 혼합연소 ② 표면연소

③ 확산연소 ④ 분해연소

advice ② 표면연소는 고체표면에 부착된 산소분자를 산소공급원으로 하여 열분해에 의한 가연성 가스를 발생하지 않고 그 자체가 연소하는 형태이다. 발염을 동반하지 않아 무염연소라고도 한다.

02 온도가 높은 순서로 바른 것은?

① 인화점 < 연소점 < 발화점

② 인화점 > 연소점 < 발화점

③ 인화점 > 연소점 > 발화점

④ 인화점 < 연소점 > 발화점

advice ㉠ 인화점(Flash Point) : 불꽃에 의하여 불이 붙는 가장 낮은 온도
㉡ 발화점(Ignition Point) : 점화원 없이 스스로 발화되는 최저온도
㉢ 연소점(Fire Point) : 점화원을 제거하여 지속적으로 발화되는 온도(보통 인화점보다 약 5~10℃ 높다)

03 불완전연소가 되는 조건이 아닌 것은?

① 온도가 높을 때 ② 가연물 양이 많을 때

③ 공기가 부족할 때 ④ 수분이 많을 때

advice 불완전연소는 물질이 연소할 때 산소의 공급이 불충분하거나 온도가 낮아 그을음이나 일산화탄소가 생성되면서 연료가 완전히 연소되지 못하는 현상이다.

04 다음 중 자연발화 방지법에 대한 설명으로 옳지 않은 것은?

① 저장실의 온도를 낮춘다.

② 습도는 촉매작용과 밀접한 관계가 없다.

③ 퇴적 및 수납 시 열이 축적되지 않도록 한다.

④ 작업장에서 플라스틱 제품을 사용하여 정전지 축적을 방지한다.

advice ② 수분이 자연발화의 촉매로 작용하여 수분이 적으면 자연발화가 일어날 가능성이 적다.
　※ 자연발화의 조건
　　㉠ 열전도율이 작아야 한다.
　　㉡ 발열량이 커야한다.
　　㉢ 주위온도가 높아야 한다.
　　㉣ 표면적이 넓어야 한다.

05 다음 중 기체의 연소형태로 옳지 않은 것은?

① 수소 – 산소

② 이산화탄소 – 산소

③ 분젠버너, 가솔린 엔진

④ 중유, 글리세린

advice ② 연소가 되지 않는다.
　① 확산연소(발염연소) : 연소 주변에 가연성 가스를 확산시켜 산화접촉하는 연소형태
　③ 예혼합연소 : 연소 전에 연소 가능한 혼합가스를 만들어 연소시키는 연소형태
　④ 액체분해연소 : 휘발성 액체에 열분해에 의해 발생한 가스로 연소시키는 형태

06 다음 중 연소의 형태가 다른 것은?

① 촛불　　　　　　　　　　② 가스라이터
③ 모닥불　　　　　　　　　④ 연탄불

advice ①③④ 고체연소　② 기체연소

답 01.② 02.① 03.① 04.② 05.② 06.②

07 다음 중 셀룰로이드류에 화재가 발생할 때 연소방법으로 옳은 것은?

① 분해연소   ② 표면연소

③ 자기연소   ④ 증발연소

advice ①②④ 고체 가연물의 연소 설명이다.

③ 질산에스테르류, 니트로화합물류 등의 위험물은 자체 내에 산소를 함유하고 있어 열분해 시에 산소를 발생하여 그 산소로 연소한다. 이러한 연소를 자기연소라 한다.

08 다음 중 소화활동 중에 열기류에 의해 가연물의 온도를 높여 발화되는 연소로 옳은 것은?

① 대류   ② 전도

③ 복사   ④ 비화

advice ② 불꽃에 직접 닿는 전도연소이다.

③ 불꽃이 가까운 곳에서 착화되는 복사연소이다.

④ 불티가 기류에 날려 가연물질을 인화시키는 비화연소이다.

09 다음 중 연소를 증대시키는 가연물의 특성으로 옳지 않은 것은?

① 온도 또는 압력상승 시 위험하다.

② 열의 축적이 용이할수록, 열전도도가 높을수록 위험하다.

③ 열량, 연소속도, 연소범위가 클수록 위험하다.

④ 인화점, 착화점, 융점, 비점, 비중, 융점은 낮을수록 위험하다.

advice ② 가연물의 열의 축적이 용이할수록, 열전도도가 작을수록 자연발화가 쉽다.

※ 위험도가 높아지는 경우

㉠ 인화점, 착화점, 융점, 비점, 증발열, 비열, 표면장력 등이 낮을수록(작을수록)

㉡ 온도, 압력, 연소속도, 증기압, 연소열이 높을수록(클수록)

㉢ 연소범위(폭발한계)가 넓을수록

10 다음에서 설명하는 연소형식으로 옳은 것은?

물질의 표면에서 증발한 가연성 증기가 공기 중 산소와 혼합된 상태에서 적당한 열에너지를 방출하는 연소

① 증발연소   ② 분해연소

③ 혼합연소   ④ 확산연소

advice ② 고온에서 가연물의 열분해가 진행되어 가연성 가스와 산소가 결합하여 표면에서 연소하는 현상
③ 가연성 기체와 산소가 미리 혼합된 상태로 연소하는 현상
④ 주위의 공기로부터 산소를 공급받아 연소하는 현상

11 다음 중 자연발화를 저지하기 위한 방법으로 옳지 않은 것은?

① 통풍이 잘 되게 한다.   ② 실내에 습도를 높인다.

③ 열축적이 되지 않도록 한다.   ④ 실내온도를 낮춘다.

advice 자연발화 억제
㉠ 습도가 높은 곳을 피한다.
㉡ 통풍이 잘 되도록 한다.
㉢ 저장실의 온도를 낮춘다.
㉣ 퇴적 및 수납 시 열이 쌓이지 않도록 한다.

12 다음 보기의 밑줄 친 부분에 들어갈 내용으로 바르게 연결된 것은?

제1석유류인 가솔린은 인화점이 섭씨 −43℃~−20℃로써 전기 ____㉠____ 이며 ____㉡____ 결합으로 인해서 500ml비커에 20ml의 가솔린을 넣은 후 담뱃불을 던져도 ____㉢____.

	㉠	㉡	㉢
①	부도체	공유	연소하지 않는다
②	부도체	이온	연소하지 않는다
③	도체	공유	연소한다
④	도체	이온	연소한다

advice 가솔린은 전기가 통하지 않는 부도체며 공유 결합을 한다.

답 07.③ 08.① 09.② 10.① 11.② 12.①

13 다음 중 스스로 산소를 가지고 있는 상태에서 연소하는 것은?

① 표면연소

② 증발연소

③ 분해연소

④ 자기연소

advice ④ 가연성 물질이면서 자체 내에 산소를 함유하고 있어 공기 중의 산소를 필요로 하지 않고 연소하는 형태이다.

14 다음 중 PVC 제품이나 난연재료의 연소 시에 발생하며 호흡기와 눈에 자극을 주는 기체는?

① 이산화탄소

② 염화수소

③ 시안화수소

④ 황화수소

advice ② PVC 등의 염소가 함유된 수지류가 연소할 때 주로 발생하며 피부, 눈의 결막, 목구멍과 기관지의 점막 등에 자극을 주고 폐혈관계 손상을 일으킨다.

① 이산화탄소 : 화재 시 호흡속도를 매우 빠르게 하여 독성가스를 더 많이 흡입하게 한다.

③ 시안화수소 : 청산가스라고도 하며 무색의 자극성으로 신경계통에 영향을 준다.

④ 황화수소 : 고무, 털 등의 물질이 불완전 연소할 때 발생하며 후각이 마비된다.

15 연소의 4요소란 연소의 3요소에 무엇을 포함시킨 것인가?

① 점화원

② 산소와 반응하여 발열만을 하는 물질

③ 공기 중의 18% 이상의 산소

④ 연쇄반응

advice 연소의 4요소

ⓐ 가연물

ⓑ 산소공급원

ⓒ 점화원

ⓓ 연쇄반응

16 다음 중 가연물의 자연발화 조건으로 옳지 않은 것은?

① 습도가 낮을 것

② 표면적이 넓고, 발열량이 많은 것

③ 열전도가 낮을 것

④ 발화물보다 주위 온도가 높은 것

advice ① 습도가 낮으면 자연발화는 활성화되지 않는다.

※ 자연발화의 활성화 요인 … 주위 온도가 높고, 표면적이 크고, 습도가 높고, 열의 축적이 잘 되고, 공기의 유동이 적고, 열전도율이 작은 가연물

17 다음 중 가연물이 되기 위한 조건으로 옳지 않은 것은?

① 활성화 에너지가 작다.

② 산화되기 쉬운 물질이다.

③ 열전도율이 작다.

④ 표면적이 작다.

advice 가연물의 조건
　㉠ 연소반응을 일으키는 점화원인 활성화 에너지 값이 적어야 한다.
　㉡ 산화되기 쉬운 물질로서 산소와 결합할 때 발열량이 커야 한다.
　㉢ 열의 축적이 용이하여야 하므로, 열전도도가 적어야 한다.
　㉣ 연쇄반응을 일으킬 수 있는 물질이어야 한다.
　㉤ 산소와 접촉할 수 있는 표면적이 큰 물질이어야 한다. 기체는 액체보다, 액체는 고체보다 표면적이 크 므로 연소가 잘 일어난다.

18 가연성 기체의 연소범위와 착화위험과의 관계에 대한 설명으로 옳지 않은 것은?

① 연소범위 하한계가 낮을수록 착화가 용이하다.

② 연소범위는 주위온도에 영향을 받는다.

③ 연소범위의 상한계가 높을수록 착화가 용이하지 않다.

④ 연소범위의 하한계와 상한계사이의 범위가 클수록 위험하다.

advice 연소범위 … 연소에 필요한 혼합가스의 농도범위. 즉 가연성 가스 또는 증기와 산소 또는 공기를 혼합한 혼 합기체에 점화원을 주었을 때 연소(폭발)가 일어나는 혼합기체의 농도범위를 말한다.
　③ 연소범위의 상한계가 높을수록 착화가 쉽다.
　※ 연소범위에 관한 내용
　　㉠ 가연성 가스의 온도가 높아지면 연소범위는 넓어진다.
　　㉡ 가연성 가스의 압력이 높아지면 연소범위는 넓어진다.
　　㉢ 공기 중보다 산소 중에서 연소범위는 넓어진다.
　　㉣ 불활성가스의 농도에 비례하여 좁아진다.
　　㉤ 연소범위 변화요인 : 온도, 압력, 농도, 습도

19 다음 중 착화점에 대한 내용으로 옳지 않은 것은?

① 점화원 접촉 없이 연소할 수 있는 최저온도를 말한다.

② 황린의 발화점은 약 30℃이다.

③ 분자구조가 복잡하고, 발열량이 적을수록 착화점이 낮다.

④ 목재의 발화온도는 약 410℃이다.

> **advice** 착화점 … 가연물이 점화원 없이 자체 축적된 열만 가지고 스스로 연소가 시작되는 최저의 온도를 말하며, 보편적으로 인화점보다 수백℃ 높은 온도이다. 목재의 발화온도는 410~450℃이며, 황린은 34℃이다.
> ③ 분자구조가 복잡하고, 발열량이 높을수록 착화점이 낮다.

20 다음 중 자연발화의 위험이 없는 것으로 옳은 것은?

① 석탄   ② 팽창질석

③ 셀룰로이드   ④ 퇴비

> **advice** ② 소화약제로서 자연발화의 위험성이 없다.
> ① 석탄은 산화열로 인한 발화위험성이 있다.
> ③ 셀룰로이드는 분해열로 인한 발화위험성이 있다.
> ④ 퇴비는 미생물로 인한 발화위험성이 있다.

21 다음 중 표면연소의 형태를 보여주는 물질은?

① 목재   ② 경유

③ 숯   ④ 종이

> **advice** 표면연소 물질 … 숯, 코크스, 목탄, 금속
> ①④ 분해연소   ② 증발연소

22 사람의 눈으로 화재의 불꽃색깔을 보면 대략 화재의 온도를 알 수 있다. 불꽃의 온도를 육안으로 식별할 때 색깔순서가 저온으로부터 고온의 순서로 된 것은?

① 암적, 주황, 진홍, 백, 황   ② 주홍, 암적, 진홍, 황, 백

③ 암적, 진홍, 주황, 황, 백   ④ 진홍, 암적, 주황, 백, 황

> **advice** 연소의 온도와 색 … 암적색 < 진홍색 < 주황색 < 황색 < 백색

23 다음 중 질소가 불에 타지 않는 이유로 옳은 것은?

① 질소 자체가 연소하는 물질이 아니다.

② 연소성이 대단히 작다.

③ 흡열반응을 한다.

④ 발열반응을 하지만 발열량이 적다.

advice ③ 질소는 불연성 물질로 산소와는 반응을 하지만 발열반응이 아닌 흡열반응을 하기 때문에 불에 잘 타지 않는다.

$N_2 + O_2 \rightarrow 2NO - Qkcal$

24 다음 중 불완전 연소의 형태를 보여주지 않는 물질은?

① 벤젠   ② 알코올

③ 등유   ④ 식용유

advice ② 알코올은 매연을 발생하지 않고 완전연소를 한다. 알코올은 외부의 열원에 의해 가연성가스를 발생시키지 않고 증발 기화하여 연소된다.

25 다음 중 연소기의 노즐에서 불꽃이 떨어져 연소하는 현상은?

① 플래시오버 현상   ② 리프팅 현상

③ 슬롭오버 현상   ④ 보일오버 현상

advice 리프팅 현상 … 가스의 분출속도가 연소속도보다 클 때 불꽃이 노즐에서 떨어져 연소하는 현상이다.
① 플래시오버 : 밀폐된 화재실에서 고온의 가연성가스에 순간적인 산소유입으로 폭발하는 현상
③ 슬롭오버 : 중질유와 같은 유류에 물이 비점 이상으로 상승하여 외부로 분출하는 현상
④ 보일오버 : 원유나 중질유 등이 섞여 있을 때 두 성분의 비점차이로 인한 열류층 형성으로 유류가 탱크 외부로 분출하는 현상

02 연기 및 화염

1 연기

(1) 연기의 정의

가연성 물질의 연소 중에 발생하는 가스와 그을음의 고체입자, 미세한 액체입자 등이 공기 중에 확산되는 것이다. 연소가스의 독성은 인체에 피해를 주며 연기입자에 의하여 빛이 산란되어 시야가 가려지므로 화재건물에서 탈출이 어렵게 된다.

(2) 연기의 영향

① **시각적 영향** … 화재시 가연가스 또는 불완전연소 가스에 의해 시야에 제약을 받아 주변사물의 인지능력이 떨어져 피난구역을 찾지 못하는 경우가 생긴다.

② **생리적 영향** … 연기는 시각장애뿐만 아니라 고온의 가스까지 동반하여 인체에 유해한 일산화탄소, 이산화탄소 등의 유독가스로 인해 의식불명과 같은 상태에 빠질 수 있다.

③ **심리적 영향** … 인간의 시각적 공포에 의해 밀폐된 공간에 놓이면 패닉상태에 빠져 평소 쉽게 분별할 수 있는 상황을 분별하지 못하는 상태에 빠진다.

④ 패닉으로 빠지기 쉬운 상태
    ㉠ 심리적 불안에 의해 위험상태로 인식될 때
    ㉡ 탈출가능성은 보이지만 그 경로에 장애요인이 있을 때
    ㉢ 구성원간의 대립으로 인한 분열 상태에 놓였을 때

> **POINT** 인간의 피난본능
> ㉠ **귀소본능** : 화재 시 인간은 평소의 습관처럼 출입구, 통로를 향하는 경향이 있다. 따라서 이동방향의 마지막을 안전지대로 만드는 것이 좋다.
> ㉡ **퇴피본능** : 화재 발생 시 초기의 상황 파악을 위해 소수 인원만 모이지만 화재가 확대되면 위험을 감지하고 발화지점의 반대 방향으로 이동한다.
> ㉢ **지광본능** : 화재 시 연기와 화염에 의해 시야가 흐려지면 개구부, 조명이 있는 곳으로 모이기 때문에 출입구, 계단 등에 유도등을 설치하고 외부 피난계단을 설치한다.
> ㉣ **추종본능** : 불특정 다수가 모이면 화재에 최초 대응자를 따라 전체가 움직이는 본능 때문에 피해가 확대되는 현상이 나타나기도 한다.
> ㉤ **좌회본능** : 일반적으로 오른손잡이는 오른쪽으로 행동하기 때문에 화재와 같은 어두운 환경에서는 왼쪽으로 이동한다는 연구결과가 있다.
> ㉥ **기타본능** : 화재 시 두려움과 같은 공포에 의해 인간의 이상행동이 나타난다. 또는 평소의 애장품, 애완동물을 구조하기 위해 뛰어들기도 한다.

(3) 연기의 확산과 유동

① 가연물의 연소과정 중에 발생한 불안전연소물의 하나로서 공기보다 고온이기 때문에 기류를 동반하지 않는다면 천장 하단을 따라서 흐르게 된다. 이 연기층은 벽면 가까운 곳부터 하강하는 것이 특징이다.

    ㉠ 수평방향의 연기전파 : 화재실의 천장 면을 따라 대량의 연기가 인근의 복도로 전파되며 연기 진행 속도는 외풍에 의한 영향이 없다면 약 0.5m/s~1.0m/s정도이다.

    ㉡ 수직방향의 연기전파 : 계단과 같은 수직공간에서의 연기 상승속도는 수평속도의 3~5배의 정도인 3m/s~5m/s이며 최상층이 아래층보다 빨리 연기가 충만 된다.

② **건물에서 연기의 유동** … 건물 내에서 연기의 유동 및 확산은 건물의 내·외부 공기의 온도차이로 발생하며, 공기의 온도가 높으면 부력에 의해 공기가 유동하고 연기도 확산된다.

③ **복도에서 연기의 유동** … 복도에서는 연기가 밑으로 내려가지 않고 상층부에서 멀리까지 유동하며, 아래쪽에는 주위에서 발화점 근처로 공기가 이동한다.

④ **지하터널에서 연기의 유동** … 지하통로에서는 연기유동속도는 1.0m/sec이지만 인위적인 공조장치(공기유입을 위한 장치, 유독가스 배출장치)로 인해 그 속도가 점증될 수 있다.

---

2   연소가스

(1) 연소가스

연소가스는 연소과정 중에 발생하는 생성물의 하나이다.

[연소물질과 생성가스]

연소물질	생성가스
탄화수소류	연소성 가스
셀룰로이드, 폴리우레탄 등	질소산화물
질소성분을 갖고 있는 모사, 비단, 피혁 등	시안화수소
합성수지, 레이온	아크릴로레인
나무, 종이 등	아황산가스
PVC 방염수지, 불소수지류 등	수소의 할로겐화물(HF, HCl, HBr, 포스겐 등)
멜라민, 나일론, 요소수지 등	암모니아
페놀수지, 나일론, 폴리에스테르수지 등	알데히드류(RCHO)
폴리스티렌(스티로폴) 등	벤젠

(2) 연소가스의 종류

① 일산화탄소(CO)
- ⊙ 무색, 무취의 가스이다.
- ⓒ 가벼운 중독 증상으로는 두통, 현기증 등이 나타나고 중독이 진행되면 의식상실, 경련, 사망에 이른다. 또한 중독증상이 진행된 경우에는 회복되어도 정신신경장애가 남는 일이 있다.
- ⓒ 불완전 연소에 따른 생성물로 독성의 허용농도는 50ppm이며 혈액중의 헤모글로빈과 결합하여 카르복시헤모글로빈을 만들어 산소의 혈중농도를 낮추고 질식을 일으킨다. 일산화탄소는 산소보다 헤모글로빈에 250배 더 강하게 결합한다.

[일산화탄소(CO)의 공기 중 농도에 대한 증상]

공기 중 농도[ppm]	증상
100(0.01%)	8시간 흡입으로 거의 무증상
500(0.05%)	1시간 흡입으로 무증상 또는 경도의 증상(두통 현기증, 주의력·사고력의 둔화, 마비 등)
700(0.07%)	두통이 심하고 때로는 구토, 호흡곤란과 동시에 시각·청각장애, 심한 보행장애
0.1~0.2%	1~2시간 중에 의식이 몽롱한 상태로부터 호흡곤란, 혼수, 의식상실 때로는 경련, 2~3시간으로 사망
0.3~0.5%	20~30분 내에 급사

② 시안화수소(HCN)
- ⊙ 청산가스라고도 하며 무색의 자극성이 높은 냄새를 갖는 가스로서 신경계통에 영향을 주며, 중독 증상으로는 현기증, 두통, 의식불명, 경련 등이 있다.
- ⓒ 우레탄, 아크릴, 동물의 털 등 질소성분이 포함된 물질이 연소할 때 주로 발생한다.
- ⓒ 불완전연소 시에 많은 양이 발생하며 독성이 강하고 가연성 기체이다.

[시안화수소(HCN)가스의 공기 중 농도에 대한 증상]

공기 중 농도[ppm]	증상
18~36	수 시간 후 큰 변화 없음
45~54	30분~1시간 견딜 수 있음
110~135	30분~1시간 호흡으로 위험 또는 사망
135	20분 흡입으로 사망
181	10분 흡입으로 사망
270	즉사

③ 염화수소(HCl)

　㉠ 염화가스라고도 하고 PVC 등의 염소가 함유된 수지류가 연소할 때 주로 발생하며 독성의 허용
　　농도는 5ppm이다.

　㉡ 피부와 눈의 결막, 목구멍과 기관지의 점막 등에 자극을 주고 폐혈관계 손상을 일으킨다.

[염화수소가스(HCl)의 공기 중 농도에 대한 증상]

공기 중 농도[ppm]	증상
0.5~1.0	가벼운 자극을 느낌
5	코에 자극이 있고 불쾌감을 동반
10	코에 자극이 강하며 30분 이상 견딜 수 없음
35	단시간 견딜 수 있는 한계
50~100	작업불능이 되며 견딜 수 없음
1,000~2,000	단시간 노출로 위험
2,000	수분으로 사망

④ 질소산화물(NOx)

　㉠ 질소산화물 중 특히 NO_2는 대단히 위험도가 높아서 수분이 있으면 질산을 생성하여 강철도 부
　　식시킬 정도이다.

　㉡ 고농도의 경우 눈, 코, 목을 강하게 자극하여 기침, 인후통을 일으키고 현기증, 두통 등을 악화
　　시킨다.

[질소산화물(NOx)의 공기 중의 농도와 생리장애의 관계]

공기 중 농도[ppm]	증상
25~75	급성의 기도 및 코의 자극
150~300	폐색성 선유성 세기관지염 및 기관지 폐염을 야기하며 치명적
500	치명적인 급성 폐수종이 일어나 48시간 이내에 사망

⑤ 이산화탄소(CO_2)

　㉠ 화재 시에 발생하는 이산화탄소는 호흡속도를 매우 빠르게 하여 다른 독성의 가스를 더 많이 흡
　　입하는 원인이 되게 한다.

　㉡ 흡기 중 산소분압을 저하시켜 산소결핍증을 유발하여 호흡곤란, 질식을 초래한다.

⑥ 암모니아(NH_3) ⋯ 멜라민수지, 아크릴, 나일론 등의 질소함유물이 연소할 때 주로 발생하며 강한 자
　극성의 유독성 기체이다.

⑦ 황화수소(H_2S)

    ㉠ 고무, 동물의 털 · 가죽 등의 물질이 불완전 연소할 때 발생하며 계란 썩은 냄새가 난다.

    ㉡ 후각이 쉽게 마비되며 농도가 높아지면 독성이 강해져 호흡기가 무력해지고 신경계통에 영향을 준다.

⑧ 포스겐($COCl_2$)

    ㉠ 열가소성 수지인 폴리염화비닐(PVC), 수지류 등이 연소할 때 발생되는 매우 독성이 강한 가스로, 허용농도는 0.1ppm이다.

    ㉡ 일반적으로 물질이 연소할 때는 생성되는 경우가 드물지만, 염소와 일산화탄소가 반응하면 생성되기도 한다.

3 화염의 형태 및 열방사

(1) 화염의 형태

① 화염 … 화염(불꽃)은 연소와 동시에 발생되며 공기의 흐름이 있을 경우 불규칙적이고 멀리 전달될 수도 있어 연소가 확대될 수 있다.

② 분출화염(Jet flames) … 수직, 수평의 화염 분출상태를 말하며 분출속도와 관계되는 원인으로 레이놀즈 값의 변화에 따라 화염높이가 변화된다.

> **POINT** 레이놀즈 수에 따른 상태
> ㉠ 층류상태 : 유체 또는 연기, 화염의 일정한 유동
> ㉡ 전이상태 : 층류와 난류의 중간상태
> ㉢ 난류상태 : 유체 또는 연기, 화염이 비정상적인 유동현상으로서 열이나 물질의 확산이 매우 강함

③ 수평화염(Horizontal flame) … 화염이 발생되는 현상으로서 폐쇄된 건물의 천장에 화염이 충돌하면 공기의 인입속도가 감소되기 때문에 그 화염의 길이가 수평으로 연장되고 이를 수평화염이라 한다.

④ 천정제트흐름(Ceilling jet flow) … 수직방향으로 이동하는 화재기류가 상승하면서 천장에 의해 제한을 받으면 연소가스들이 수평방향으로 방향 이동을 하면서 고온의 연소 생성물이 발생하는 현상이다.

(2) 열방사

① 열방사 … 물체가 전자파(電磁波)의 형태로 열에너지를 방출하거나 흡수하는 현상을 말한다. 화재발생시 연소과정 중에 발생하는 연소생성물의 열반응식에서 볼 수 있는 열에너지로서 복사열 또는 방사열이라고 한다.

② 가스방사 … 가는 분자의 결속력이 고체나 액체와 달리 상호간의 간섭이 작아 내부의 진동이나 회전에 의해 방사 또는 흡수를 한다. 수소, 산소, 질소는 특별한 외부의 자극이 있지 않는 한 에너지의 방사 또는 흡수작용을 하지 않는다. 반면 일산화탄소, 암모니아, 알코올 등은 분자의 작용 또는 이동을 통하여 에너지를 방사한다.

③ **고체방사** … 산소가 부족한 상태로 고온으로 올라간 가연물이 응집을 반복하여 구형의 입자로 만들어져 결정체를 형성한다. 이들 입자는 응집과정 중에 흡수한 열을 방사한다. 이 그을음 입자들은 흡수 또는 방사와 스펙트럼상 산란도 한다.

④ **열방사의 성질**

　㉠ 물체의 표면 물질과 표면온도에 밀접한 관련이 있으며, 단위면적당 방사하는 열량(熱量)은 절대온도의 4제곱에 비례한다.

　㉡ 열방사의 세기는 온도가 높을수록 커지며 복사선을 잘 흡수하는 물체일수록 복사선을 내는 작용도 강하게 일어난다.

　㉢ 대류나 열전도와 달리 복사에 의한 열 전달방식은 중간 매개체 없이도 고온의 연소물질에서 저온의 가연물로 열이 전달된다.

01 다음 중 물질과 열에 대한 설명으로 옳지 않은 것은?

① 현열은 상태가 변하는 동안 물질에 가해진 모든 열이며, 잠열은 가열된 물질이 상태 변화가 없는 경우 보유하고 있는 열량이다.

② 비열은 물질 1g을 온도 1℃ 또는 1K 높이는 데 필요한 열량이다.

③ 용융점은 일정 압력하에서 고체물질이 액체와 평행하여 존재한다.

④ 연소속도는 연료가 발화하여 연소하고, 화염이 가스와 화학 반응을 일으키면서 차례로 퍼져 나가는 속도이다.

---

advice 현열과 잠열

ⓐ 현열 : 가열된 물질의 상태 변화가 없는 경우 보유하고 있는 열량
ⓑ 잠열 : 상태가 변하는 동안 물질에 가해진 모든 열

02 다음 중 연소과정 중에 생긴 연소가스에 대한 설명으로 옳은 것은?

① 일산화탄소는 산소보다 헤모글로빈 결합력이 250배 이상 강하다.

② 염화수소가스(HCl)의 공기 중 농도가 0.01% 정도면 사망한다.

③ 질소산화물(NOx)의 공기 중 농도가 0.5% 정도면 사망한다.

④ 시안화수소(HCN)는 청산가스라고도 하며 0.3% 정도에서 사망한다.

---

advice ② 염화수소가스는 0.01%에서는 작업불능이고 0.2% 정도면 사망한다.

③ 질소산화물은 0.05% 정도에서 사망한다.
④ 시안화수소는 0.03% 정도에서 사망한다.

03 다음 중 연소가스에 관한 설명으로 옳은 것은?

① 염화수소(HCl)는 피부와 눈의 결막, 기관지 점막 자극 등 폐혈관 손상을 일으킨다.

② 암모니아는 고무, 털, 가죽 등의 물질이 불완전 연소할 때 발생한다.

③ 황하수소는 아크릴, 나일론 등의 질소함유물이 연소할 때 발생한다.

④ 일산화탄소는 헤모글로빈과 결합하지 않고 백혈구와 결합한다.

> **advice** ① PVC 등의 염소가 함유된 수지류를 연소할 때 발생하는 독성의 가스이다.
> ② 황화수소에 대한 설명이다.
> ③ 암모니아에 대한 설명이다.
> ④ 적혈구속에 포함된 헤모글로빈과 결합한다.

04 다음 중 피난 본성에서 화재가 발생한 곳으로부터 피난하여 멀어지려는 본성은?

① 지광본능
② 좌회본능
③ 추종본능
④ 퇴피본능

> **advice** 피난계획 시 고려해야 할 인간의 본능
> ㉠ 귀소본능 : 자신의 신체를 보호하기 위해 일상의 경로를 따라가는 본능이다.
> ㉡ 퇴피본능 : 위급 시 그 지점에서 멀어지려는 현상이다.
> ㉢ 지광본능 : 화재나 연기의 유동 시 어두운 곳을 피하려는 현상이다.
> ㉣ 좌회본능 : 오른손잡이가 많아 긴급상황에는 왼쪽으로 대피하는 현상이다.
> ㉤ 추종본능 : 많은 군중이 피난할 경우 리더를 따라가려는 본능이다.

05 다음 중 연기 유동의 원인으로 옳지 않은 것은?

① 중력
② 공기조화설비
③ 비중
④ 연돌효과(굴뚝효과)

> **advice** 연기의 유동 … 화재실에서 유출된 연기는 화재실의 출입구에서 복도를 지나 계단을 통하여 상층으로 유동한다. 이 때 연기는 공기보다 고온이기 때문에 기류를 동반하지 않는다면 천장 하단을 따라서 흐르게 된다. 공기조화설비나 연돌효과는 기류를 동반하는 원인이 되며, 비중은 온도 및 압력에 따라 달라지므로 연기 유동의 원인이라고 할 수 있다.

답 01.① 02.① 03.① 04.④ 05.①

06 다음 중 연소에 대한 설명으로 옳지 않은 것은?

① 가연물, 산소공급원, 점화원은 연소현상에 필요한 3요소이다.

② 점화원에는 기계적점화원, 전기적점화원, 화학적점화원으로 분류할 수 있다.

③ 대표적인 산소공급원은 공기이다.

④ 가연물 중에서 활성화 에너지가 큰 물질은 그만큼 위험한 물질이라고 볼 수 있다.

advice ④ 연소반응을 일으키는 점화원인 활성화 에너지 값이 적을수록 위험한 물질이다.

07 기체 중 불연소 가스로 옳은 것은?

① 프레온 ② 암모니아

③ 일산화탄소 ④ 메탄

advice ① 직 · 간접적인 연소 작용을 하지 않는 불연소 가스이다.

08 다음 중 연기의 유동속도에 대한 것으로 옳은 것은?

① 수평 < 계단 < 수직 순으로 이동이 빠르다.

② 수평 < 수직 < 계단 순으로 이동이 빠르다.

③ 수직 < 계단 < 수평 순으로 이동이 빠르다.

④ 계단 < 수직 < 수평 순으로 이동이 빠르다.

advice 연기의 유동 속도 ⋯ 수평(0.5~1m/s) → 수직(2~3m/s) → 계단(3~5m/s)

09 목재를 가열할 때 가열온도 160~360℃에서 많이 발생되는 기체로 옳은 것은?

① 일산화탄소 ② 수소가스

③ 아세틸렌가스 ④ 유화수소가스

advice ① 160~360℃에서 많이 발생되는 기체는 일산화탄소이며, 361~500℃에서 많이 발생되는 기체는 이산화탄소이다.

10 화재발생시 열의 이동방법 중 가장 큰 비중을 차지하는 열전달 방법은?

① 대류

② 복사

③ 전도

④ 비화

advice ② 화재 발생 시에 열전달 방법 중 복사열에 의한 열의 이동이 가장 크다.

① 열의 흐름에 의한 대류연소

③ 가연성물질이 직접적 접촉에 의한 전도연소

④ 불티의 이동에 의한 비화연소

11 다음 가스 중 소량으로도 인체에 가장 치명적인 것은?

① H_2S

② CO_2

③ SO_2

④ NO_2

advice 인체에 치명적인 영향을 주는 순서 … $NO_2 > SO_2 > H_2S > CO_2$

※ 이산화질소(NO_2)

㉠ 질소산화물 중 특히 위험하다.

㉡ 수분이 있으면 질산을 생성하여 강철도 부식시킨다.

㉢ 고농도의 경우 눈, 코, 목을 강하게 자극하여 기침, 인후통을 일으키고 현기증, 두통 등을 악화시킨다.

12 다음 중 화재 시 발생하는 유독가스가 아닌 것은?

① 일산화탄소

② 인산암모늄

③ 시안화수소

④ 염화수소

advice ② 분말소화약제(제3종 분말소화약제)의 주성분으로 불연성 물질이며 화재가 발생했을 때 나오는 유독가스가 아니다.

답 06.④ 07.① 08.② 09.① 10.② 11.④ 12.②

13 다음 중 목재류의 화재 시 발생하는 유독성 가스로 인명피해를 가장 많이 주는 것은?

① 이산화탄소   ② 일산화탄소

③ 암모니아   ④ 시안화탄소

advice ② 목재가 불완전 연소하면 일산화탄소를 가장 많이 발생시키는데 이는 많은 인명피해의 원인이 된다.
    ※ 일산화탄소(CO)
        ㉠ 무색, 무취의 가스
        ㉡ 헤모글로빈과 결합하여 산소농도를 낮춤
        ㉢ 0.3% 이상 0.5% 이하면 20~30분 이내 사망

14 다음 중 화재발생 시 인간의 피난 특성으로 옳지 않은 것은?

① 무의식중 평상시에 사용하는 출입구나 통로로 이동한다.

② 화재의 공포감으로 인하여 빛을 피해 어두운 곳으로 움직인다.

③ 화재 시 처음 행동을 시작한 사람을 따라 전체가 움직이는 경향이 있다.

④ 화염, 연기에 대한 공포감으로 발화의 반대방향으로 이동한다.

advice ② 화재에 대한 공포감으로 인해 빛을 따라 외부로 움직이려고 한다.
    ① 귀소본능   ③ 추종본능   ④ 퇴피본능

15 연기에 관한 설명으로 옳지 않은 것은?

① 화재 진압활동을 어렵게 한다.

② 수직방향보다 수평방향의 흐름이 빠르다.

③ 산소의 존재유무에 영향을 받는다.

④ 연기의 유동방향은 대류현상과 비슷하다.

advice ② 화염에 의한 열의 대류현상으로 연기는 수평방향보다 수직방향의 흐름이 빠르다.

16 다음 중 수지류 및 모직물, 견직물 등의 질소함유물이 불완전 연소되어 발생하는 것은?

① 이산화질소

② 이산화탄소

③ 암모니아

④ 시안화수소

advice 시안화수소 … 질소성분을 주로 함유하고 있는 우레탄, 아크릴, 폴리아미드, 동물의 털과 같은 섬유 등이 연소할 때 발생하는 것으로 불완전 연소 시에 상대적으로 많은 양이 발생하며, 청산가스라고도 불린다.

17 다음 중 화재 시 연기로 인한 사람의 투시거리에 영향을 주는 것으로 옳은 것은?

① 연기의 밀도　　　　　　　　　② 연기의 온도

③ 연기의 형상　　　　　　　　　④ 연기 발생속도

advice 투시거리 영향요인

　　㉠ 연기 흐름속도

　　㉡ 연기 밀도

　　㉢ 보는 표식의 휘도, 색, 형상

03 폭발개요 및 분류

1 폭발

(1) 폭발의 개요

① 물체(기체, 액체, 고체)가 연소의 3요소(가연성물질, 공기, 점화원)의 조건하에서 연소속도와 화염전파속도가 정상연소에 비해 매우 빠른 연소로서 폭발의 압력차이로 인하여 대기 중에 충격파가 전달되는 현상이다. 파열, 후폭풍, 폭음을 동반한다.

② 폭발은 연소의 4요소인 촉매에 의한 연쇄반응을 포함한 연소과정을 거쳐야 하며 다음과 같은 조건의 성질을 가지고 있어야 한다.
  ㉠ 폭발물질은 가연성 물질로서 산소와 결합하는 성질이 있어야 한다.
  ㉡ 가연성물질 내에 산소가 존재하고 있거나 산소가 포함된 화합물이 결합되어야 한다.
  ㉢ 가연물이 연소할 때 화학반응에 의한 열이 대량으로 발생해야 한다.
  ㉣ 연소 작용에 의해 연소가연물인 연소가스가 대량으로 발생해야 한다.

(2) 폭발의 조건

① 자연폭발을 제외하고 기본적으로 밀폐된 공간이 존재해야 한다.

② 외부의 온도변화에 의해 가연성가스, 증기가 폭발범위(연소범위) 내에 있어야 한다.

③ 상기 조건을 갖추고 폭발을 일으킬 수 있는 점화원이 있어야 한다.

2 폭발의 종류

(1) 물리적 · 화학적 폭발

① 물리적 폭발 ⋯ 진공용기의 파손에 의한 폭발현상, 과열된 액체의 급격한 비등에 의한 증기폭발, 가스의 과압에 의한 용기의 파열 등의 폭발현상이며 가는 전선에 과전류가 흘러 전선이 용해되는 전선폭발도 포함된다.

② 화학적 폭발
  ㉠ 산화폭발 : 가연성 가스, 증기, 분진 등이 공기 중에 누설되거나 인화성 저장탱크에 공기가 혼합되어 폭발성 혼합가스가 형성되면 점화원에 의해 착화되어 폭발을 일으키는 현상이다.

ⓛ 분해폭발 : 아세틸렌 등의 분해성 가스는 분해하면서 폭발을 일으키는데 이것은 단독으로 가스가 분해하여 폭발하는 현상이다.

ⓒ 중합폭발 : 중합해서 발생하는 반응열에 의해 폭발하는 것으로 염화비닐 등의 원료인 단량체가 폭발적으로 중합되면 급격히 발열하여 압력이 높아져 용기가 파괴되는 폭발이다.

ⓔ 화학폭발 : 화학적 화합물의 반응, 치환반응에 의한 격렬한 에너지 방출로 아세틸렌이 구리와 반응하면 화학폭발현상이 일어난다.

(2) 기상 · 응상폭발

① **기상폭발**(폭발물질이 기체상태)

ⓐ 가연성 가스와 조연성 가스가 일정비율로 혼합된 가연성 혼합가스는 발화원에 의해 착화가 일어나면 가스폭발을 유발한다.

ⓑ 가연성 가스에는 수소, 천연가스, LPG, 아세틸렌 가스와 가연성 액체로부터 나오는 증기(휘발유, 벤젠, 톨루엔, 에테르, 알코올 등)도 속한다.

ⓒ 조연성 가스(지연성 가스)에는 공기, 산소, 이산화질소, 산화질소, 염소 등이 속한다.

ⓓ 일반적으로 밀폐용기에서의 폭발 생성가스의 압력은 초기압력의 7~10배에 이른다.

ⓔ 압력이 낮으면 큰 발화에너지가 요구되지만 압력이 높으면 작은 에너지에도 분해폭발이 유발될 수 있다.

② **응상폭발**(폭발물질이 고체 및 액체상태)

ⓐ 혼합 위험성 물질에 의한 폭발

  • 산화성 물질과 환원성 물질의 혼합물은 혼합 직후에 발화 폭발하는 것이나 혼합 후에 혼합물에 충격 또는 열을 가하면 폭발하는 것이 있고, 알칼리와 함께 존재하는 상태에서 가열하면 폭발하는 것도 있다.

  • 액화시안화수소(HCN), 디케틴($C_2H_4O_2$), 삼염화에틸렌, 무수말레인산 등이 있다.

ⓑ 증기폭발 : 액체에 급격한 기화현상으로서 체적 팽창으로 인한 고압이 생성되어 폭풍을 일으키는 현상이며, 물, 유기액체 또는 액화가스 등의 액체들이 과열상태가 될 때 순간적인 증기화가 발생되어 폭발현상을 나타낸다. 증기폭발은 단순한 상변화만 있으므로 폭발과정 중에 착화가 필요 없기 때문에 화염의 위험은 없으나 가연성가스인 경우 증기폭발에 이어 가스폭발도 발생할 수 있다.

ⓒ 폭발성 화합물의 폭발

  • 산업용, 무기용 등의 화학 폭약의 제조와 가공공정, 화약 폭약의 사용 중에 폭발사고가 일어나는 것이다.

  • 반응 중에 발생하는 민감한 부수적 생성물이 반응조 내에 축적되어 폭발을 유발하는 경우도 있다.

(3) 폭연과 폭굉

모든 폭발의 일종으로 폭풍입의 파풍속도가 음속이하의 경우를 폭연이라 하며, 음속이상으로 충격파를 수반하고 파괴작용이 생기는 것을 폭굉이라 한다.

① **폭연**(Deflagration) ··· 반응열이 전도, 대류, 복사에 의해 전달 확산되면서 반응영역의 확산속도 (10~1,000m/s)가 음속(15℃일 때 340m/s)보다 느린 연소현상이다.

② **폭굉**(Detonation) ··· 하나의 계에서 열의 발생속도가 그 계의 내부에서 음속을 초과하는 속도 (1,000~3,500m/s)로 급속히 확산 진행됨으로써 계의 내부에서 충격파가 발생되는 현상이다.

(4) 분무 · 분진 · 가스계 폭발

가스의 연소형태는 가연성가스와 지연성가스가 일정한 농도로 혼합상태의 가스 연소형태인 예혼합연소와 가연성가스를 공기 중에 분출시켜 가연성가스와 지연성가스의 경계면에서 발생하는 확산연소로 나눌 수 있다.

① **가스폭발** ··· 가연성가스가 폭발성혼합기에 의해 가스폭발이 일어나는 것으로 2가지 조건이 충족될 때 발생한다.
  ㉠ 농도조건 : 가연성가스의 농도가 일정한 범위 내에 있어야 하며, 이 농도범위를 폭발범위라 부른다. 폭발 하한계(저농도의 한계), 폭발 상한계(고농도의 한계)
  ㉡ 에너지조건 : 가연성가스가 산소와 혼합되어 있는 상태에서 여기에 에너지가 유입되면 연소반응이 개시되며 화염과 연소되지 않은 혼합기체가 확산된다.
  ㉢ 가스의 분해폭발
    • 기체분자 분해 시 발생하는 가스가 발화원에 의해 착화되면 혼합가스와 같은 가스폭발을 일으키며 산소가 존재하지 않아도 폭발이 유발된다.
    • 분해 폭발성 가스에는 아세틸렌, 산화에틸렌, 프로파디엔, 에틸렌, 이산화염소, 히드라진 등이 있다.
  ㉣ 가스폭발의 방호설비
    • 내압설계 : 내부에 폭발압력에 견딜 수 있는 장치의 고안이나 내부재질의 보강을 통하여 피해를 방지 또는 손해의 감소 효과를 얻을 수 있는 대책 등을 마련하여 주변의 연쇄적인 피해를 줄일 수 있다. 초기압이 대기압일 때 폭발은 6~8kgf/cm²이며, 10kgf/cm²f를 초과하지 않는다.
    • 압력의 방출 : 폭발이 일차적으로 밀폐된 곳에서 발생하기 때문에 이를 견딜 수 있는 내부 구조 또는 건물의 한계 압력 치 이상으로 증가하면 파괴되기 때문에 이 한계치 이상 연소물질이 도달하기 전에 강제배출을 통하여 폭발을 방지하거나 피해를 감소시킬 수 있다.
    • 폭발위험장소 : 인화성액체나 가스 등을 제조 · 취급하는 장소에서는 전기적인 충격에 의해 화재나 폭발이 발생하기 때문에 폭발성분위기(가스가 혼합되어 폭발한계에 도달)가 형성되어 전기적 충격에 의해 폭발하지 않도록 전기설비의 방폭대책을 수립해야 한다.

② **분진폭발** … 가연성 고체의 미분이나 가연성 액체의 미스트(mist)가 어떤 농도 이상으로 공기 등의 조연성 가스에 분산되어 있을 때 발화원에 의하여 착화되면서 폭발하는 현상이다. 공기 중에 분산되어 있는 물질을 부유분진이라 하고 이 부유분진이 배관의 표면에 축적된 상태를 퇴적분진이라 한다.

  ㉠ 분진폭발의 발생원인 : 금속, 플라스틱, 유황, 석탄, 섬유질 등의 가연성 고체가 미세한 입자 상태로 공기 중에 부유하여 폭발 하한계 농도 이상으로 존재할 때 발화원에 의해 착화되면 가연성 혼합가스와 같은 폭발현상이 일어나며 순서는 다음과 같다.

- 미분상태가 200mesh 이하일수록 폭발이 일어난다.
- 분진에 에너지가 주어지면 분진표면의 온도가 올라간다.
- 입자표면의 분자가 열분해를 일으켜 기체가 된다.
- 기체가 공기와 혼합하여 폭발성 혼합기체를 형성한다.
- 점화원에 의해 발화되어 화염을 일으키는 작용을 반복하여 화염이 확산된다.

  ㉡ 분진폭발의 특징

- 연소시간 : 연소속도나 압력은 가스폭발에 비해 작지만 연소 시간이 길며, 발생되는 에너지가 커서 파괴력 또한 크다. 폭발현상은 가스폭발의 몇 배에 이르며 폭발온도는 2,000~3,000℃ 정도이다. 이것은 단위체적당 탄화수소의 양이 높기 때문이다.
- 분진의 비산 : 폭발 시 입자가 비산하기 때문에 이 입자가 인체에 닿으면 화상위험이 높다.
- 연쇄폭발 : 최초의 부분폭발로 인해 입자의 연쇄적인 반응폭발로 주변에 분산된 분진이 연쇄적인 폭발을 일으킨다.
- 폭발의 내적요인 : 입자의 형상이나 표면의 상태에 따라 폭발의 형태가 다르다. 분진 속에 수분이 많으면 입자의 부유를 억제하며 폭발과 동시에 수증기로 변하여 불활성가스의 역할을 하기도 한다.

  ㉢ 분진폭발의 방지 : 분진폭발을 억제하기 위해서는 분진으로부터 발생한 가연성가스와 공기의 혼합으로 가연성혼합기가 형성되기 때문에 탄광의 갱도, 합금 분쇄공장에서 자주 발생한다. 분진폭발의 방호대책으로는 분진의 제어, 점화원 제거, 불활성물질의 첨가 등이 있다.

③ **분무폭발**

  ㉠ 공기 중에 분출된 가연성 액체가 미세한 액체방울로 되어 공기 중에 부유하고 있을 때 착화에너지가 가해지면 분무폭발이 일어난다.

  ㉡ 분출된 가연성 액체의 온도가 인화점 이하의 경우, 또는 무상의 형태일 경우에도 폭발하기도 한다.

  ㉢ 기계, 윤활유 등은 유기물로서 가연성이나 인화점이 높아 연소하기 어려우나 대기 중에 방출된 미스트가 폭발을 일으킬 수 있을 정도의 농도로 높아진 경우 폭발이 일어날 수 있다.

④ **분해폭발** … 기체가 분자 분해 시 발생하는 가스가 발화원에 의해 착화되면 혼합가스와 같은 가스폭발을 일으키며 산소가 존재하지 않아도 폭발이 일어난다. 분해폭발성 가스에는 아세틸렌, 산화에틸렌, 프로파디엔, 에틸렌, 이산화염소, 히드라진 등이 있다.

(5) 유류화재 화재 폭발

① 밀폐된 장소(유류탱크)에서 발생된 증기가 공기와 혼합되어 연소범위 내에서 발화원에 의해 대규모 폭발 현상이 일어난다.

② **보일오버(Boil over) 현상** ··· 원유나 중유와 같이 끓는점이 다른 성분을 가진 제품의 저장탱크에 화재가 발생하여 장시간 진행되면 유류 중 가벼운 성분이 먼저 유류 표면층에서 증발하여 연소되며 분출한다.

  ㉠ 원유나 중유와 같이 끓는점이 다른 성분의 제품이 저장탱크에서 화재가 발생한다.

  ㉡ 가벼운 성분이 먼저 유류표면층에 연소된다.

  ㉢ 무거운 성분이 축적되고 화염 온도에 의해 상층에 이르게 되고, 이를 열류층(Heat Layer)이라 한다.

  ㉣ 열류층이 탱크바닥에 도달하면 탱크하단에 물-기름 에멀전이 열류층에 의해 수증기로 1,700배 이상 팽창된다.

  ㉤ 팽창된 유류가 외부로 분출된다.

③ **슬롭오버(Slop over) 현상**

  ㉠ 점성이 큰 중질류의 화재가 발생하면 유류의 온도가 물의 끓는점 이상으로 올라간다.

  ㉡ 소화용수 또는 소화용포가 뜨거운 액표면에 유입되게 되면 물이 수증기로 변한다.

  ㉢ 급작스러운 부피 팽창에 의하여 유류가 탱크 외부로 분출되게 된다.

④ **오일오버(Oil over) 현상** ··· 탱크 내 유류가 50% 미만 저장된 경우 화재로 인하여 내부의 압력 상승으로 탱크가 폭발하는 현상이다.

⑤ **BLEVE(Boiling Liquid Evaporation Vapor Explosion) 현상**

  ㉠ 휘발유저장탱크 주위에 화재가 발생하여 저장탱크 벽면이 장시간 화염에 노출된다.

  ㉡ 탱크 벽면은 물론 탱크 내부의 액체 온도가 증가하게 된다.

  ㉢ 탱크 벽면의 액체가 차있지 않은 뒷부분의 온도는 매우 증가하여 재질의 인장력이 저하되어 탱크내부가 압력을 견디지 못하고 파열되게 된다.

  ㉣ 저장탱크 벽면의 파열로 탱크 내부 압력은 급격히 감소된다.

  ㉤ 탱크내부의 과열된 액체가 폭발적으로 증발하면서 액체 및 탱크 조각이 날아간다.

Q 기출문제   2020. 5. 9. 제34차

과열상태 탱크내부의 액화가스가 분출, 착화되었을 때 폭발하는 현상을 무엇이라 하는가?

① 블래비   ② 플래시오버
③ 백드래프트   ④ 슬롭오버

답 ①

01 분진폭발의 특징으로 옳지 않은 것은?

① 연소속도나 압력이 가스폭발에 비해 작으며 연소 시간이 짧고 발생되는 에너지가 적다.

② 폭발 시 입자가 비산하기 때문에 이 입자가 인체에 닿으면 화상위험이 높다.

③ 최초의 부분폭발로 인해 주변에 분산된 분진이 연쇄적인 반응폭발을 일으킨다.

④ 분진폭발을 방지하기 위해서는 분진의 제어, 점화원 제거, 불활성 물질의 첨가 등이 있다.

advice ① 분진폭발은 연소속도나 압력은 가스폭발에 비해 작지만 연소 시간이 길고 발생되는 에너지가 커서 파괴력이 크다. 폭발현상은 가스폭발의 몇 배에 이르며 폭발온도는 2,000∼3,000℃에 이른다.

02 다음 중 블래비 현상에 대한 설명으로 옳지 않은 것은?

① 휘발유저장탱크 주위에서 화재가 발생할 경우 저장탱크 벽면이 장시간 화염에 노출되어 발생한다.

② 화재가 발생하면 탱크 벽면은 물론 탱크 내부의 액체 온도도 증가하게 된다.

③ 탱크 벽면의 온도가 올라가면 재질의 인장력이 강화되어 탱크 내부가 압력을 견디지 못하고 파열한다.

④ 저장탱크 벽면이 파열되면 탱크 내부의 압력은 급격히 감소한다.

advice ③ 탱크 벽면의 온도가 올라가면 재질의 인장력이 저하되어 탱크 내부가 압력을 견디지 못하고 파열한다.

03 다음 폭발의 종류에서 분류가 다른 하나는?

① 분해폭발

② 산화폭발

③ 증기폭발

④ 중합폭발

✏advice ③ 물리적 폭발 ①②④ 화학적 폭발

04 다음 중 분진폭발에 대한 설명으로 옳지 않은 것은?

① 분진은 가연성이어야 한다.

② 연소시간이 길고, 발생에너지가 크다.

③ 금속가루도 분진가루에 속한다.

④ 가스폭발보다 연소속도는 느리지만 폭발압력은 크다.

✏advice ④ 분진폭발의 연소속도나 폭발압력은 가스폭발에 비해 작다.

※ 분진폭발 … 가연성 고체의 미분 또는 액체의 미스트가 공기 중에 부유하고 있을 때 어떤 착화원에 의해 에너지가 주어지면 폭발하는 현상이다. 연소속도나 폭발압력이 가스폭발보다 작지만 연소시간이 길고, 발생에너지가 크기 때문에 파괴력과 연소정도가 크고 일산화탄소의 중독피해 우려가 있다.

05 다음 중 폭발 종류에 대한 설명으로 옳지 않은 것은?

① 가스폭발 – 수소, 일산화탄소, 메탄, 프로판, 아세틸렌 등의 가연성 가스와 공기, 산소 등의 지연성 가스와의 혼합기체에서 발생하는 폭발을 말한다.

② 분무폭발 – 공기 중에 분출된 가연성 액체의 미세한 액적이 무상으로 되어 공기 중에 부유하고 있을 때에 발생하는 폭발을 말한다.

③ 분해폭발 – 단량체가 폭발적으로 중합되어 급격히 발열하여 압력이 높아져 용기가 파괴되는 폭발을 말한다.

④ 수증기폭발 – 용융금속 및 슬러그 같은 고온물질이 물속에 투입되었을 때에 그 고온물질이 갖는 열이 저온의 물에 짧은 시간에 전달되면 일시적으로 물은 과열상태가 되고 조건에 따라 순간적으로 비등하면서 발생하는 상변화로 인한 폭발을 말한다.

advice ③ 중합폭발에 대한 설명이며 분해폭발은 공기나 산소와 섞이지 않고 가연성 가스 자체의 분해 반응열에 의해 단독으로 가스가 분해하여 폭발하는 현상을 말한다.

답 03.③ 04.④ 05.③

의무소방원 소방상식

화재이론

화재의 정의 및 종류

1 화재의 정의

(1) 화재의 개념

사람들의 의도와는 반대로 발생하는 연소현상이나 사회공익을 해치거나(방화) 경제적인 손실의 유발을 방지하기 위하여 소화할 필요성이 있는 연소현상, 소화설비 또는 이와 같은 정도의 효과가 있는 것을 사용할 필요가 있는 연소현상을 화재라 한다.

① **우발성** … 인위적인 화재를 제외한 돌발적 현상으로 인지 · 예측은 불가능하다.

② **성장성** … 화재발생시 연소면적은 화재경과시간의 제곱에 비례하여 진행된다.

③ **불안정성** … 화재 시 연소는 기상, 가연물, 건축구조 등의 조건이 상호밀접하게 연결된다.

> **POINT** 출화의 구분
> ㉠ **옥내출화** : 가옥의 정면에 발염착화, 불연소재의 경우 뒷면 판에 발염착화, 천장 속 · 벽 속 등에서 발염 착화
> ㉡ **옥외출화** : 가옥의 벽 · 지붕 · 추녀 밑에 발염착화, 창 · 출입구 등에 발염착화

(2) 화재의 분류

① **소실의 정도에 따른 분류**
   ㉠ 전소 : 건물의 70% 이상이 소실되었거나 또는 그 미만이라도 잔존부분을 보수하여도 재사용이 불 가능 한 것
   ㉡ 반소 : 건물의 30% 이상 70% 미만이 소실된 것
   ㉢ 부분소 : 전소, 반소화재에 해당되지 아니하는 것

② **원인별 분류**
   ㉠ 인위적 원인 : 실화, 방화
   ㉡ 자연적 원인 : 자연발화, 천재발화

2 화재의 종류(일반 · 유류 · 전기 · 금속 · 가스)와 기본 소화법

(1) 일반화재(A급 화재 : 백색)

① 화재현상 … 연소 후 재를 남기는 화재로 가연물질이 다양하여 화재 발생건수가 많다.

② 가연물 … 가연물은 면화류, 목재 및 가공물, 볏짚, 종이, 고무, 합성섬유, 석탄, 고분자 물질, 폴리에틸렌, 폴리우레탄 등이 있다.

③ 소화법 … 많은 물을 이용하여 냉각소화한다.

(2) 유류화재(B급 화재 : 황색)

① 화재현상 … 연소 후 남는 것이 없는 화재로 일반화재보다 연소성이 좋기 때문에 위험하다.

② 가연물 … 제1, 2, 4석유류, 케톤류, 에스테르류, 알코올류, 동 · 식물류 등의 인화물류 있다.

③ 소화법 … 화재는 유류표면으로부터 발생된 증기가 공기와 적당히 혼합되어 연소범위 내에 있을 때 발화원에 의해 발생되며, 화재의 유류표면을 덮는 질식소화법으로 소화한다.

> **POINT** 수용성액체는 일반포로 적당하지 않기 때문에 내알코올형포를 쓰는 등의 주의를 해야 한다.

(3) 전기화재(C급 화재 : 청색)

① 화재현상 … 전기에너지가 발화원이 되어 전기시설이 있는 장소에서 발생하는 것으로 현재 국내의 화재 중 가장 높은 비율을 차지하고 계속 증가하고 있다.

② 가연물 … 전선의 고무피복의 벗겨짐 현상

③ 소화법 … 전력차단 후에 가연물에 따른 냉각소화법, 질식소화법을 사용한다.

> **POINT** 화재원인
> ㉠ **지락** : 전선이 끊어져 전선이외의 대상물과 연결되어 화재를 일으키는 현상이다.
> ㉡ **단락** : 전선의 두선이 피복상태가 좋지 않아 붙어서 발생할 수 있는 화재이다.
> ㉢ **절연파괴** : 전기적으로 절연된 물질 상호간의 전기 저항이 감소되어 전류가 과도하게 흐르는 현상으로 기계적, 절연피복의 손상 등과 같은 원인으로 발생하는 화재이다.
> ㉣ **정전기** : 방전스파크에 의해 가연성물질이 발화하는 현상이다.
> ㉤ **열축적** : 전열기 등의 발열체에 열의 방사가 잘되지 않아 열축적에 의해 발화가 일어난다.

(4) 금속화재(D급 화재)

① **화재현상** … 금속산업체에서 발생 가능성이 있으며 소화방법에는 분말소화, CO_2, 할론소화계로 소화한다.

② **가연성** … 금속에는 마그네슘, 세슘, 리튬, 티타늄, 칼륨 등이 있다.

> **POINT** 제1류 위험물 : 염소산칼륨, 염소산나트륨, 과산화칼륨
> 제2류 위험물 : 철분, 마그네슘, 알루미늄, 아연분
> 제3류 위험물 : 금속칼륨, 금속나트륨, 알킬알루미늄

③ **소화법** … 주수소화의 경우 수소는 물과 반응하여 폭발하므로 물에 의한 냉각소화를 금지한다.

(5) 가스화재(E급 화재)

① **화재현상** … 산소와의 접촉과정에서 폭발이 발생하기 쉬우므로 피해가 크며 다른 가연물보다 화재의 위험성이 크다.

② **가연성** … 가연성 가스에는 프로판, 부탄, 수소 등이 있다.

③ **소화법** … 누설부분을 막고, 물을 이용한 냉각소화를 한다.

Q 기출문제   2019. 9. 28. 제33차

가연물의 종류에 따른 화재의 분류로 옳지 않은 것은?

① A급 화재 – 일반화재   ② B급 화재 – 유류화재
③ C급 화재 – 가스화재   ④ D급 화재 – 금속화재

 ③

01 유류화재의 유형은?

① A형   ② B형

③ C형   ④ D형

advice ① 일반화재
③ 전기화재
④ 금속화재

02 화재의 정의로 옳지 않은 것은?

① 화재는 사람의 의도에 반하여 출화 또는 방화에 의하여 발생하고 확대되는 현상이다.

② 화재란 불이 그 사용목적을 넘어 다른 곳으로 연소하는 예기치 않은 경제상의 손해를 발생시키는 현상이다.

③ 화재란 자연 또는 인위적인 원인에 의하여 불이 물체를 연소시키고 인명과 재산의 손해를 주는 상태이다.

④ 화재란 자연 또는 인위적인 원인에 의하여 물체가 공기 중의 질소와 결합하여 열과 빛을 수반하면서 연소하는 현상이다.

advice ④ 연소에 대한 설명이다.

03 다음 중 물 분무소화를 할 수 없는 화재는?

① 실내목재화재   ② 금속화재

③ 중류탱크 화재   ④ 전기화재

advice ② 금속분 화재 시 주수소화하면 가연성 가스인 수소가 발생하여 연소를 촉진시킨다.
①③④ 주수소화가능하며 전기화재로 인한 건물화재 시 사용가능하다.

답 01.② 02.④ 03.②

04 다음 중 화재로 인한 간접적 피해는 무엇인가?

① 화재로 인한 업무의 중단　　　② 인접건물의 수손피해

③ 실내내장재의 화실　　　④ 구조자의 피난으로 인한 인명피해

advice ① 간접적 피해　②③④ 직접적 피해

05 겨울철에 화재가 많이 발생하는 이유로 옳은 것은?

① 온도가 낮기 때문에 발화하기 쉽다.

② 습도가 낮기 때문에 출화의 위험이 높다.

③ 화기의 취급빈도가 많고 습도가 낮기 때문이다.

④ 기온이 낮고 습도가 높으며, 강한 바람이 지속적으로 불기 때문이다.

advice ③ 겨울철에는 화기의 취급빈도가 많고 습도가 낮기 때문에 화재가 많이 발생한다.

06 다음 중 최근 주택화재 발생 원인으로 가장 높은 비율을 차지하는 것은?

① 부주의　　　② 전기적 요인

③ 가스누출　　　④ 방화

advice 소방청의 주택화재통계에 따르면 최근 8년(2012~2019)간 주택화재 발생 원인은 부주의 > 전기적 요인 > 미상 > 기계적 요인 > 방화 · 의심 > 가스누출(폭발) 순이다.

07 바람이 화재에 미치는 영향에 관한 설명으로 옳지 못한 것은?

① 바람이 거의 없을 때는 화원을 중심으로 원의 형태로 연소가 확대된다.

② 풍속이 강하면 바람방향으로 연소속도가 느려지며 연소면적이 축소된다.

③ 바람이 불 때에는 연소면은 계란형의 형태로 연소가 확대된다.

④ 바람이 강하면 연소면은 타원형 형태로 연소가 확대된다.

advice ② 풍속이 강하면 바람방향으로 연소속도가 빨라지며 연소면적이 확대된다.

08 옥외출화란 무엇인가?

① 목재사용 가옥에서 벽, 추녀 밑의 판자나 목재에 발염착화한 때

② 불연 벽체나 칸막이의 불연천장인 경우 실내에서는 그 뒤판에 발연착화한 때

③ 보통가옥 구조 시에는 천장판에 발염착화한 때

④ 천장 속, 벽 속 등에서 발염착화한 때

> **advice** 옥외출화 … 목재사용 가옥에서 벽, 추녀 밑의 판자나 목재에 발염착화한 때를 말한다.

09 화재와 기상조건에 대한 설명으로 옳지 않은 것은?

① 습도가 낮으면 가연물질이 건조해서 발화되기 쉽다.

② 습도는 초기보다 중기 이후에 화재의 확대에 많은 영향을 준다.

③ 습도가 동일하면 기온이 높을 때가 낮을 때보다 물질의 연소속도가 빠르다.

④ 기온은 실내화재보다 옥외화재에 더 큰 영향을 준다.

> **advice** ② 습도는 화재 초기에 영향을 많이 주지만 화재가 확대되면 영향을 주지 못한다.

10 다음 표는 가연물의 종류에 따른 화재의 분류방법을 도식화한 것이다. (개)~(래)에 들어갈 용어가 순서 대로 바르게 연결된 것은?

A급 화재	B급 화재	C급 화재	D급 화재	E급 화재
일반화재	(개)	(내)	(대)	(래)

① 유류화재 - 전기화재 - 금속화재 - 가스화재

② 전기화재 - 가스화재 - 유류화재 - 금속화재

③ 금속화재 - 전기화재 - 가스화재 - 유류화재

④ 가스화재 - 유류화재 - 전기화재 - 금속화재

> **advice** 화재의 종류별 분류

A급 화재	B급 화재	C급 화재	D급 화재	E급 화재
일반화재	유류화재	전기화재	금속화재	가스화재

04.① 05.③ 06.① 07.② 08.① 09.② 10.①

건물화재의 성상

1 건축화재의 진행단계별 특성

(1) 건축물의 화재

건축물의 화재는 건축물의 형태, 내부구조, 용도, 내부에 수납되어 있는 가연물질의 양, 층수, 높이 등에 따라 연소성상이 크게 달라진다.

① **환기지배형 화재** … 지하와 같은 밀폐형 구조에서 산소농도가 떨어지면 공기가 연소진행 상태에 영향을 주어 공기의 공급에 의해 화재의 규모와 크기가 지배를 받는 상태를 말한다. 완전연소를 하지 못한 연소가연물이 개구부를 통하여 고온의 열분해가스가 방출되어 옥외공기와 혼합되어 분출화염을 일으킨다.

  ㉠ 중성대와 기류
  - 실내화재의 경우 외부에서 유입되는 공기가 부족하면 실내는 상부 외부보다 압력이 높고 하부보다 압력이 낮아지므로 그 중간에 압력이 같이 지는 지점을 중성대 면이라 한다.
  - 중성대를 기점으로 하여 환기지배형 화재의 특징으로 실내 하단은 압력이 낮아 공기가 유입되고 실내 상단은 외부보다 압력이 높아 외부로 열과 연소가스가 방출된다.
  - 피난대피 시에는 실내하단으로 피난유도를 하는 것이 호흡과 시야확보에 유리하다.
  - 화재진압 또한 중성대를 기점으로 하여 상층개구부를 개폐하면 열과 연소가스가 빠르게 방출된다.

  ㉡ 환기
  - 건물의 개구부의 넓이에 따르는 면적과 개수가 많을수록 환기량을 결정하는 요인으로 작용한다.
  - 개구부의 모양이 수직방향과 수평방향으로 구분되어 있을 경우 환기량의 유입변수로 작용한다.

② **연료지배형 화재** … 개구부를 통하여 실내에 공기가 공급되면 연소속도가 빨라지고 또한 연소속도는 연료량에 의해 변하기 때문에 연료지배형 화재라 한다.

  ㉠ 연소속도는 짧고 외부공기가 유입되어 화재공간의 온도는 높지 않다.
  ㉡ 공기의 외부유입으로 인해 천장의 화염이 고층건물의 상층부로 이동할 수 있다.

(2) 목조건물의 화재

① **목조화재의 단계** … 건축물의 화재는 초기, 성장기, 최성기, 감쇠기 및 종기의 5단계로 나누어진다.

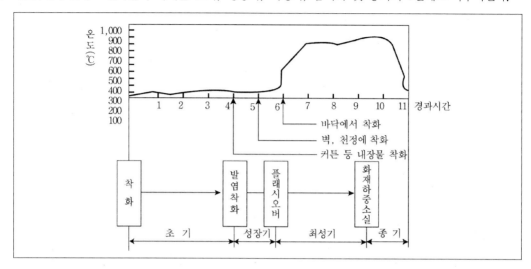

   ⓐ 점화 : 점화온도는 연료의 종류, 크기, 모양, 조건, 가열방법 및 가열량 등에 따라 다르지만 대부분 일반적인 가연물은 204 ~ 371℃의 온도에 노출될 때 짧은 시간 내에 점화된다.

   ⓑ 성장기 : 점화 이후 연료만으로 성장하며 산소만 있다면 화재는 계속 성장하고, 구획 내의 온도는 계속 올라간다. 화원 근처만 플래시오버 전 단계(Pre-Flash over)이다.

   ⓒ 플래시오버 : 성장기에서 최성기로의 변화를 말하며, 구획환경이 빨리 변한다.

   ⓓ 최성기
   - 모든 연소물질들이 포함되고 불꽃이 실내 전체를 채우는 플래시오버 다음 단계(PostFlash over)로 이 시기 동안에 화재의 열발생량은 가장 많다.
   - 플래시 오버(Flash over) 후의 화재강도에 따라서 건물구조의 구조적 강도가 좌우되며 따라서 열 방출량이 유효 가능한 산소량에 좌우되므로 이 경우를 '환기지배 화재'라 한다.
   - 최성기에는 구획 내의 환경은 연소물의 열 분해율에 중요한 영향을 주며, 인접건물 혹은 인접구획으로 연소 확대되는 위험한 상태이다.

   ⓔ 쇠퇴기 : 연료가 타버린 후의 현상이며 발열량도 줄어든다. 보통 평균온도가 최대값의 80%로 줄어든 후의 단계로 화재는 이 시기 동안에 환기지배 화재에서 연료의 양에 따라서 열 방출량이 변하는 '연료지배' 화재로 변화할 수 있다.

② **목조건물의 화재특성** … 목조건물은 연소효율이 좋아 순식간에 플래시오버(Flash over)에 도달하고 온도도 급격하게 상승한다.

   ⓐ 목재류의 착화와 연소에 영향을 미치는 요인
   - 연소하는 물체의 외형 : 가늘고 얇은 가연물이 굵고 두꺼운 것보다 더 잘 탈 수 있다.
   - 열전도 : 목재는 열전도도가 낮고 단열효과가 높다.
   - 수분함량 : 일반적으로 목재류의 수분함량이 15% 이상이면 비교적 고온에 장기간 접촉해도 착화하기 어렵다.

- 자연발화 : 목재에 기름이 묻어 통풍이 불량한 곳에 오래 방치해두면 자연발화 한다.
- 연소속도 : 연소속도는 가연물 외형, 공기의 공급, 수분함량, 기타 요인에 영향을 받는다.
- 화염전파속도 : 겨울철에는 가연물 표면에 상대습도가 낮아 조기착화와 화염전파속도는 빠르며, 액체나 기체에 비해 고체 가연물의 화염전파속도는 낮다.
- 연소물질의 양 : 연료로 제공되는 물질의 양은 연소열로 측정한다.
- 연소생성물 : 가연물이 연소할 때 연기와 유독가스가 발생한다.

ⓛ 목재의 연소 : 가열에 의한 목재의 분해는 다음과 같다.
- 목재의 가열(100℃, 갈색)
- 수분증발(160℃, 흑갈색)
- 목재의 분해(220~260℃, 급격한 분해)
- 탄화종료(300~350℃, 탄화)
- 발화(405~470℃, 연소)

ⓒ 목조건물의 화재 진행과정

- 화재의 발생원인 ~ 무염착화 : 목조건축물의 화재는 유류인 가솔린, 등유, 경유 등의 인화될 경우 불꽃을 내며, 착화하기 때문에 발염착화라 한다.
- 무염착화 ~ 발화 : 화재가 발생한 장소, 가연물질, 바람의 상태 등이 화재를 좌우한다.
- 발염착화 ~ 발화 : 발화라는 것은 가구의 일부가 발염, 발화한 상태가 아니라 천정에 불이 닿았을 시기를 말한다.
- 발화 ~ 최성기 : 발화 이후 연기의 색깔은 처음에는 백색에서 흑색으로 변하며 최성기에 이르면 화염, 흑연 불꽃이 튀고 강한 복사열이 최고 1,300℃까지 이르게 된다.
- 최성기 ~ 연소낙하 : 목조건물의 화재가 최성기를 지나면 건물이 붕괴된다.

(3) 내화건물의 화재

① 내화건물의 화재특성
　ⓐ 고온 장시간형, 최고온도 1,100℃ 정도
　ⓑ 최성기에서 감쇠기 사이에 훈소 과정 발생
　ⓒ 화재시간이 2~3시간 진행되는 저온장기형 화재

> **POINT** 훈소 … 훈소단계는 산소가 15% 이하로 감소하고, 반대로 일산화탄소는 증가하며, 산소의 분압이 약하므로 연소는 진행하지 못하지만, 목재 등은 내부에 산소가 포함되어 있으므로 화재 심부에서는 서서히 연소반응이 계속된다. 불꽃이 없더라도 온도가 높은 상태이므로 낮은 산소 분압에서도 천천히 연소가 진행되는데 이를 훈소라 한다.

② 내화건물의 화재단계

ㄱ 초기 : 산소의 공급이 불충분하여 연소상태가 약해지는 경우도 있다. 따라서 내화건물에 소화를 위해 창문, 출입구 등으로 공기 유입 시 폭발의 위험이 있다.

ㄴ 성장기 : 내화건축물 화재 초기에 공기를 공급하는 개구부 등의 유통구가 생기므로 화재는 급격하게 진행되어 개구부에는 검은 연기와 화염이 분출하게 된다.

ㄷ 최성기 : 실내의 최고온도에 도달하게 되며, 화재실의 온도는 보통 800℃ 전·후의 고온상태를 유지하면서 외부로 검은 화염과 연기를 분출하면서 연소하는 단계를 말한다.

ㄹ 감쇠기 : 내화건축물의 화재도 최성기를 지나면 연소될 물질 모두 연소된다.

ㅁ 종기 : 내화건축물의 연소물질이 모두 연소되고 재만 남은 상태이다.

> **POINT** 내화 건축물의 화재성상
> ㄱ **화재가혹도** : 발생한 화재가 건물에 손상을 주는 화세의 능력을 말한다.
> ㄴ **화재강도** : 단위 시간당 축적되는 열의 양(열축적율 : kcal/h)을 말한다.
> • 열 축적율 : 화재실 내에서의 열발생율과 당해 실·외부로 빠져나가는 열 누설율에 따라 결정
> • 화재강도의 주요소 : 가연물의 연소열(나무, 가솔린), 가연물의 비표면적(공기와 접촉 면적이 넓을 때 많은 열을 발생), 공기(산소)의 공급조절, 화재실의 벽·천정·바닥 등의 단열성

2 특수현상(플래시오버 · 백드래프트 · 롤오버)과 대처법

(1) 플래시오버(flash over)

실내 화재발생시 화염의 발전과정으로서 플래시오버 이전에 자유연소상태이며, 공기의 순간유입으로 폭발하는 현상이다.

① 화재현상

ㄱ 화재발생시 성장단계에서 주변 화염물까지 범위를 확대한다.

ㄴ 연소과정 중에 가스가 천장부근에 축적된다.

ㄷ 축적된 연소와 공기가 연소범위에 들어간다.

ㄹ 연소범위에 들어간 상태에 공기의 순간 유입으로 폭발하는 현상이다.

② 화재의 특징

ㄱ 실내공간이 크면 발생시간이 길어지고 좁으면 발생시간이 짧아진다.

ㄴ 화재실의 개구부가 크면 냉각효과로 플래시오버가 늦어지며, 또한 개구부가 너무 작아도 늦어진다.

> **POINT** 플래시오버의 확대 조건
> ㄱ 실내온도, 압력, 발열량이 클수록
> ㄴ 화재하중이 클수록
> ㄷ 화염이 크면 자체 방사열이 커서 플래시오버 발생이 빨라짐

③ **대처법** … 화재진압 시 폐쇄된 입구에서 순간적인 문 개방은 금지하고 지붕이나 벽에 구멍을 통하여 내부에 주수소화를 해야 한다.

Q 기출문제   2019. 9. 28. 제33차

다음은 특수 화재현상에 대한 설명이다. (   )안의 내용으로 옳게 짝지어진 것은?

- 실내 화재 시 흔히 나타나는 양상으로서 미연소 가스층에 복사열로 뜨거워진 실 전체가 순식간에 화염에 휩싸이는 현상을 (ㄱ)라 한다.
- 밀폐된 공간에서 화재가 발생하여 산소 농도 저하로 불꽃은 내지 못하지만 가연물질의 열분해로 가연성 가스가 축적되고, 갑자기 출입문 등이 개방되는 경우 신선한 공기가 유입되어 폭발적으로 연소가 진행되는 현상을 (ㄴ)라 한다.

    (ㄱ)   (ㄴ)
① 플래시오버   백드래프트
② 백드래프트   보일오버
③ 롤오버   플래시오버
④ 보일오버   백드래프트

답 ①

---

(2) 백드래프트(back draft)

백드래프트 이전에 훈소연소 상태로 소화활동이나 피난을 위해 폐쇄된 화재실의 문을 순간적으로 개방할 때 폭발하는 현상이다.

① **화재현상**
    ㉠ 가연물과 온도는 연소하기에 충분하지만 산소가 부족하면서 밀폐된 공간에서 발생한다.
    ㉡ 밀폐된 공간의 물질들이 발화온도 이상으로 가열되어 있는 상태이다.
    ㉢ 화재진압을 위해 문을 열거나 창문을 부술 때 산소가 갑자기 많이 공급되면 발생한다.

② **화재의 특징**
    ㉠ 화재현장의 작은 틈으로 공기가 빨려 들어간다.
    ㉡ 화염이 보이지는 않으나 건물이나 창문이 뜨겁다.
    ㉢ 유리창 안쪽으로 타르와 같은 기름성분이 흘러내린다.

③ **대처법** … 건물의 가장 높은 위치를 개방하고, 소방관들이 지붕이나 벽에 구멍을 뚫어 호스를 집어넣고 주수하여 위험을 회피해야 한다.

(3) 롤오버(rollover)

화재 시에 내부 가연물이 실내 천장에 머물다 공기와 접촉 후 거대한 화염이 되는 현상이다.

① 화재현상

ㄱ 화재가 진행될수록 가연성 연기와 열분해 물질들이 천장부분에 축적된다.

ㄴ 가연성 물질들이 인화점에 도달하고 이때 짙고 검은 연기가 실내 천장에 머문다.

ㄷ 출입문이 열리면 연기가 확산되면서 공기와 혼합되어 급속히 불덩어리 형태가 되는 현상이다.

② 화재의 특징

ㄱ 플래시오버와 비슷한 현상이다.

ㄴ 플래시오버는 순간적으로 확대되지만 롤오버는 주변공간에만 확대된다.

ㄷ 플래시오버가 화재실 전체에서 연소하지만 롤오버는 고온의 가연성증기에서만 발화한다.

③ 대처법 … 화재진압 시 연소범위 내에 있는 연소물이 순간적인 공기유입에 의한 폭발현상으로 순간적인 문 개방과 같이 공기 유입을 차단하고 주수소화 해야 한다.

01 백드래프트(Back draft)에 대한 설명으로 잘못된 것은?

① 검은 연기가 짙은 황회색으로 변한다.

② 개구부에서 화염이 분출된다.

③ 창문에 연기 얼룩이 진다.

④ 연소속도가 늦고 불완전연소 상태이다.

advice 백드래프트는 연소에 필요한 산소가 부족하여 훈소상태에 있는 실내에 갑자기 산소가 다량 공급될 때 순간적으로 발화하는 현상을 말한다.
※ 백드래프트의 특징
⊙ 화재현장의 작은 틈으로 공기가 빨려 들어간다.
ⓒ 화염이 보이지는 않으나 건물이나 창문이 뜨겁다.
ⓒ 유리창 안쪽으로 타르와 같은 기름성분이 흘러내린다.

02 다음 중 플래시오버에 대한 설명으로 옳지 않은 것은?

① 성장기와 최성기 사이에서 많이 발생한다.

② 열집적으로 고온상태이며 뜨겁고 진한 연기가 아래로 쌓인다.

③ 개구부가 많으면 플래시오버 발생 시간이 빨라진다.

④ 개구부가 적을수록 폭발력이 커진다.

advice ①②③ 플래시오버 현상이며 자유연소를 한다.
④ 훈소연소와 산소부족이 일어나는 백드래프트에 대한 설명이다.

03 철근콘크리트조 내화구조 벽의 기준두께는 몇 센티미터 이상이어야 하는가?

① 15cm   ② 12cm

③ 10cm   ④ 5cm

advice 철근콘크리트조의 내화구조 벽의 기준두께는 10cm이다.

04 다음 중 건물화재현상을 설명한 것으로 옳지 않은 것은?

① 환기지배형과 연료지배형으로 구분한다.

② 환기지배형 화재일 때 개구부가 적으면 불완전 연소가 발생되고 연소속도는 늦어진다.

③ 환기지배형이나 연료지배형 화재일 때 역화의 원인은 연료량에 의해 결정된다.

④ 연료가 적을 때는 표면연소로서 연소속도가 빠르다.

> **advice** ③ 연료지배형만 연료량의 의해 결정된다.
> ※ 환기지배형 화재와 연료지배형 화재
> ㉠ 환기지배형 화재 : 열방출량이 유효가능한 산소량에 좌우된다.
> ㉡ 연료지배형 화재 : 연료의 양에 따라서 열방출량이 변한다.

05 다음 중 건물의 화재하중을 낮추는 방법은?

① 실내 장식물의 증가   ② 소화시설의 설치

③ 내장내 불연화   ④ 건물넓이의 제한

> **advice** ③ 가연물을 줄이거나 내장재를 불연재료로 사용하여 화재하중을 줄인다.

06 단위 면적당 가연성 수용물의 양으로 건축물 화재 시 내장재의 발열량을 타나내는 용어를 무엇이라 하는가?

① 역화하중   ② 화재비중

③ 역화비중   ④ 화재하중

> **advice** 화재하중
> ㉠ 건축물의 내화설계를 위하여 화재규모를 예상할 때 필요하다.
> ㉡ 고정가연물(벽, 바닥, 칸막이 등)과 적재가연물(가구류, 서적, 의류 등)의 가연물의 양을 말한다.
> ㉢ 어떤 구역 내에 있는 최대 예상 가연물질의 양을 의미한다.
> ㉣ 실용상의 편의를 위해 발열량의 표시를 무게 단위로 환산하여 가연물량을 나타낸다.
> ㉤ 등가가연물량을 화재구획에서의 단위면적당으로 나타낸 것이다.

답 01.② 02.④ 03.③ 04.③ 05.③ 06.④

07 목재건축물에서 화재가 발생하였을 때 화재진행상황 중 전기상태의 순서로 옳은 것은?

① 원인 – 무염착화 – 발염착화 – 화재출화

② 무염착화 – 발염착화 – 화재출화 – 원인

③ 발염착화 – 화재출화 – 원인 – 무염착화

④ 화재출화 – 무염착화 – 발염착화 – 원인

advice ① 목재건물의 화재 진행 상황은 원인, 무염착화, 발염착화, 화재출화이다.

08 다음 ㉠~㉡에 해당하는 설명으로 옳지 않은 것은?

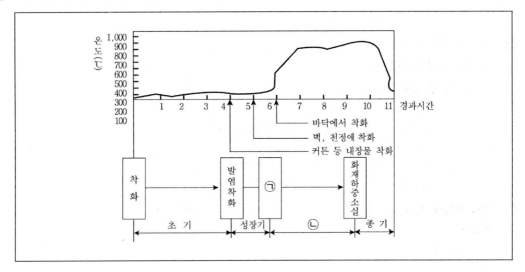

① ㉠은 공간 내의 모든 연소물질 등이 화재에 휩싸이는 단계이다.

② 성장기에서 ㉡ 단계로 넘어갈 때 구획환경이 느리게 변한다.

③ ㉡ 시기 동안에 화재의 열 발생량이 가장 많다.

④ ㉡ 단계에서 구획 내의 환경은 연소물의 열 분해율에 중요한 영향을 미친다.

advice ㉠ 플래시오버, ㉡ 최성기에 해당한다.
　　　② 성장기에서 최성기로 넘어갈 때에는 구획환경이 빠르게 변한다.

09 다음 중 플래시오버에 대한 설명으로 옳은 것은?

① 목조건물로서 연소온도는 100℃이다.

② 무염착화와 동시에 일어난다.

③ 폭발적인 연소확대 현상이다.

④ 느리게 연소되어 점차적으로 온도가 올라간다.

advice 플래시오버 … 폭발적인 착화현상, 폭발적인 화재 확대현상이다. 그리고 실내의 가연물이 연소됨에 따라 생성되는 가연성 가스가 실내에 누적되어 폭발적으로 연소하여 실내 전체가 순간적으로 불길에 싸이는 현상이다.

10 목조건물의 화재성상은 내화건물에 비하여 어떠한가?

① 고온 장기형이다.　　　　　　　　② 고온 단기형이다.

③ 저온 장기형이다.　　　　　　　　④ 저온 단기형이다.

advice ② 목조건물은 내화건물에 비하여 고온 단기형이다.

11 화재 시 발생하는 플래시오버 현상과 관계없는 것은?

① 밀폐된 공간　　　　　　　　　　② 건물 내에서 발화 후 1시간

③ 목조가연물　　　　　　　　　　④ 산소 농도감소

advice ② 플래시오버는 건물 내에서 화재 후 5~6분경에 발생한다.

12 다음 중 플래시오버 현상이 발생되는 시기의 실내온도로 옳은 것은?

① 100~200℃　　　　　　　　　　② 600~700℃

③ 800~900℃　　　　　　　　　　④ 1,200~1,300℃

advice ③ 플래시오버 현상이 발생될 때 실내온도는 800~900℃ 정도이고, 최성기에 최고 1,300℃까지 올라간다.

답 07.① 08.② 09.③ 10.② 11.② 12.③

13 다음 중 건물화재에서의 사망원인으로 가장 큰 비율을 차지하는 것은?

① 연소가스로 인한 질식
② 열충격
③ 화상
④ 건물의 붕괴

advice ① 연소가스 또는 연기에 의한 질식이 건물화재의 사망원인으로 가장 큰 비율을 차지한다.

14 다음 중 지하실 화재 진화전술에 관한 설명으로 옳지 않은 것은?

① 훈소화재이며 백드래프트 위험성이 없다.
② 가능하다면 교차배연이 효과적이다.
③ 규모가 작을수록 고팽창포 소화약제가 효과적이다.
④ 전기 및 가스 차단이 우선이다.

advice 밀폐된 공간은 대게 산소가 부족한 상태이며 연기와 불기운만 가지고 더 이상 가연물이 타지 않고 있는 상태를 훈소화재라고 한다. 지하실의 경우 밀폐된 공간이기는 하나 화재를 진압하기 위해서 문을 열거나, 개구부를 개방하는 순간 산소가 공급되어 폭발과 같이 불이 붙는 현상(백드래프트)이 발생한다.

15 공기의 유통구가 생기면 연소속도는 급격히 진행되어 실내는 순간적으로 화염이 가득하게 된다. 어느 때인가?

① 초기
② 성장기
③ 최성기
④ 종기

advice ② 성장기 때 공기의 유통구가 생기면 연소속도가 급격히 빨라져 실내는 순간적으로 화염이 가득하다.

16 목재가 고온에 장시간 접촉해도 착화하기 어려운 수분함유량은 최소 몇 % 이상인 경우인가?

① 5%
② 10%
③ 15%
④ 20%

advice ③ 목재류가 15% 이상 수분을 함유하면 착화하기 어렵다.

답 13.① 14.① 15.② 16.③

위험물화재의 성상

❄ 위험물(제1류~제6류)의 특성과 소화방법

(1) 위험물건물화재의 성상

위험물이라 함은 인화성 또는 발화성 등의 성질을 가지는 것으로, 대통령령이 정하는 물품을 말한다〈위험물안전관리법 제2조 제1항 제1호〉.

(2) 위험물의 특성

① **위험물의 지정** … 저장, 취급, 운반 과정에서의 안전을 위해 위험물안전관리법에서 모든 위험물에 대하여 제1류~제6류까지 각각의 유별로 품명의 수량을 지정하였다.

② **품명의 지정 기준**
  ㉠ 화학적 성질 : 화학적 조성, 반응성, 폭발성, 농도에 따른 위험성의 변화 등
  ㉡ 물리적 성질 : 인화점, 연소점, 발화점, 연소 범위, 취급 형태 등

③ **지정수량**
  ㉠ 위험물안전관리법 시행령에 의하여 위험물의 종류별로 위험성을 고려하여 정하는 수량이며 제조소 등의 설치허가 등에 적용되는 최저의 기준이 되는 수량이다.
  ㉡ 고체일 경우 kg, 액체일 경우 ℓ로 표시한다(단, 제6류 위험물의 경우 액체이지만 kg으로 표시).
  ㉢ 지정수량이 적은 물품이 지정수량이 많은 물품보다 위험하다.

(3) 제1류 위험물(산화성 고체)

① 종류

품명 및 품목	지정수량	품명 및 품목	지정수량
아염소산염류	50kg	질산염류	300kg
염소산염류	50kg	요오드산염류	300kg
과염소산염류	50kg	과망간산염류	1,000kg
무기과산화물	50kg	중크롬산염류	1,000kg
브롬산염류	300kg		

② 일반적 성질

　㉠ 반응개념

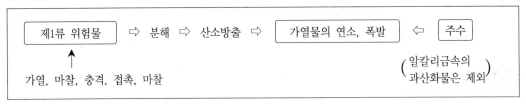

　㉡ 불연성 물질이지만 산소를 함유하고 있으므로 다른 물질을 산화시킬 수 있다.

　㉢ 가열, 충격, 마찰 등으로 분해되어 산소를 방출함으로써 다른 가연물의 연소를 돕는다.

　㉣ 무기화합물이고 일반적으로 백색분말의 고체 혹은 무색 결정 상태이다.

　㉤ 비중이 1보다 크고 수용성인 것이 많다.

　㉥ 무기과산화물류는 물과 반응하여 산소를 발생시키고 발열한다.

③ 공통적인 저장, 취급상의 주의사항

　㉠ 저장 및 취급 시 가열, 충격, 마찰 등 분해를 일으키는 조건을 주지 말아야 한다.

　㉡ 환기가 잘 되는 차가운 곳에 저장하고, 열원, 산화되기 쉬운 물질과 떨어진 곳에 저장하여야 한다.

　㉢ 용기에 수납하여 있는 것은 용기의 파손을 막아 위험물이 새지 않도록 하여야 하며, 조해성이 있는 물질은 용기를 밀폐하여야 한다.

④ 연소형태

　㉠ 가열, 충격에 의하여 분해폭발한다.

　㉡ 촉매나 강한 산 또는 다른 물질과 접촉하여 분해폭발한다.

　㉢ 가연성 물질과 혼합 접촉하여 착화폭발한다.

　㉣ 알칼리금속의 과산화물은 물과 격렬히 반응하여 분해되며 다량의 산소를 발생하면서 발열한다.

⑤ 소화방법

　㉠ 물로 분해온도 이하로 낮추어 산소의 방출을 억제하는 주수소화가 효과적이다.

　㉡ 알칼리 금속의 과산화물은 물과 반응하면 발열하므로 주수소화는 금물이며, 건조사로 피복소화하는 것이 바람직하다.

(4) 제2류 위험물(가연성 고체)

① 종류

품명 및 품목	지정수량	품명 및 품목	지정수량
황화린	100kg	철분	500kg
적린	100kg	마그네슘	500kg
유황	100kg	금속분	500kg
인화성고체	1,000kg		

② 일반적 성질

　　㉠ 반응개념

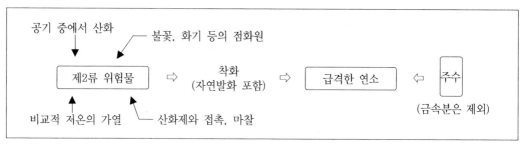

　　㉡ 낮은 온도에서 착화되기 쉬우며, 연소속도가 빠른 가연성 물질이다.

　　㉢ 환원성 물질이며 산화제와 접촉하면 마찰 혹은 충격에 의해 폭발의 위험성이 있다.

　　㉣ 상온에서 고체이다.

　　㉤ 철분, 마그네슘, 금속분류는 산과 물의 접촉으로 발열한다.

③ 공통적인 저장, 취급상의 주의사항

　　㉠ 산화제와의 접촉을 피한다.

　　㉡ 열원 및 가열을 피한다.

　　㉢ Mg, Al은 물이나 습기를 피한다.

　　㉣ 용기의 파손, 누출에 유의한다.

④ 연소형태

　　㉠ 저온에서 발화하며 많은 열과 빛을 낸다.

　　㉡ 산화제와 혼합하면 폭발하고, 공기 중에 가루가 부유하면 분진폭발 할 수 있다.

　　㉢ 황린(P_4)은 공기 중에서 방치하면 산화열로 온도가 상승되어 자연발화 한다.

　　㉣ 금속분은 산이나 할로겐원소와 접촉되면 발화한다.

　　㉤ 인은 다량의 연기를 낸다.

　　㉥ 연소 시 발생하는 기체는 독성이 있다.

⑤ 소화방법

　　㉠ 철분, 마그네슘, 금속분류의 화재 시 주수하면 비산으로 인한 화재면적의 확대위험과 물과 반응하여 발생되는 수소에 의한 폭발의 위험이 따르므로 건조사에 의한 피복소화가 좋다.

　　㉡ 금속분 이외의 것은 주수소화에 의한 냉각소화가 효과적이다.

> **Q 기출문제**　　　　　　　　　　　　　　　　　　　　2020. 5. 9. 제34차
>
> 「위험물안전관리법령」상 위험물의 유별에 따른 성질의 분류로 옳지 않은 것은?
>
> ① 제1류 : 산화성고체
>
> ② 제2류 : 자기반응성물질
>
> ③ 제3류 : 자연발화성물질 및 금수성물질
>
> ④ 제4류 : 인화성액체
>
> 　　　　　　　　　　　　　　　　　　　　　　　　　　　　　　답 ②

(5) 제3류 위험물(자연발화성 물질 및 금수성 물질)

① 종류

품명 및 품목	지정수량	품명 및 품목	지정수량
칼륨	10kg	알칼리금속(칼륨 및 나트륨 제외) 및 알칼리토금속	50kg
나트륨	10kg	유기금속화합물 (알킬알루미늄 및 알킬리튬 제외)	50kg
알킬알루미늄	10kg	금속의 수소화물	300kg
알킬리튬	10kg	금속의 인화물	300kg
황린	20kg	칼슘 또는 알루미늄의 탄화물	300kg

② 일반적 성질

ㄱ 반응개념

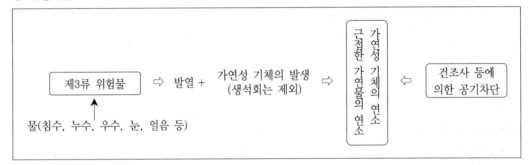

ㄴ 물과 만나면 발열반응을 일으키는 동시에 가연성 가스를 내는 금수성 물질이다.

ㄷ 생석회(산화칼슘)만은 물과 반응하여 발열만을 한다.

ㄹ 일반적으로 물보다 무겁지만 나트륨, 칼륨, 알킬리튬, 알킬알루미늄은 물보다 가볍다.

③ 공통적인 저장, 취급상의 주의사항

ㄱ 용기의 파손이나 부식을 막아야 한다.

ㄴ 수분의 접촉을 막아야 한다.

ㄷ 보호액 중에 저장하는 것은 위험물 표면에 노출되지 않게 한다.

ㄹ 가연성 가스를 발생하는 것은 화기에 주의한다.

④ 연소형태

ㄱ 물과 만나면 발열한다.

ㄴ 물과 반응하여 가연성 가스를 생성하여 폭발한다(칼륨, 나트륨, 카바이트).

ㄷ 물과 반응하여 부식성 가스를 생성한다(인화칼슘).

ㄹ 공기 중에서 쉽게 산화한다(칼륨, 나트륨).

ㅁ 알킬알루미늄 또는 알킬리튬은 공기 중에서 급격히 산화하고 물과 접촉하면 가연성 가스를 발생하여 급격히 발화한다.

⑤ 소화방법

　　㉠ 금수성 물질이므로 주수소화는 금물이다.

　　㉡ 사염화탄소, 탄산가스 등과도 격렬히 반응하므로 건조사가 가장 효과적이다.

　　㉢ 그 외에 금속화재용 분말소화약제도 사용된다.

⑹ 제4류 위험물(인화성 액체)

① 종류

품명 및 품목		지정수량	품명 및 품목		지정수량
특수인화물		50ℓ	제2석유류	비수용성액체	1,000ℓ
				수용성액체	2,000ℓ
알코올류		400ℓ	제3석유류	비수용성액체	2,000ℓ
동·식물유류		10,000ℓ		수용성액체	4,000ℓ
제1석유류	비수용성액체	200ℓ	제4석유류		6,000ℓ
	수용성액체	400ℓ			

② 일반적 성질

　　㉠ 반응 개념

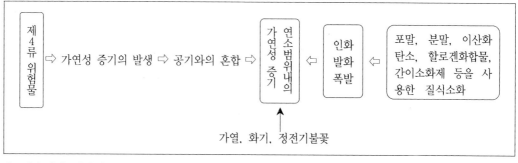

　　㉡ 상온에서 액상인 가연성 액체와 비교적 낮은 온도에서 액체가 되는 고상 물질로 대단히 인화되기 쉬우며 시안화수소를 제외한 가연성 액체의 증기는 공기보다 무겁다.

　　㉢ 물질이 고온체의 접촉 등에 의해서 가열되어 발화하는 최저온도를 착화온도라고 한다.

　　㉣ 알코올류를 제외한 거의 모든 제4류 위험물은 물에 녹지 않으므로 물 위에 뜨게 되어(이황화탄소는 물보다 무거움) 널리 퍼지게 된다.

③ 공통적인 저장, 취급상의 주의사항

　　㉠ 증기의 누출을 방지해야 한다.

　　㉡ 화기의 접근, 가열을 해서는 안 된다.

　　㉢ 용기는 밀봉하여 찬 곳에 저장한다.

　　㉣ 환기를 잘하여 발생증기의 체류를 억제한다.

ⓜ 전기설비는 방폭성의 것을 사용한다.

ⓗ 정전기의 발생을 막는다.

ⓢ 정전기가 발생하는 곳은 접지조치를 한다.

④ **연소형태**

㉠ 대단히 인화되기 쉽다. 즉 낮은 온도에서 인화, 연소하거나 작은 불꽃(성냥불, 전기스파크 등)에 인화된다.

㉡ 비교적 낮은 온도에서 발화 연소한다.

㉢ 대부분 물보다 가볍고 물에 녹지 아니하므로 물에 뜨고 널리 퍼진다. 4류 위험물이 물 위에 존재할 경우 지면과 달리 그 넓이는 극히 넓게 퍼지고 그만큼 인화시의 위험범위 또한 넓어진다.

㉣ 유류화재의 불길은 극히 크게 느껴지게 되며, 검은 연기가 많이 발생한다.

⑤ **소화방법**

㉠ 주수소화는 오히려 화재의 확대 위험이 있다.

㉡ 이산화탄소 분말, 사염화탄소로 질식소화한다.

㉢ 소포성의 위험물 화재는 수용성이 없는 내알코올성포를 사용한다.

(7) 제5류 위험물(자기 반응성 물질)

① 종류

품명 및 품목	지정수량	품명 및 품목	지정수량
유기과산화물	10kg	아조화합물	200kg
질산에스테르류	10kg	디아조화합물	200kg
니트로화합물	200kg	히드라진 유도체	200kg
니트로소화합물	200kg	히도록실아민	100kg
히드록실아민염류	100kg		

② 일반적 성질

㉠ 반응개념

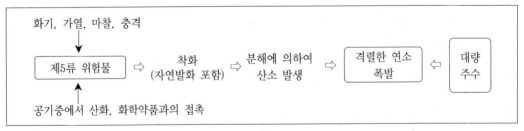

㉡ 가연성 물질이며, 산소함유 물질로 자기 연소가 가능한 물질이다.

㉢ 가열, 충격, 마찰, 다른 물질과의 접촉은 폭발의 위험성이 있고 산화반응, 열분해반응에 의해 자연 발화하는 수도 있다.

③ 공통적인 저장, 취급상의 주의사항

   ㉠ 습기, 통풍, 가열, 충격, 마찰을 피해야 한다.

   ㉡ 불꽃 등 고온체와의 접근을 피해야 한다.

   ㉢ 용기의 파손에 주의해야 한다.

   ㉣ 운반용기는 '화기엄금', '충격주의' 같은 표시를 해야 한다.

④ 연소형태

   ㉠ 자기 연소한다.

   ㉡ 연소속도가 빨라 폭발적이다.

   ㉢ 가열, 충격, 마찰, 이물질과 접촉 시 폭발하는 것이 많다.

   ㉣ 장시간에 걸친 산화에 의한 열분해가 진행되면 자연발화 하는 경우도 있다.

⑤ 소화방법

   ㉠ 연소가 대단히 빠르므로 초기 화재나 소량 화재 외에는 소화가 곤란하다.

   ㉡ 자체가 산소를 함유하므로 질식소화는 효과가 없고, 많은 물로서 냉각 소화시키는 방법이 효과적이다.

(8) 제6류 위험물(산화성 액체)

① 종류

품명 및 품목	지정수량
과염소산	300kg
과산화수소	300kg
질산	300kg
그밖에 행정안전부령으로 정하는 것	300kg

② 일반적 성질

   ㉠ 반응개념

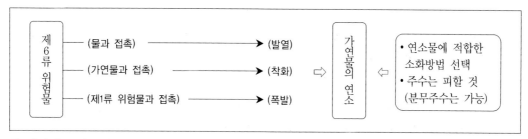

   ㉡ 불연성 물질이지만 산소를 함유하여 제1류 위험물과는 폭발을 일으킨다.

   ㉢ 물에 잘 녹으며 물과는 발열반응을 한다.

③ 공통적인 저장, 취급상의 주의사항

　　㉠ 물, 가연물, 유기물, 산화제와의 접촉을 피한다.

　　㉡ 저장용기는 내산성의 것이어야 하며, 밀봉해야 하고, 파손에 주의한다.

④ 연소형태

　　㉠ 자신은 불연성이다.

　　㉡ 분해 시 다량의 산소를 발생시켜 타 물질의 연소를 돕는다.

　　㉢ 물과 만나면 발열한다.

⑤ 소화방법

　　㉠ 물과는 발열하므로 주수소화는 별 효과가 없으나 다량의 물로 희석시켜 소화할 수도 있다.

　　㉡ 그 외에는 건조사, 탄산가스에 의한다.

　　㉢ 사염화탄소 소화기는 포스겐을 발생하므로 지하실의 화재에는 적당하지 않다.

(9) 보일오버 등 위험물 화재의 특수현상과 대처법

① 보일오버(Boil Over)

　　㉠ 유류탱크 주변에 화재가 발생하였을 때 주변 화염의 접촉으로 탱크 내부에 고온의 연소유류가 탱크 하단에 있는 수분을 가열시켜 수분의 팽창으로 고온의 유류가 탱크 외부로 분출하는 현상이다.

　　㉡ 예측 및 방지를 위해서는 유류탱크 내의 유류의 특성, 물성 등을 계산하면 보일오버 현상을 예측할 수 있으며, 소화작업 시 탱크 외부에 주수하면 그 건조 상태를 보고 고온층의 위치를 찾을 수 있다.

　　　• 유류탱크 하단의 수분을 제거한다(배수설비).

　　　• 탱크 하부에 비등석을 넣어 물에 기포가 생기도록 하여 갑작스런 분출을 억제한다.

　　　• 탱크 내부에 유체를 넣어 물이 유류와 에멀견 상태에 있게 한다.

② 슬롭오버(Slop Over)

　　㉠ 화재 발생 시에 고온의 유류에 주수소화를 하면 분사된 수분이 유류 표면에 기포를 발생시킨다. 유류의 열류교환으로 인해 하단층에 있는 차가운 기름이 급속히 팽창하면서 유류에 화재가 발생한다.

　　㉡ 유류화재 시에는 화염에 의해 유류가 고온상태가 되고 여기에 주수소화를 하면 고온의 유류가 분출하기 때문에 서서히 소화작업을 진행해야 한다.

③ 포스오버(Froth Over)

　　㉠ 화재현상을 제외하고 물이 고온상태의 유류와 접촉하면 거품과 같은 상태로 넘치게 되는 현상이다.

　　㉡ 고온의 물과 유류에 의한 피해가 발생할 수 있으므로 유류에 의한 피해위험을 줄이고, 탱크에 수분이 없도록 배수시설을 설치해야 한다.

01 제5류 위험물의 성질로 옳은 것은?

① 금수성 물질

② 산화성 물질

③ 자연발화성 물질

④ 자기 반응성 물질

advice 제5류 위험물의 일반적 성질

㉠ 가연성 물질이며, 산소함유 물질로 자기 연소가 가능한 물질이다.

㉡ 가열, 충격, 마찰, 다른 물질과의 접촉은 폭발의 위험성이 있고 산화반응, 열분해반응에 의해 자연 발화하는 수도 있다.

02 다음 보기에 해당되지 않는 것은?

> • 산화성 고체로서 가열, 충격 마찰 등으로 분해되어 산소를 방출하여 연소를 돕는다.
> • 가연성 고체로서 산화제와 접촉하면 마찰 혹은 충격에 의해 폭발의 위험성이 있다.
> • 금수성 물질로서 생석회만은 물과 반응하여 발열만을 한다.

① 1류 위험물

② 4류 위험물

③ 2류 위험물

④ 3류 위험물

advice ② 4류 위험물은 인화성 액체로서 대단히 인화되기 쉽다.

※ 위험물의 정의

㉠ 1류 위험물 : 일반적으로 불연성 물질이지만 다른 물질을 산화시킬 수 있다.

㉡ 2류 위험물 : 낮은 온도에서 착화되기 쉬우며 연소속도가 빠른 가연성 물질이다.

㉢ 3류 위험물 : 물과 만나 발열반응을 일으키며 가연성 가스를 내는 금수성 물질이다.

㉣ 4류 위험물 : 비교적 낮은 온도에서 액체가 되는 고상물질이다.

㉤ 5류 위험물 : 가연성 물질이며 산소를 함유하여 자기연소가 가능한 물질이다.

㉥ 6류 위험물 : 산소를 포함한 강산화제로서 분해에 의해 다른 물질의 연소를 돕는다.

03 다음 중 반응개념에서 2류 위험물과 5류 위험물의 공통점으로 옳은 것은?

① 금수성   ② 고상물질

③ 불연성   ④ 가연성

advice ① 금수성은 3류 위험물의 특징이다.
        ② 고상물질은 4류 위험물의 특징이다.
        ③ 불연성은 1류 위험물과 6류 위험물의 특징이다.

04 다음 중 액화물질이 인화점보다 낮은 중질류 화재 시 장시간 화재가 진행되면 유류 중 가벼운 성분이 표면층에 증발 연소되는 현상은?

① BLEVE 현상   ② 보일오버

③ 오일오버   ④ 슬롭오버

advice ② 보일오버 : 중질유의 탱크에서 장시간 조용히 연소하다 잔존기름이 분출하는 현상
        ① BLEVE : 인화성 액체가 화재 노출 시 내부의 비등현상으로 폭발하는 현상
        ③ 오일오버 : 탱크 내 유류가 절반 미만일 경우 화재로 인해가 내부가 폭발하는 현상
        ④ 슬롭오버 : 휘발유와 같이 인화점이 낮은 제품이 주변 온도차에 의한 유류분출 현상

05 다음 중 탱크에서 화재가 발생 했을 때 나머지 셋과 다른 현상 하나는?

① 중유와 같이 끓는점이 서로 다른 성분이 가벼운 성분의 유류 표면층으로 증발하여 연소한다.

② 원유 속에 포함된 물이 탱크 표면의 열기로 인해 수증기로 변화되어 상류층에 있는 유류를 밀어 올린다.

③ 탱크에 절반정도의 기름이 화재로 압력이 상승하여 폭발한다.

④ 밀폐된 탱크에 불이 붙은 상태로 기름이 방출된다.

advice ①②④ 보일오버 현상이며, 보일오버, 슬롭오버 현상은 탱크 밖으로 유류가 방출되는 현상을 보인다.
        ③ 오일오버 현상이며, 오일오버와 BLEVE(블래비)는 탱크가 폭발하는 현상을 보인다.

06 다음 중 화재 발생 시 물로 소화가 가능한 것은?

① 무기과산화물, 니트로화합물　　　　② 니트로화합물, 유기과산화물

③ 나트륨, 칼륨　　　　　　　　　　　④ 특수인화물, 니트로화합물

advice ② 5류 위험물로서 자체에 산소를 함유하고 있어 많은 물로서 냉각소화 해야 한다.
　　　① 무기과산화물은 제1류 위험물로서 알칼리 금속은 물에 발열하여 주수소화는 금물이다.
　　　③ 나트륨, 칼륨은 제3류 위험물로서 물을 만나면 가연성 가스가 발생한다.
　　　④ 특수인화물은 제4류 위험물로서 주수소화는 화재의 위험이 있다.

07 다음 중 특수가연물의 저장 및 취급기준에 대한 설명으로 옳지 않은 것은?

① 품명별로 구분하여 쌓아야 한다.

② 쌓는 부분의 바닥면적 사이는 1미터 이상이 되도록 하여야 한다.

③ 살수설비를 설치하거나 방사능력 범위에 해당 특수가연물이 포함되도록 대형수동식소화기를 설치
　하는 경우에는 쌓는 높이를 15미터 이하로 하여야 한다.

④ 석탄·목탄류의 경우 쌓는 부분의 바닥면적은 50제곱미터 이하가 되도록 하여야 한다.

advice 특수가연물의 저장 및 취급의 기준〈소방기본법 시행령 제7조〉
　　　㉠ 품명별로 구분하여 쌓을 것
　　　㉡ 쌓는 높이는 10미터 이하가 되도록 하고, 쌓는 부분의 바닥면적은 50제곱미터(석탄·목탄류의 경우에
　　　　는 200제곱미터) 이하가 되도록 할 것. 다만, 살수설비를 설치하거나, 방사능력 범위에 해당 특수가연물
　　　　이 포함되도록 대형수동식소화기를 설치하는 경우에는 쌓는 높이를 15미터 이하, 쌓는 부분의 바닥면적
　　　　을 200제곱미터(석탄·목탄류의 경우에는 300제곱미터) 이하로 할 수 있다.
　　　㉢ 쌓는 부분의 바닥면적 사이는 1미터 이상이 되도록 할 것

08 위험물 중 마그네슘의 지정수량으로 적합한 것은?

① 50kg　　　　　　　　　　　　　　② 100kg

③ 200kg　　　　　　　　　　　　　　④ 500kg

advice 제2류 가연성 고체인 마그네슘의 지정수량은 500kg이다.
　　　※ 제2류 가연물 지정수량

품목	지정수량	품목	지정수량
황화린	100kg	철분	500kg
적린	100kg	마그네슘	500kg
유황	100kg	금속분	500kg
인화성고체	1,000kg		

09 다음 중 위험물의 종류가 바르게 연결된 것은?

① 제1류 – 질산염류, 황화린, 요오드산염류

② 제3류 – 나트륨, 철분, 유황, 알킬알루미늄

③ 제4류 – 알코올류, 히드록실아민염류

④ 제6류 – 과염소산, 과산화수소, 질산

advice 위험물의 종류〈위험물안전관리법 시행령 별표1〉

ㄱ 제1류 : 아염소산염류, 염소산염류, 과염소산염류, 무기과산화물, 브롬산염류, 질산염류, 요오드산염류, 과망간산염류, 중크롬산염류 등

ㄴ 제2류 : 황화린, 적린, 유황, 철분, 금속분, 마그네슘 등

ㄷ 제3류 : 칼륨, 나트륨, 알킬알루미늄, 알킬리튬, 황린, 알칼리금속 및 알칼리토금속, 유기금속화합물, 금속의 수소화물, 금속의 인화물, 칼슘 또는 알루미늄의 탄화물 등

ㄹ 제4류 : 특수인화물, 제1석유류, 알코올류, 제2석유류, 제3석유류, 제4석유류, 동·식물유류 등

ㅁ 제5류 : 유기과산화물, 질산에스테르류, 니트로화합물, 니트로소화합물, 아조화합물, 디아조화합물, 히드라진유도체, 히드록실아민, 히드록실아민염류 등

ㅂ 제6류 : 과염소산, 과산화수소, 질산, 그 밖에 행정안전부령이 정하는 것 등

10 다음 중 제2류 위험물에 해당되는 것은?

① 칼륨   ② 마그네슘

③ 알킬알루미늄   ④ 나트륨

advice 제2류 위험물에는 황화린, 적린, 유황, 철분, 마그네슘, 금속분이 있다.

11 다음 중 위험물제조소 채광·조명 및 환기설비에 관한 내용으로 옳은 것은?

① 채광설비는 불연재료로 하고 면적은 크게 한다.

② 점멸스위치는 출입구 안쪽에 설치한다.

③ 강제배기 방식으로 한다.

④ 급기구를 낮은 곳에 설치한다.

advice ④ 위험물제조소 환기설비에서 급기구는 낮은 곳에 설치하고 가는 눈의 구리망 등으로 인화방지망을 설치한다.

12 다음 중 특수인화물에 대한 규정사항이 아닌 것은?

① 이황화탄소, 에테르 등이다.

② 1기압에서 발화점 100℃ 이하를 말한다.

③ 인화점이 영하 20℃ 이하이고 비점이 40℃ 이하를 말한다.

④ 특수인화물은 제5류 위험물에 속한다.

> **advice** 특수인화물 … 이황화탄소, 디에틸에테르 그 밖에 1기압에서 발화점이 섭씨 100℃ 이하인 것 또는 인화점이 섭씨 영하 20℃ 이하이고 비점이 섭씨 40℃ 이하인 것을 말한다〈위험물안전관리법 시행령 별표1〉.
> ④ 특수인화물은 제4류 위험물이다.

13 다음 중 위험물안전관리법령상 유기과산화물, 질산에스테르류, 니트로화합물, 히드라진 유도체와 같은 물질의 특성으로 옳은 것은?

① 금수성   ② 자연발화성

③ 인화성   ④ 자기반응성

> **advice** ④ 문제의 물질들은 제5류 위험물로 마찰, 가열, 충격에 의해 자기연소를 하는 자기반응성의 성질을 가지고 있으며 장시간에 걸쳐 산화에 의한 열분해로 자연발화하는 경우도 있지만 일반적 성질은 아니다.

14 다음 중 위험물의 정의로 올바른 것은?

① 대통령령이 정하는 인화성 또는 폭발성 물질

② 대통령령이 정하는 인화성 또는 발화성 물질

③ 대통령령이 정하는 가연성 또는 이산화성 물질

④ 대통령령이 정하는 발화성 또는 금속성 물질

> **advice** 위험물 … 인화성 또는 발화성 등의 성질을 가지는 것으로서 대통령령이 정하는 물품을 말한다〈위험물안전관리법 제2조 제1항 제1호〉.

답 09.④ 10.② 11.④ 12.④ 13.④ 14.②

15 다음 중 제3류 위험물의 일반적 성질은?

① 자기연소성 물질이다.　　　　② 산화성 고체이다.

③ 산화성 액체이다.　　　　　　④ 금수성 물질이다.

　　ᐟadvice 제3류 위험물의 일반적 성질

　　　　㉠ 물과 만나면 발열반응을 일으키고 가연성 가스를 발생시키는 금수성 물질이다.

　　　　㉡ 생석회만은 물과 반응하여 발열만 한다.

　　　　㉢ 일반적으로 물보다 무겁지만 나트륨, 칼륨, 알킬리튬, 알킬알루미늄은 물보다 가볍다.

16 다음 중 지정 수량이 다른 것은?

① 질산염류　　　　　　　　　　② 요오드산염류

③ 아염소산염류　　　　　　　　④ 브롬산염류

　　ᐟadvice ① 300kg　② 300kg　③ 50kg　④ 300kg

17 다음 중 칼륨(K), 나트륨(Na)의 보호액은?

① 물　　　　　　　　　　　　　② 석유

③ 식용유　　　　　　　　　　　④ 알코올

　　ᐟadvice ② 제3류 위험물로서 물과 공기에 의해 폭발하거나 쉽게 산화되기 때문에 보호액(석유)으로 저장하여야 한다.

18 다음 중 위험물안전관리법령상 제4류 위험물 중 알코올 등 수용성 유류화재에 적응성이 가장 뛰어난 소화약제는 무엇인가?

① 단백포 소화약제　　　　　　② 수성막포 소화약제

③ 내알코올포 소화약제　　　　④ 합성계면활성제포 소화약제

　　ᐟadvice 내알콜성포 소화약제

　　　　㉠ 물에 불용성인 포의 막을 형성하여 알콜 등과 같이 물에 용해되는 액체의 소화에 사용된다.

　　　　㉡ 내알콜성포에는 6%형이 있다.

　　　　㉢ 내알콜성포의 비누화현상 : 일반적인 포 소화약제를 수용성 액체 가연물 등에 사용하면, 물이 수용성 가연물에 용해되기 때문에 포가 사라져 소화 작용을 할 수 없다. 따라서 포의 소멸(소포성)을 억제하기 위하여 단백질의 가수분해물, 계면활성제에 금속비누 등을 첨가하여 유화 분산시킨다. 이것을 원제로 하여 물과 혼합하게 되면 불용성의 성질을 갖게 된다.

　　　　㉣ 적응 대상물은 알콜류, 케톤류, 에스테르류 등의 수용성 액체물질이다.

19 다음 중 4류 위험물의 소화방법에 대한 설명으로 옳은 것은?

① 수용액 액체화재의 발생 시 다량의 물로 희석소화 시킨다.

② 연소중인 물질은 화점에서부터 제거하여 소화시킨다.

③ 소규모 유류화재 시에는 물로 소화가 가능하다.

④ 이산화탄소분말, 사염화탄소로 질식소화가 가능하다.

advice ④ 주수소화는 오히려 화재의 확대위험이 있다.

20 시안화수소, 메탄, 프로판, 아세틸렌 중 위험도가 높은 순으로 차례로 나열된 것은?

① 시안화수소, 프로판, 메탄, 아세틸렌

② 시안화수소, 아세틸렌, 메탄, 프로판

③ 아세틸렌, 시안화수소, 프로판, 메탄

④ 아세틸렌, 시안화수소, 메탄, 프로판

advice ③ 가스의 폭발 한계로서 아세틸렌(31.4) → 시안화수소(5.8) → 프로판(3.5) → 메탄(2)

21 다음 중 제4류 위험물에 적응되는 소화는 어느 것인가?

① 냉각   ② 공기차단

③ 부촉매 효과   ④ 제거소화

advice ② 제4류 위험물 화재 시 공기를 차단하여 질식소화하여야 한다.

22 다음 중 위험물의 유별성질이 바르게 연결되지 못한 것은?

① 제1류 – 산화성   ② 제2류 – 가연성

③ 제5류 – 폭발성   ④ 제6류 – 산화성

advice ③ 제5류는 자기반응성의 특성을 갖는다.

화재의 조사

1 화재조사의 개요(목적 · 방법 · 절차 등)

(1) 화재조사의 목적

① 화재의 원인과 그 화재로 인한 손해를 조사하는 것으로 방화 · 실화의 혐의가 있다고 인정되는 때에 소방기관은 지체없이 관할경찰서장에게 그 사실에 대한 정보를 제공하고 필요한 증거를 수집하고 보존하여 그 범죄수사에 협력한다.

② 화재의 유형
　ⓐ 화재
　　• 인간의 의도에 반하거나 또는 인위적인 형태로 발생하는 것
　　• 소화할 필요가 있는 연소현상에 대해 소화시설을 사용하는 것
　　• 저장된 물질에 자연적 · 인위적 충격으로 폭발 하는 것
　ⓑ 폭발 : 폭발은 물리적 폭발과 화학적 폭발로 구분된다. 물리적 폭발은 분자구조의 변화없이 상의 변화로 인해 압력의 증가 등으로 발생하는 것이다. 화학적 폭발은 화학반응에 의해 분자구조가 변화하는 과정에서 압력이 발생하는 것이다.
　ⓒ 방화와 실화
　　• 방화 : 방화는 악의적 목적을 가지고 시행되는 범죄이기 때문에 형법상에 방화라는 인식이 필요하다. 고의적으로 연소를 일으키는 것 뿐만 아니라 발생시킨 화재를 소화시킬 의무를 가진자가 이것을 이용하여 목적물을 훼손하면 방화로 처분된다.
　　• 실화 : 과실에 의해 화재를 발생시키고 부주의한 행위로 인한 화재를 말하며, 발화과정 중에 소화시킬 시설이나 출화방지조치를 하지 않는 경우 실화로 처리된다.

③ 화재조사의 활용
　ⓐ 화재에 의한 피해를 알리고 유사화재의 방지와 피해의 감소에 노력한다.
　ⓑ 화재발생의 원인 규명과 예방행정의 자료로서 사용된다.
　ⓒ 화재확대 및 연소원인을 규명하여 예방 및 진압대책상의 자료로 사용된다.
　ⓓ 사상자의 발생원인과 방화관리상황 등을 규명하여 인명구조 및 안전대책의 자료로 사용된다.
　ⓔ 화재의 발생상황, 원인, 손해상황 등을 통계화하여 소방정보를 분석하고 행정시책의 자료로 사용된다.

(2) 화재조사의 방법과 절차

화재조사는 연소현상과 그 결과에 대한 과학적, 법률적인 관계를 고려해야 하기 때문에 전문성이 요구되며 조사권자가 강제성을 갖고 관계인에 대한 조사활동을 한다.

① **화재의 원인 및 피해 조사** 〈소방기본법 제29조〉
　㉠ 소방청장 · 소방본부장 또는 소방서장은 화재가 발생하였을 때에는 화재의 원인 및 피해 등에 대한 조사를 하여야 한다.
　㉡ 화재조사의 방법 및 전담조사반의 운영과 화재조사자의 자격 등 화재조사에 필요한 사항은 행정안전부령으로 정한다.

화재 원인 순서	
정보교환	화재발생건물에 대한 사전조사(출동 중 화재현장에서 취합된 정보)
⇩	
증거자료확복	현장도착 직전의 현장조사(연기의 색깔, 방향, 연소확산)
⇩	
정밀감정대상분류	현장에 대한 세부조사(현장관찰, 자료수집 및 사진촬영, 발화 지점 확인)
⇩	
문서화작업	관계자에 대한 조사(최초 목격자, 관계자, 신고자 등)
⇩	
증거자료 보완	관계서류조사(화재원인에 관한 서류, 보험관계 등의 자료)

② **출입 · 조사 등** 〈소방기본법 제30조〉
　㉠ 소방청장 · 소방본부장 또는 소방서장은 화재조사를 하기 위하여 필요하면 관계인에게 보고 또는 자료 제출을 명하거나 관계 공무원으로 하여금 관계 장소에 출입하여 화재의 원인과 피해의 상황을 조사하거나 관계인에게 질문하게 할 수 있다.
　㉡ 화재조사를 하는 관계 공무원은 그 권한을 표시하는 증표를 지니고 이를 관계인에게 보여 주어야 한다.
　㉢ 화재조사를 하는 관계 공무원은 관계인의 정당한 업무를 방해하거나 화재조사를 수행하면서 알게 된 비밀을 다른 사람에게 누설하여서는 아니된다.

③ **수사기관에 체포된 사람에 대한 조사** ⋯ 소방청장 · 소방본부장 또는 소방서장은 수사기관이 방화(放火) 또는 실화(失火)의 혐의가 있어서 이미 피의자를 체포하였거나 증거물을 압수한 때에 화재조사를 위하여 필요한 경우에는 수사에 지장을 주지 아니하는 범위에서 그 피의자 또는 압수된 증거물에 대한 조사를 할 수 있다. 이 경우 수사기관은 소방청장 · 소방본부장 또는 소방서장의 신속한 화재조사를 위하여 특별한 사유가 없으면 조사에 협조하여야 한다 〈소방기본법 제31조〉.

④ **소방공무원과 국가경찰공무원의 협력** … 소방공무원과 국가경찰공무원은 화재조사를 할 때에 서로 협력하여야 하며 소방본부장이나 소방서장은 화재조사 결과 방화 또는 실화의 혐의가 있다고 인정하면 지체없이 관할 경찰서장에게 그 사실을 알리고 필요한 증거를 수집·보존하여 그 범죄수사에 협력하여야 한다〈소방기본법 제32조〉.

⑤ **소방기관과 관계보험회사와의 협력** … 소방본부·소방서 등 소방기관과 관계 보험회사는 화재가 발생한 경우 그 원인 및 피해상황을 조사할 때 필요한 사항에 대하여 서로 협력하여야 한다〈소방기본법 제33조〉.

(3) 화재조사를 위한 현장조사활동

① **현장성** … 화재는 소방관계자에 최초 정보가 도착하는 순간부터 신고일시, 신고자의 목소리, 인적사항 등이 기록되면서 화재출동시 풍속, 풍향, 주변의 화재대응, 연기이동 등의 정보를 바탕으로 화재현장에서의 정밀감식과 감정에 필요한 물적 증거를 현장에서 취득할 수 있다.

② **신속성** … 화재조사자는 참고인으로부터의 진술에서 최초 발견자, 신고자, 목격자 등과 같이 현장에서 취득한 정보가 화재종결 후 참고인 등이 법적인 판단에 대한 공포로 진술 변경의 가능성을 차단하기 위해 신속하게 질문을 마쳐야 한다. 또한 시간이 지날수록 현장보존과 증거물 확보가 어렵기 때문에 화재조사는 신속성이 필요하다.

③ **정밀성** … 화재조사는 전문자격 또는 현장경력을 바탕으로 한 자격취득자에 의해 과학적 조사결과를 바탕으로 제3자에 의한 신뢰성을 확보하여 향후 화재조사결과 발표에 활용되어야 한다.

④ **보존성** … 화재조사는 바로 화재증거물의 확보이며 증거물의 보존에 주의해야 그 효용가치를 인정받는다. 그러나 화재진압으로 인한 증거물의 열적, 수적, 압력에 의한 증거물의 훼손으로 화재조사의 어려움을 방지하기 위해 주수소화 또는 화재의 초기진압이 이루어져야 한다.

⑤ **안전성** … 화재현장의 현장의 화재 진압과 피해자 구호 그리고 화재진압을 위해 관계인의 출입으로 인해 현장이 심하게 훼손되거나 증거물의 손실 또는 훼손이 이루어지며 건물 붕괴, 유해물질 등으로 인해 현장업무 과정에서 피해를 입을 수 있기 때문에 화재조사자는 현장에 대한 위험인식을 가져야 한다.

⑥ **강제성** … 현장의 관계인 없이 화재조사를 실시하기는 어려운 일이며, 관계인에 의한 조사과정에서 화재조사자의 진술, 현장의 증거물 수집에 불이익을 받을 수 있는 경우가 있어 화재조사자의 면접질문에 불응 또는 침묵하는 경우 소방기본법에 의해 강제권을 발동한다.

⑦ **프리즘식** … 화재조사기관이나 조사자는 현장에서 취득한 정보에 대하여 피해자의 시각, 보험사의 시각, 배상책임자의 시각과 같이 각각의 입장차를 바탕으로 하여 화재의 원인, 경과, 피해지역 등의 종합적인 관찰과 평가를 내려야 한다.

(4) 화재현장의 공식발표

화재현장에서 화재조사자가 취득, 분석한 결과는 최종적인 결과물에 대한 판단이 아니기 때문에 기본적으로 다음과 같은 조건을 지켜야 한다.

① 명예 및 사생활존중 … 헌법상 보장된 명예 및 사생활이 존중되어야 한다.

② 공소유지, 재판에 대한 영향 … 화재를 포함하여 형법상 · 행정상 범죄 가능성 때문에 공식발표는 주의해야 한다.

③ 민사불개입의 원칙 … 민사상의 문제로 인해 화재의 원인과 결과 발표는 어려움이 있고, 이해당사자 간의 의견충돌에 주의해야 한다.

2 화재원인 및 피해조사 기초

(1) 개념

화재조사는 소화활동과 동시에 시작하며 재량성이 고려될 수 없는 소방행정행위로 필수적으로 조사해야 하는 기속행위이며 화재조사관계인의 독립성이 절대적으로 중요하다.

(2) 화재원인조사

① 화재원인 조사 … 화재가 발생한 지점에서부터 화재를 발생시킨 발화원을 규명하고 어떤 원인에 의해 착화가 되었는지 과학적으로 조사하는 것이다.

② 발견 · 통보 및 초기 소화상황 조사 … 화재의 발견 · 통보 및 초기 소화상황에 대한 연속적인 행동과 정을 분석하는 것이다.

③ 연소상황 조사 … 화재의 착화 원인, 화염의 진행방향, 연소확대의 요인, 방화내장재 등에 대한 조사와 규명을 한다.

④ 피난상황 조사 … 화재가 발생한 건물에서 피난구역과 비상계단 등 대피경로, 피난구역에 놓여져 있는 장애물들에 대한 조사와 피난의 장애원인을 찾아낸다.

⑤ 소방시설 등 조사 … 화재현장이 발생한 건물 또는 위험물 저장소 등에 대한 소방안전시설에 대한 사전 설치 여부를 확인한다. 화재현장은 연소 또는 소화활동에 의해 현장의 증거물의 훼손으로 인하여 증거자료로서 복원하기기 어렵기 때문에 현장 복원에 노력해야 한다.

> **POINT** 감식과 감정〈화재조사 및 보고규정 제2조〉
> ㉠ 감식 : 화재원인의 판정을 위하여 전문적인 지식, 기술 및 경험을 활용하여 주로 시각에 의한 종합적인 판단으로 구체적인 사실관계를 명확하게 규명하는 것을 말한다.
> ㉡ 감정 : 화재와 관계되는 물건의 형상, 구조, 재질, 성분, 성질 등 이와 관련된 모든 현상에 대하여 과학적 방법에 의한 필요한 실험을 행하고 그 결과를 근거로 화재원인을 밝히는 자료를 얻는 것을 말한다.

(3) 화재피해조사

① **인명피해조사** … 화재발생시 최초 발화에 의한 화재로 인해 사망자 및 부상자의 발생과 화재 진압과정 중에 발생하는 인명피해가 추가적으로 발생한다. 사상자가 발생하게 된 원인 및 연소원인 등과 관련한 인적 · 물적 연관성을 고려해야 한다.

② **재산피해조사** … 화재진압과정에서 발생하는 재산상의 직 · 간접적인 피해로 구분하며, 현재의 피해산정은 직접적인 피해만을 화재피해액으로 간주하고 있다.
　㉠ 소실피해 : 열에 의해 파손, 용융, 탄화 등에 의한 피해
　㉡ 수손피해 : 소화활동과정에서 발생되는 피해
　㉢ 기타피해 : 물품반출, 화재 시 연기, 화염에 의한 폭발의 피해

(4) 화재발화부의 조사

화재원인은 최초 발화지점에 대한 현장조사를 통하여 원인을 규명에 근접할 수 있을 것이다. 그러나 화재현장은 소화활동 중에 현장의 훼손으로 인하여 현장에서 발화부를 찾기는 어렵기 때문에 화재현장의 시각적 조사를 통하여 귀납적인 방법을 사용해야 할 것이다.

① **연소의 상승성(V패턴)** … 화재가 발생하면 연소가스의 발생과 고온의 공기가 상승하여 화염이 주변으로 확대되는 것이 일반적인 현상이다. 특히 이와 같은 화재의 모양이 'V'모양으로서 2차적인 발화원들과는 확연한 차이를 보이고 있다.

② **도괴상황** … 최초 발화지점의 발화원은 화염의 온도가 낮고 연소시간이 지속적이서 화재의 구조물이 서서히 타들어가다 넘어지는 현상을 보이고 있다.

③ **균열흔** … 화재의 재로 목재일 경우 높은 온도의 화염을 받으면 연소될 때 굵은 균열흔이 나타난다. 반대로 저온으로 장시간 연소할 경우 목재 내부의 수분이 목재 표면으로 표출된다.

④ **용융흔** … 건물 내부의 유리, 거울 등의 제품은 화염에 의해 연소되기 이전에 쉽게 탈락된다. 화염 초기에 탈락한 연소물이 발화부를 덮어 화재발생시의 물체가 연소과정 없이 보존이 가능하다.

⑤ **변색흔** … 일반화재에서 금속과 같은 연소불가형태의 구조물, 콘크리트, 기계류, 냉장고 등은 화염의 첩촉과정에서 불길이나 연기에 의한 그을음과 같은 변색흔을 남긴다.

⑥ **무염흔** … 화염 또는 열원과 접촉한 목재 등은 초기 연소흔으로 물질이 착화되면 불꽃없이 연기만 내면서 연소하기 때문에 최초지점이 움푹패인 형태로 깊게 연소되거나 주변연소경계면이 형성된다.

(5) 화재피해액 조사

① **화재 피해액** … 화재가 발생하면 종결적으로 화염에 의해 손실, 오염, 인명피해와 같은 피해와 소화과정 중에 발생하는 수손피해, 붕괴에 의한 파괴 등과 같은 인적·물적의 재산상피해와 화재 이후에 뒤따르는 영업손실과 같이 2차 피해가 발생한다.

    ㉠ 화재피해조사에서 직접적인 피해조사산정과 간접적인 피해조사산정의 방식 및 기준과 구분을 명확히 구분하기가 어려워 우리나라의 현실은 2차피해(간접피해)를 제외한 현장에서 확인된 물적피해(직접적 피해)만을 공식적인 기준으로 잡고 있다.

    ㉡ 화재현장의 피해액산정은 향후 소방대책 및 시책 그리고 행정적인 자료로서 수집관리의 부가적인 목적도 있다.

② **화재피해액산정 대상물**

    ㉠ 화재에 의해 직접적으로 피해가 발생하는 건물, 구축물, 차량 및 운반수단(선박·항공기·철도 등)

    ㉡ 건축물 내부에 있는 기계류, 가정집의 가제도구, 건물 외부에 있는 비축물(원재료, 반제품, 저장품 등)

    ㉢ 예술공간에 있는 물품, 귀중품, 동물과 식물의 부속물

③ **피해액 계산방법** … 화재로 인하여 당시 현장에 있던 물품들의 공식적인 가격에서 화재현장에 소화작업 이후 남아 있는 잔존가치를 뺀 금액이다. 화재 피해액 산정은 예외적으로 시중 가격과의 비교 또는 장래에 얻을 수익에서 해당수익을 얻기 위한 제반비용을 제외한 산출방법이 있으며 일반적인 피해액 산정 방식은 다음과 같다.

> 화재피해액 = 재건축비 – 물품의 사용기간 동안 감가액

    ㉠ 건축물 등의 피해산정 : 일반적인 화재 발생 시 건축물의 건물, 영업시설, 부속물 등으로 화재진압 종결 후 잔존물 또는 폐기물의 처분·제거비용을 말한다.

    ㉡ 기계장치, 공구 및 가재도구의 피해액 산정 : 유사물품의 구입비용 그리고 수리비용, 경과연수 등을 통하여 감정평가서, 회계장부 등으로 공식적인 피해액 산정을 한다.

01 화재원인조사가 아닌 것은?

① 인명피해조사
② 소방시설 조사
③ 연소상황 조사
④ 발견 및 초기상황 조사

> advice 화재원인조사는 화재가 발생한 지점에서부터 화재를 발생시킨 발화원을 규명하고 어떤 원인에 의해 착화
> 가 되었는지 과학적으로 조사하는 것이다.
> ① 인명피해조사는 화재피해조사에 해당한다.

02 다음 중 발화부 주변에 파괴활동 최소화 작업 후 방화징후가 농후하여 현장조사를 진행하기 위해 조사권을 발동하는 화재조사의 특징은?

① 신속성
② 안전성
③ 강제성
④ 프리즘

> advice ① 신고자, 목격자, 실화자 등 현장 이탈 이전에 질문 조사한다.
> ② 발화부 주변에 대한 대중의 패닉 방지와 안전사고를 대비한다.
> ④ 현장에 대한 조사와 의견을 종합하여 다양한 각도에서 조사한다.

03 다음 중 소화활동과 동시에 실행되는 화재조사의 특징으로 옳지 않은 것은?

① 신속성
② 보존성
③ 임의성
④ 강제성

> advice ③ 임의성은 소방공무원의 화재조사 방식에 해당되지 않는다.
> ① 신속성은 화재진압과정의 혼란으로 인해 현장 보존의 어려움 때문에 필요하다.
> ② 보존성은 화재현장에 관계자의 출입으로 증거물의 훼손을 방지해야 한다.
> ④ 강제성은 소방기본법에 의해 강제조사권을 자진 자가 현장조사를 한다.

04 다음 중 화재의 조사에 관한 설명으로 옳지 않은 것은?

① 소방서장은 화재가 발생하였을 때에는 화재의 원인 및 피해 등에 대한 조사(이하 "화재조사"라 한다)를 하여야 한다.

② 화재조사의 방법 및 전담조사반의 운영과 화재조사자의 자격 등 화재조사에 필요한 사항은 기획재정부령으로 정한다.

③ 소방서장은 화재조사를 하기 위하여 필요하면 관계인에게 보고 또는 자료 제출을 명하거나 관계 공무원으로 하여금 관계 장소에 출입하여 화재의 원인과 피해의 상황을 조사를 명할 수 있다.

④ 화재조사를 하는 관계 공무원은 관계인의 정당한 업무를 방해하거나 화재조사를 수행하면서 알게 된 비밀을 다른 사람에게 누설하여서는 아니 된다.

advice ② 화재조사의 방법 및 전담조사반의 운영과 화재조사자의 자격 등 화재조사에 필요한 사항은 행정안전부령으로 정한다〈소방기본법 제29조 제2항〉.

05 화재와 관계되는 물건의 형상, 구조, 재질, 성분, 성질 등 이와 관련된 모든 현상에 대하여 과학적 방법에 의한 필요한 실험을 행하고 그 결과를 근거로 화재원인을 밝히는 자료를 얻는 것을 무엇이라 하는가?

① 조사 ② 감정

③ 감식 ④ 감찰

advice 제시된 내용은 감정에 대한 설명이다.

답 01.① 02.③ 03.③ 04.② 05.②

의무소방원 소방상식

소화이론

01 소화원리 및 소화방법

1 소화의 기본원리

(1) 소화의 정의

가연물질이 산화반응에 의해 열과 빛을 내는 연소현상, 즉 화재를 발화온도 이하로 낮추거나 산소의 공급을 차단시키거나 가연물질을 화재현장으로부터 제거하는 등의 조치를 취하여 연소의 연쇄반응을 차단·억제시키는 것이다.

(2) 소화의 4대 원리

화재가 발생하려면 연소의 3요소인 가연물질, 점화원, 산소공급원이 구비되어야 한다. 그러나 3요소 중 1가지만 없어도 연소가 진행되지 않으며, 연소의 3요소에 연쇄반응을 차단하는 것이 소화의 4요소이며 냉각, 질식, 제거, 억제소화가 있다.

[소화의 4대원리]

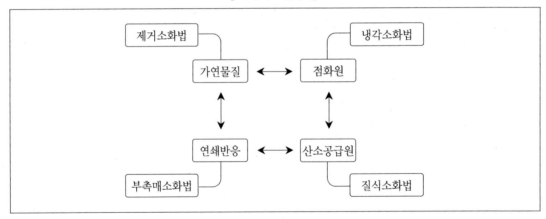

2 소화방법(냉각 · 질식 · 제거 · 부촉매 효과)별 소화수단

(1) 냉각소화법

연소되고 있는 가연물질 또는 주위의 온도를 활성화 에너지 이하로 냉각시켜 소화하는 방법이다.

① 고체물질을 이용한 냉각소화
  ㉠ 가스버너 화염에 철망을 대면 상부의 불꽃은 차츰 꺼지게 되는데 이것은 철망에 의해 열을 빼앗겨 냉각소화가 이루어진 것이다.
  ㉡ 튀김기름에 불이 붙을 때 채소류를 넣어 온도를 낮추는 것도 냉각소화에 속한다.

② 주수에 의한 냉각소화 … 목재 등과 같이 분해연소를 하는 물질에 물을 주입하면 목재 자체의 냉각으로 소화된다.
  ㉠ 물은 다른 소화제에 비해 비열과 잠열이 커서 주위의 열을 흡수하는 냉각효과가 크다.
  ㉡ 유류화재 시 연소면의 확대, 전기화재 시 감전유발, 칼륨, 나트륨, 카바이트 등의 물질과는 격렬한 반응을 일으킨다.

③ 이산화탄소 소화약제에 의한 냉각소화 … 이산화탄소 소화약제 방출시 −78.5℃ 이하가 되므로 연소열을 쉽게 빼앗을 수 있으며, 또한 비중이 1.52로 낮게 체류하여 소화한다.

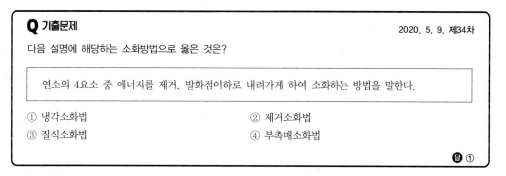

Q 기출문제   2020. 5. 9. 제34차

다음 설명에 해당하는 소화방법으로 옳은 것은?

> 연소의 4요소 중 에너지를 제거, 발화점이하로 내려가게 하여 소화하는 방법을 말한다.

① 냉각소화법   ② 제거소화법
③ 질식소화법   ④ 부촉매소화법

답 ①

(2) 질식소화법

연소물에 산소를 차단 또는 산소 농도를 15% 이하로 억제함으로써 화재를 소화하는 방법이다. 그러나 산소를 함유하는 물질의 연소, 즉 셀룰로이드와 같은 자기연소성 물질 등에는 적합하지 않다.

① 불연성 기체로 연소물을 덮는 방법 … 불연성 기체 또는 증기를 연소물 위에다 뿌리면 이 기체가 연소물 위를 덮어 주위로부터 산소의 공급을 차단하는 방법이다. 이산화탄소, 할로겐화합물 소화약제가 주로 이용된다.

② 불연성 포로 연소물을 덮는 방법 … 점도가 높고 부착성과 안정성이 양호하며 바람 등의 영향이 적은 거품을 이용하여, 연소면을 덮어 산소를 차단하는 방법이다. 화학포, 단백포, 계면활성제포, 수성막포, 내알코올성포 등이 이용된다.

③ 불연성 고체로 연소물을 덮는 방법 … 젖은 이불, 모래, 흙 등을 이용하여 소화한다.

(3) 제거소화법

① 연소의 3요소 중에 가연물질의 공급을 차단 또는 안전한 장소로 이동시켜 더 이상 연소가 진행되지 않도록 하는 소화방법이다.

② 소화방법
　　㉠ 고체가연물의 경우 화재장소로부터 안전한 장소로 이동시킨다.
　　㉡ 미연소가스를 제거하거나 점화원으로부터 가연성가스와의 접촉을 차단한다.
　　㉢ 전기화재의 경우 전원 공급을 차단한다.
　　㉣ 유류탱크 화재 시 배관을 통하여 유류를 배출시킨다.
　　　• 고체 파라핀의 화염을 입김으로 불어 날려 보냄으로써 소화한다.
　　　• 유전화재 시 발생하는 증기가 연소하므로 질소폭탄을 이용하여 순간적으로 폭풍을 일으켜 증기를 날려 보냄으로써 소화한다.
　　　• 수용성의 가연물일 경우에는 물을 희석시켜 연소범위 이하로 내린다.

(4) 부촉매 작용에 의한 소화법

① 연소의 4요소 중 연쇄반응을 일으키는 화염의 전파물질인 수산기 또는 수소기의 활성화 반응을 억제하고 연쇄반응을 차단하여 화재를 소화시키는 방법이다. 화학반응의 진행을 도와주는 물질을 촉매라하고 화학반응을 어렵게 하는 물질을 부촉매라 한다.

② 부촉매는 수소라디칼(H)과 수산화라디칼(OH)이 연쇄반응을 지배하기 때문에 이 라디칼상태의 물질을 제거하면 연소반응이 지속될 수 없기 때문에 여기 사용되는 부촉매 물질들에 의해 연소가 지속되지 못하기 때문에 부촉매소화라 한다.

③ 연소반응의 부촉매들은 할로겐 원소인 불소(F), 브롬(Br), 인(I) 등의 유기화합물로서 할로겐화합물 소화약제가 대표적이다.

④ 소화약제에 의한 소화 … 유기화합물에 의한 냉각소화 및 산소농도를 낮추어 질식소화시키는 효과도 있다.

(5) 소화대상별 표시

구분	색깔	소화대상
Ⓐ	회색바탕	목재, 종이, 철 등 탄소질 물질
Ⓑ	노란바탕	석유, 페인트 등 가연성 물질 및 액체
Ⓒ	파란바탕	전기제품, 전기용품

01 다음 중 가스계 소화약제에 대한 설명으로 옳지 않은 것은?

① 가스가압식에 밸브 설치 시 감지기를 설치하는 것이 좋다.

② 수동식 기동장치에 있어서는 방출용 스위치의 작동을 명시하는 표시등을 설치해야 한다.

③ 가압식 가스계 소화약제는 최고압력 이하에서 작동하는 안전밸브를 설치해야 한다.

④ 가스계 소화약제에는 압력계를 설치하는 것이 좋다.

advice ④ 가스계 소화약제에는 압력계가 불필요하며, 축압식은 본체 용기 내에 소화약제와 압축공기(질소가스)를 축압하기 때문에 압력계가 필요하다.

02 다음 중 물분무 소화방식 대한 설명으로 옳지 않은 것은?

① 물은 분무 시 전도성이며 감전우려가 크다.

② 밀폐된 공간에서 소화효과가 있다.

③ 물분무 방수가 유류에는 희석효과가 있다.

④ 문화재 소화 시에는 수손피해가 크다.

advice ③ 유류에 물을 방수할 경우 연소면적이 확산되어 부적합하며 질식소화 또는 냉각소화법이 효과적이다.

03 다음 중 마그네슘을 이용한 작업 중 화재가 발생하였을 때 소화방법으로 옳지 않은 것은?

① 팽창진주암   ② 할로겐화합물 소화기

③ 금속화재용 분말소화기   ④ 마른모래

advice ② 할로겐화합물 소화약제로서 활성물질에서 그 활성을 빼앗아 연소반응을 차단한다.
①④ 팽창진주암(천연유리)과 마른모래는 질식소화방법이다.
③ 분말소화약제는 열분해에 의해 생성되는 물질에 의해 질식 또는 억제효과가 있다.

답 01.④ 02.③ 03.②

04 다음 중 일반 건물에 화재가 발생하여 냉각소화법, 질식소화법을 사용하며 국내 화재 중 가장 빈도가 높은 화재 분류는?

① A급 유류화재 ② B급 일반화재

③ C급 전기화재 ④ D급 가스화재

advice ① 유류화재는 B급이며 질식소화법을 사용한다.
② 일반화재는 A급이며 물을 이용한 냉각소화법을 사용한다.
④ 가스화재는 E급이며 물을 이용한 냉각소화법을 사용한다.

05 다음 중 식용유 화재가 발생하여 식용유를 첨가해서 소화하는 방법으로 옳은 것은?

① 질식소화 ② 희석소화

③ 부촉매소화 ④ 제거소화

advice ② 희석소화의 한 방법으로서 고온의 식용유에 저온의 식용유를 첨가하여 발화점을 낮추어 산소농도를 낮추는 소화방식이다.
①③ 저온의 식용유로 온도를 낮추는 것이기 때문에 질식소화와 부촉매소화가 아니다.
④ 저온의 식용유를 첨가하는 소화방법이서 화염물질을 제거하는 소화법에 해당되지 않는다.

06 다음 중 물을 소화약제로 사용하는 이유로 옳지 않은 것은?

① 구하기 용이하고 가격이 싸다.

② 1kg 물이 증발하면 약 1,700배의 수증기로 변한 후 연소면을 덮으므로 질식작용의 효과가 크다.

③ 비열이 커서 수증기가 기화되면 잠열을 빼앗아 간다.

④ 기화잠열이 315Kcal/kg이며, 부촉매효과가 있다.

advice 물은 비열이 비교적 커서 열을 많이 흡수하며, 계속적으로 발열체에 주수하게 되면 수온이 상승하여 기화되면서 잠열을 빼앗아 냉각소화 효과를 나타낸다. 일반적으로 20℃ 물 1kg은 100℃의 수증기로 변하면 619kcal의 열량을 탈취한다.

07 다음 중 산소농도를 떨어뜨려 소화하는 것은?

① 냉각소화 ② 질식소화

③ 제거소화 ④ 부촉매소화

advice ① 가연물을 착화점 이하로 냉각시켜 소화
③ 가연성 물질을 연소로부터 제거하여 불의 확산을 저지
④ 수산기 또는 수소기의 활성화 반응을 억제하고 연쇄반응을 차단하여 소화

08 다음 중 소화의 원리에 해당하지 않는 것은?

① 산화제의 농도를 낮추어 연소가 지속될 수 없도록 한다.

② 가연성 물질을 발화점 이하로 냉각시킨다.

③ 제거소화는 산소의 공급을 차단하는 것이다.

④ 화학적인 방법으로 화재를 억제시킨다.

advice ③ 소화의 원리는 연소의 3요소(가연물, 산소, 점화원) 중 한 가지를 없애주는 것이며, 제거소화의 원리는 불이 붙을 수 있는 가연물을 제거하여 연소를 억제하는 것이다.

09 공기 중의 산소농도를 희박하게 하거나 연소하는데 필요한 공기량을 조절하는 소화방법은?

① 질식소화 ② 냉각소화

③ 제거소화 ④ 파괴소화

advice ① 산소의 농도를 15% 이하로 낮추어서 소화하는 방법을 질식소화라 한다.

答 04.③ 05.② 06.④ 07.② 08.③ 09.①

10 포말로 연소물을 감싸거나 불연성 기체, 고체 등으로 연소를 감싸 산소공급을 차단하는 소화방법은?

① 질식소화

② 냉각소화

③ 희석소화

④ 제거소화

> **advice** 질식소화(가연성 물질의 연소 시 산소공급을 차단하여 소화)
> ㉠ 불연성 기체로 가연물을 덮는 방법 : 이산화탄소, 할로겐화합물 소화약제, 할론
> ㉡ 불연성 포로 가연물을 덮는 방법 : 화학포, 기계포
> ㉢ 고체로 가연물을 덮는 방법 : 젖은 가마니, 젖은 모포, 모래
> ㉣ 소화분말로 연소물을 덮는 방법 : 분말소화약제
> ㉤ 연소실을 완전히 밀폐하여 소화하는 방법

11 다음 중 화재현장에서의 직사주수방법에 관한 설명으로 옳은 것은?

① 목표물에 대한 명중률이 직사주수가 분무주수보다 좋다.

② 사정거리가 분무주수보다 짧고 속도가 느리다.

③ 직사주수는 분무주수보다 유류화재에 질식효과가 좋다.

④ 직사주수는 바람과 상승기류의 영향을 많이 받는다.

> **advice** 직사주수는 분무주수보다 사정거리가 길고 속도가 빠르며, 목표물에 대한 명중률이 높다. 또한 바람이나 상승기류의 영향을 적게 받는다. 반면에 질식소화가 약하다는 단점이 있다.

12 셀룰로이드 화재 시 이용되는 소화방법은?

① 탄산가스를 방사한다.

② 사염화탄소를 방사한다.

③ 포를 방사한다.

④ 대량 주수를 한다.

> **advice** ④ 제5류 위험물은 가열, 충격, 마찰과 같은 접촉 또는 산화반응, 열분해반응에 의해 자연발화 할 수 있어 주수소화를 해야 한다.

13 노즐의 주수방법 중 직상주수에 따른 소화효과에 대한 설명으로 옳지 않은 것은?

① 원거리에서 화재를 진압한다.

② 물의 침투 효과가 있다.

③ 밀폐된 공간에서 사용하면 소화효과가 크다.

④ 대량의 물 사용으로 인한 피해가 있다.

advice ③ 분무주수에 따른 소화효과이다.

14 소화기의 사용방법을 설명한 것으로 옳지 않은 것은?

① 산, 알칼리 소화기는 레버에 강한 충격을 주어 내부의 약제를 혼합시킨다.

② 포말 소화기는 밑 부분의 손잡이를 잡고 거꾸로 들어 약제를 혼합시킨다.

③ 이산화탄소 소화기는 밀폐된 공간에서는 소화효과가 적기 때문에 사용 곤란하다.

④ 사염화탄소 소화기는 유독가스가 생성되므로 밀폐된 실내에서는 사용 곤란하다.

advice ③ 이산화탄소 소화기는 밀폐된 공간에서 산소의 농도를 21%에서 15% 이하로 낮추어 질식소화를 하게 된다.

15 다음 중 희석소화를 할 수 없는 것은?

① 에테르류 ② 알코올류

③ 에스테르류 ④ 중질유

advice 희석소화가 가능한 액체가연물 … 수용성의 성질을 갖는 알코올류, 에스테르류, 케톤류, 에테르류, 알데히드류 등이 있다.

소화약제

1 소화약제의 분류

(1) 가스계와 수계 소화약제

① 소화약제는 소화설비, 기구를 통하여 소방활동에 필요한 고체, 액체, 기체의 물질로서 물의 사용여부를 기점으로 하여 수계 소화약제와 비수계 소화약제로 구분하며 비수계 소화약제는 가스계 소화약제로 분류한다.

② 수계 소화약제에는 물 소화약제, 포 소화약제, 강화액 소화약제 등이 있고, 가스계 소화약제는 할로겐 소화약제, 이산화탄소 소화약제, 청정 소화약제로 구분하며 분말 소화약제는 가스계 소화약제와 유사하기 때문에 가스계 소화약제에 포함하기도 한다.

③ 소화약제의 개별 특징

구분	수계 소화약제		가스계 소화약제	
	물	포	이산화탄소	할로겐화합물
소화방법	냉각	질식, 냉각	질식	억제
연소물 냉각	대	대	소	소
재발화 가능성	없음	없음	있음	있음

(2) 소화약제의 요건

수계와 가스계 소화약제의 기본적인 특징으로는 수계 소화약제는 물에 의한 2차적인 수손피해의 발생 그리고 비용절감 등이 있으며, 가스계 소화약제는 물을 사용하지 않아 수손피해가 없지만 약제의 고가로 인한 사용상의 부담, 그리고 가스계 소화약제의 방출로 인한 2차적인 환경오염의 가능성이 존재한다. 소화약제는 다음의 조건이 필요하다.

① 연소 4가지 중 한 가지 이상의 소화효과가 있어야 한다.

② 화재진압 시 대량의 소화를 위해서는 구입비용이 저렴해야 한다.

③ 소방진압 과정에서 소방대원과 주변 환경오염이 없어야 한다.

④ 유지관리가 쉽고 소화작업 전까지 약제의 변질이 적어야 한다.

2 **물 소화약제와 포 소화약제**

(1) 물 소화약제의 원리

① 지구상에 넓게 분포되어 있는 물은 경제적으로 손쉽게 구할 수 있고 취급상 가장 안전한 것으로 냉각과 질식의 소화효과가 있다.

② 물은 비열과 잠열이 소화약제들 중에서 가장 장기간 저장가능하기 때문에 기능상실 및 화학적 변화를 일으키지 않아 유지관리가 쉽지만 기온에 의한 동적변화(얼음)를 가져오는 경우가 있을 수 있으며 전기, 유류화재에는 폭발 또는 확산피해가 발생할 수 있다. 또한 주수 과정 후에 수손피해를 가져올 수 있다.

③ 물의 물리적 특성에는 기체, 액체, 고체의 3가지 형태로 존재하기 때문에 각각의 개별적 특성이 있다.
  ㉠ 융해열 : 물은 0℃의 얼음 1g이 0℃의 액체상태의 물로 변하는 데 필요한 열량은 80cal/g이다.
  ㉡ 기화열 : 100℃의 액체상태의 물 1g을 100℃의 수증기로 변환되는데 필요한 열량은 540cal/g이다.
  ㉢ 비열 : 물 1g을 1℃ 올리는데 필요한 열량인 1cal/g · ℃로서 높은 비열은 열에너지를 많이 흡수한다.

④ 물의 소화작용
  ㉠ 냉각소화 : 일반적으로 20℃의 물 1kg은 100℃의 수증기로 변하면 619kg의 열량을 빼앗아 냉각작용으로 인해 연소물의 온도가 떨어지면서 연소반응에 필요한 가연성가스의 발생이 줄어들어 소화작용을 한다. 반면 인화점이 낮은 물질은 낮은 온도에서 가연성가스가 발생하기 때문에 냉각소화는 하기 어렵다.
  ㉡ 질식소화 : 화염으로 발생한 열에 의해 물이 수증기로 변할 때 물 1kg은 약 1,700배의 수증기로 늘어나기 때문에 공기 중에 가연성가스의 분산에서 수증기가 공기 중의 산소와 결합하는 작용을 억제하며 동시에 연소면을 덮어 질식소화 시킨다.
  ㉢ 유화(乳化)소화 : 윤활유와 같이 물보다 비중에 큰 물질에 물을 방수 하면 유류와 물의 중간에 얇은 유화층을 형성하면서 공기를 차단하거나 가연성증기의 발생을 억제하여 소화한다. 유화층 형성을 위한 소화작업을 위해서는 질식소화작업 때보다 더 강한 방사압력과 물입자의 직경이 큰 것이 필요하다.

⑤ 분사방법
  ㉠ 봉상 : 굵은 물줄기를 가연물에 방수하기 위해 소방용 방수노즐을 이용한다.
  ㉡ 적상 : 스프링클러 헤드의 형태로 저압으로 방출하며 0.5~0.6mm정도이다.
  ㉢ 무상 : 물분부 소화설비 또는 소방 분무노즐에서 안개형태로 0.1~1.0mm정도이다.

⑥ 첨가제에 의한 효과확대
  ㉠ 증점제 : 물의 점도를 높여 쉽게 흘러가는 것을 방지하기 위해 첨가제를 넣어 사용하는 방법으로 열원이 많이 발생하는 산림화재에 사용된다.

ⓒ 부동액 : 물은 4℃ 이하가 되면 고체가 되기 때문에 동절기의 물 소화약제는 동결을 방지하기 위해 유기물 계통인 에틸렌글리콜, 프로필렌글리콜, 그리고 무기물 계통 $CaCl_2$ 등을 사용하여 고체화 현상을 방지한다.

ⓒ 유화제 : 물보다 비중이 큰 윤활유 등의 유화층 형성을 위해 폴리옥시에틸렌 같은 계면활성제를 첨가한다.

⑥ 물 소화약제의 한계

ⓒ 유류화재 : 유류화재에 주수하면 물이 유류에 부유함으로써 화염확대를 가져올 수 있으며, 유류탱크 화재 시 무상이나 봉상주수가 아닌 적상으로 하면 화재가 더욱 커질 수 있다.

ⓒ 전기·금속화재 : 전기화재 시 감전의 위험과 금속화재시 위험물의 폭발현상이 발생할 수 있다.

Q 기출문제   2020. 5. 9. 제34차

물 소화약제에 대한 설명으로 옳지 않은 것은?

① 값이 싸고 구하기 쉽다.
② B·C급 화재에 널리 쓰인다.
③ 변질 우려가 없어 장기보관이 가능하다.
④ 비열과 증발잠열이 커서 냉각효과가 크다.

답 ②

(2) 포 소화약제 소화원리

물은 구입이 쉬우며 경제적으로도 가격이 저렴하여 많이 사용되지만 물보다 비중이 적은 가벼운 유류화재의 경우 주수소화를 하면 물이 유류 밑으로 가라앉아 유류표면을 덮는 질식소화를 하지 못하기 때문에 포 소화작업을 한다.

① 포 소화약제 … 유류표면을 포 소화약제가 거품을 발생시키며 유류표면을 유류보다 가벼운 기포로 표면을 덮어 산소공급원을 차단함으로써 가연물의 소화작용을 하는 약제를 말한다. 포에는 두 가지 이상의 약제를 혼합하여 이산화탄소를 발생시키는 화학포와 포약제와 공기를 혼합하는 기계포가 있다.

ⓒ 화학포

• 화학약품을 반응시켜 발생되는 포를 화학포라 하고 사용되는 소화약제는 외부통에 탄산수소나트륨($NaHCO_3$)을 물에 녹이고, 내부통에 황산알미늄[$Al_2(SO_4)_3$]을 넣어두며 포를 발생하려면 용기본체를 거꾸로 하여 두 약제가 혼합되어 화학반응을 하도록 한다.

• 반응식 : $6NaHCO_3 + Al_2(SO_4)_3 + 18H_2O \rightarrow 6CO_2 + 3Na_2SO_4 + 2Al(OH)_3 + 18H_2O$ 이산화탄소가 발생하여 소화작용을 한다.

• 화학포는 화학적인 반응으로 포가 생성되며 연소 중인 냉각과 질식작용으로 소화한다.

ⓒ 공기포

• 기계포라고도 하며 포 소화약제를 물과 혼합하여 포 수용액으로 만들어 포 방출구 또는 발생기를 통하여 포를 방출하여 연소면을 덮어 소화하는 것을 말한다.

• 포 수용액의 포 원액의 농도는 1%, 1.5%, 3%, 6%의 것이 많이 사용된다.

② 포 소화약제의 종류

　㉠ 단백포 소화약제

　　• 동물성 단백질을 미세하게 분해한 후 수산화칼륨으로 가수분해 하면 아미노산을 얻는 중간 정도 상태에서 분해를 중지시켜 만든 약제로 3%형과 6%형이 있다.

　　• 점성이 있어 방수 시 안정된 피막을 형성하기 때문에 인화성 등이 높은 액체저장물, 창고 등의 소화 설비에 사용된다.

　㉡ 합성계면활성제포 소화약제

　　• 1903년에 개발된 것으로 주원료는 기포제, 안정제, 부동가용화제가 사용되지만 오염의 원인이 되며 분해가 어렵다. 3%, 6%형은 저발포형으로 1%, 1.5%, 2%형은 고발포형으로 사용된다.

　　• 유류표면을 가벼운 거품으로 덮기 때문에 질식소화방식으로 사용되고, 저렴한 비용, 저장성이 뛰어나지만 내열성이 높지 않아 위험물 저장탱크에는 사용이 어렵다.

　㉢ 수성막포 소화약제

　　• 수성막포는 습윤제를 기제로 하며 약제의 색깔은 갈색이며 독성이 없고 라이트 워터(Llight water)라고도 하며 약제는 2%, 3%. 6% 형이 있다.

　　• 유류표면에 얇은 막을 형성하여 증기 발생을 억제하므로 질식과 냉각소화에 사용되지만, 포 자체의 내열성이 약해 가격이 비싸고 일정한 조건이 아니면 수막형성이 안 된다.

　㉣ 내알코올성포 소화약제

　　• 알코올 같은 수용성 위험물의 화재를 진압하기 위해 사용되며 포 소화약제에 단백질의 가수분해 물과 금속비누 등을 첨가하여 유화분산시킨 것을 기제로 물을 혼합한 후 사용한다.

　　• 이 약제는 극성 탄화수소는 물론 비극성 탄화수소 화재에도 사용가능하지만 장시간 저장하면 약제가 침전되는 단점이 있기 때문에 물과 혼합 후 2~3분 이내에 사용해야 한다.

　㉤ 포의 팽창비에 따라 저발포, 고발포로 구분한다.

　　• 저발포 : 팽창비가 6 이상 20 이하인 것으로 단백포, 합성계면활성제포, 수성막포 등이 있다.

　　• 고발포 : 팽창비가 80 이상 1,000 이하인 것이다.

$$\text{팽창비} = \frac{\text{발포된 포의 체적}}{\text{포 수용액 체적}}$$

POINT 형포 … 소화약제와 물의 혼합 비율로서 소화약제 3% + 물 97%로 포를 만드는 것이다.

③ 포 소화약제 혼합장치 … 포소화약제를 사용농도에 적합한 수용액으로 혼합하는 장치로서 포소화설비에 사용되는 것을 말한다.

　㉠ 펌프 프로포셔너 방식 : 펌프의 토출관과 흡입관 사이의 배관도중에 설치한 흡입기에 펌프에서 토출된 물의 일부를 보내고, 농도조정밸브에서 조정된 포소화약제의 필요량을 포소화약제 탱크에서 펌프 흡입측으로 보내어 이를 혼합하는 방식을 말한다.

　㉡ 프레저 프로포셔너 방식 : 펌프와 발포기의 중간에 설치된 벤추리관의 벤추리작용과 펌프가압수의 포소화약제 저장탱크에 대한 압력에 따라 포소화약제를 흡입·혼합하는 방식을 말한다.

　㉢ 라인 프로포셔너 방식 : 펌프와 발포기의 중간에 설치된 벤추리관의 벤추리 작용에 따라 포소화약제를 흡입·혼합하는 방식을 말한다.

② 프레저 사이드 프로포셔너 방식 : 펌프의 토출관에 압입기를 설치하여 포소화약제 압입용펌프로 포소화약제를 압입시켜 혼합하는 방식을 말한다.

Q 기출문제   2019. 9. 28. 제33차

포소화약제 혼합방식 중 펌프와 발포기의 중간에 설치된 벤추리관의 벤추리작용에 의해 포소화약제를 흡입·혼합하는 방식은?

① 펌프 프로포셔너 방식(Pump Proportioner Type)
② 라인 프로포셔너 방식(Line Proportioner Type)
③ 프레저 프로포셔너 방식(Pressure Proportioner Type)
④ 프레저 사이드 프로포셔너 방식(Pressure Side Proportioner Type)

답 ②

④ 포 소화약제의 소화효과 및 한계
  ㉠ 포 소화약제는 물보다 비중이 낮은 유류 표면에 거품을 형성하여 유류의 연소진행을 억제하는 효과가 있기 때문에 질식 및 냉각효과가 커서 유류화재 및 일반화재에도 사용된다.
  ㉡ 포 소화약제는 소화작업 후 거품에 의한 현장 주변의 오염을 제거하기 어려운 단점이 있고, 물이 주성분이어서 전기화재의 소화작업에는 사용하기 어렵다.

3 이산화탄소 소화약제와 분말 소화약제

(1) 이산화탄소 소화약제의 소화원리

① 이산화탄소는 공기보다 약 1.5배 무겁고 대기 중에 약 0.03% 존재하며, 탄소의 최종산화물로서 화학적으로 안정되어 있고 연소반응을 일으키지 않아 가스계 소화약제로 사용된다.

② 이산화탄소의 특성
  ㉠ 기체, 액체상태의 이산화탄소는 색깔이 없으며, 고체일 때는 반투명백색으로서 공기보다 무겁기 때문에 소화작업 시 밑으로 가라앉는다.
  ㉡ 이산화탄소의 임계온도는 31.35℃로 하절기의 경우 이산화탄소용기가 한계점을 넘으면 내부가 압력상승하며, 기화팽창률이 커서 기체 이산화탄소는 500배 정도로 팽창한다.
  ㉢ 이산화탄소는 기체, 액체, 고체가 압력이 5.1atm, −56.7℃에서 동시에 존재하는 삼중점을 가지고 있으며 삼중점 이하에서는 액체상태로 저장이 불가능하다.

③ 이산화탄소의 소화효과
  ㉠ 소화작업을 위해 34%의 이산화탄소를 방사하여 산소농도를 15%이하로 낮추어 가연물의 연소작용을 억제한다.
  ㉡ 액체 상태의 이산화탄소를 화염물에 방사하면 이산화탄소가 기화하면서 화염주변의 열을 흡수(줄−톰슨효과)하여 연소물을 발화점 이하로 낮춰 냉각소화를 한다.

ⓒ 이산화탄소 소화약제의 장점은 다음과 같다.

- 소화작업 시 기체인 이산화탄소가 가연물 내부까지 들어간다.
- 물 소화약제와 달리 전기화재 시 사용 가능하다.
- 액체상태로 저온보관 시 장기간 소화약제의 변질이 없다.
- 소화 후에 부식ㆍ손상이 없고 소화흔적이 남지 않는다.
- 저온상태로 보관하며 소화작업 시 내부 온도상승으로 소화약제는 자연방출된다.

④ 이산화탄소 소화약제의 한계

ⓐ 이산화탄소는 지구 온난화를 일으키는 원인 중의 하나로서 대중적인 사용의 자제와 소화작업 사용 시 액체 이산화탄소는 극저온상태로 보관되기 때문에 소화작업자가 보호장비를 착용하지 않으면 피해를 입을 수 있다. 또한 밀집된 구획실에 방사할 경우 호흡곤란을 가져올 수 있다.

ⓑ 이산화탄소 소화약제 사용 제한 장소

- 자체적으로 산소를 가지고 있는 화재
- 이산화탄소를 분해시키는 물질(나트륨, 마그네슘, 티타늄 등)

(2) 분말 소화약제

화공약품으로 독성이 상대적으로 약한 물질로서 불길에 닿으면 열분해에 의해서 생성되는 불활성가스 또는 생성 유리되는 물질에 의해 질식효과가 있는 소화약제이다.

① 미세한 고체분말의 소화능력을 이용한 것이다. 소화약제로서 분말이 비전도체이므로 전기화재에도 효과가 있고 제3종 분말 소화약제는 일반화재, 유류화재, 전기화재에 사용할 수 있다.

② 분말 소화약제의 종류

종별	화학식	명칭	적응 화재
제1종	$NaHCO_3$	탄산수소나트륨	B·C
제2종	$KHCO_3$	탄산수소칼륨	B·C
제3종	$NH_4H_2PO_4$	제1인산암모늄	A·B·C
제4종	$KHCO_3+(NH_2)_2CO$	탄산수소칼륨 + 요소혼합물	B·C

③ 열분해방식과 소화효과

ⓐ 제1종 : 부촉매 효과가 있고 일반화재에 적용하지 못하는 단점이 있으며 백색으로 표시하고 있다.

$$270℃ \text{ 일때}$$
$$2NAHCO_3 \rightarrow Na_2CO_3 + H_2O + CO_2$$
$$850℃ \text{ 일때}$$
$$2NaHCO_3 \rightarrow Na_2O + H_2O + 2CO_2$$

- 라디칼 분말이 표면에 흡착
- 불연성 물질이 이산화탄소에 의해 질식
- 흡열반응에 의한 냉각효과

ⓛ 제2종 : 1종 분말 소화효과와 비슷하나 소화능력이 2배 정도이고, 1종과 구분을 위해 담회색으로 착색되어 있다.

$$2KHCO_3 \rightarrow K_2CO_3 + H_2O + CO_2$$
800℃ 이상
$$2KHCO_3 \rightarrow K_2O + 2CO_3 + H_2O$$

- 분말에 의한 방사열 차단
- 열분해시 흡열에 의한 냉각효과

ⓒ 제3종 : 1종과 2종의 소화능력의 보완을 위해 만들어진 것으로 제1인산암모늄이 일반화재(A)급, 유류화재(B)급, 전기화재(C)급에 모두 사용된다.

$$NH_4H_2PO_4 \rightarrow NH + H_2O + HPO_3$$
300℃ 이상
$$2H_3PO_4 \rightarrow H_4P_2O_7 + H_2O$$

- 열분해에 의한 냉각작용
- 메타인산(HPO_3)에 의한 질식작용
- 발생한 수증기(H_2O)에 의한 질식작용
- 셀룰로오스의 탈수작용
- 암모니아가 유리되어 부촉매작용

ⓓ 제4종 : 두 가지 성분을 혼합한 약제로서 가격이 고가이기 때문에 거의 사용되지 못하고 있으며 색상은 회색으로 표시된다.

$$2KHCO_3 + (NH_2)_2CO \rightarrow K_2CO_3 + 2NH_3 + 2CO_2$$

④ 분말 소화약제의 소화효과

ⓐ 부촉매 효과 : 분말 소화약제의 가장 주된 소화효과로, 연소의 연쇄 반응을 중단시킴으로써 소화하는 화학적인 소화효과이다.

ⓑ 질식효과 : 분말 소화약제의 열분해 시 발생되는 불활성 기체(CO_2, H_2O 등)가 공기 중의 산소를 한계산소농도 이하로 희석시키는 소화효과이다.

ⓒ 냉각효과 : 열분해 시 동반하는 흡열반응과 고체분말의 비열에 의한 화염온도 저하를 통해 냉각효과가 나타난다.

ⓓ 복사열의 차단 : 분말 운무를 형성하여 화염의 복사열을 차단한다.

ⓔ 탈수 · 탄화 및 방진효과 : H_3PO_4의 탈수 · 탄화 효과, HPO_3의 방진효과 등도 제3종 분말 소화약제의 특별한 소화효과로 볼 수 있다.

4 **청정 소화약제**

(1) 청정 소화약제의 개념

인체에 미치는 독성이 적고 소화 후에 잔사를 남기지 않으며 B급화재나 C급화재의 진압이나 인화성물질의 폭발방지에 사용되며 전기적으로 비전도성이며 휘발성이 있거나 증발 후 잔여물을 남기지 않는 소화약제를 말한다.

(2) 청정 소화약제의 요건과 종류

① **청정성** … 가스계 소화약제는 화염에 의한 소화작업 후 발생하는 약제가 지구온난화, 인체 무해의 요소를 갖추어야 한다.

② **효율성** … 청정소화약제인 할론(Halon)은 오존층 보호를 위해 1994년부터 생산 감축됨에 따라 대체물질인 Halon1301으로 변경되고 있으며 가격이 저렴해야 한다.

③ **물성** … 물과 혼합하여 방수를 통한 소화작업 시에 전기화재와 같은 전동성 물체에 의한 인적피해의 감소를 목표로 해야 하며, 가연물의 온도를 낮추어 소화작업이 쉬워야 한다. 또한 소화작업 과정 전후에 구획실 내의 독성이 낮아야 한다.

④ **할로겐화합물 청정 소화약제** … 할로카본(Halocarborn)계 약제는 냉각, 부촉매효과가 있다. 불소(F), 염소(Cl), 브롬(Br) 중 하나 이상의 기본성분을 포함하는 소화약제는 다음과 같다.
 ㉠ FC계열 : 탄소원자에 불소(F)가 붙어 있는 물질로서 안정적이며, 비전도성이다. 염소와 브롬을 함유하지 않아 독성도 낮으며 물리적 소화에 적합하다.
 ㉡ HCFC계열 : 할론 대체물질로서 브롬을 포함하지 않는 염화불화탄화수소이며, CFC에 수소를 첨가하여 대기방출시 쉽게 분해된다.
 ㉢ HFC계열 : FC물질 또한 오존 파괴 물질인 브롬을 함유하지 않고 있다.
 ㉣ FIC계열 : FC계열에 요오드를 첨가하여 할론 대체물질로서 화학적 소화능력이 우수하지만, 독성이 강하다.

⑤ **불활성가스 청정소화약제** … 헬륨(He), 아르곤(Ar), 네온(Ne) 등의 불활성가스로서 소화 시 산소농도를 낮추고 화염 주변을 연소에 필요한 온도 이하로 낮추어 소화한다.

⑥ **소화방식과 시간**
 ㉠ 미분무(微噴霧)소화시스템(Water Mist System)
 ㉡ 분말에어로졸 소화시스템(Particulating Aerosol)
 ㉢ 불활성가스발생소화시스템(Inert Gas Generating System)
 ㉣ 불활성가스약제 1분 방사, 할로겐화합물 약제 10초 이내 방사

> **POINT** 기동장치
> ㉠ 수동식 기동장치 5kg이하의 힘을 가하여 기동할 수 있을 것
> ㉡ 자동식 기동장치, 전기식·가스압력식 또는 기계식에 의하여 자동으로 개발되고 수동으로 개방·기동할 수 있을 것

01 다음 중 분말소화약제에 대한 설명으로 옳지 않은 것은?

① 제1종은 백색이며 B·C급 화재에 사용된다.

② 제3종은 담홍색이며 B·C급 화재에 사용된다.

③ 열분해에 의해 질식효과가 있다.

④ 이산화탄소를 사용하는 가압식이 많이 사용된다.

⌐advice ② 제3종은 A, B, C급이며 일반화재, 유류화재, 전기화재에 사용할 수 있다.

02 다음 중 2종 분말소화제에서 방사시 생성되는 물질은?

① N_2, H

② N_2, KH

③ H_2O, CO_2

④ O_2, N_2

⌐advice ③ 중탄산칼륨의 열분해식은 $2KHCO_3 \rightarrow K_2CO_3 + CO_2 + H_2O - Qkcal$으로 CO_2와 H_2O 발생

03 다음 중 화재예방을 위해 설치하는 소화기의 충전량으로 옳은 것은?

① 화학포 소화기 20ℓ

② 강화액 소화기 40ℓ

③ 분말 소화기 20kg

④ 이산화탄소 소화기 40kg

⌐advice ① 화학포 소화기 80ℓ
② 강화액 소화기 60ℓ
④ 이산화탄소 소화기 50kg

04 다음 중 포 소화약제에 대한 설명으로 옳은 것은?

① 탄산수소나트륨을 물에 녹이고 황산알미늄을 넣어 두는 것이 수성막포이다.

② 단백포는 보존기간이 길다.

③ 수성막포는 소화력이 우수하며 화학적으로 안정적이다.

④ 알코올형포는 불소계 습윤제와 합성계면활성제계로 구분된다.

advice ③ 분말등과 함께 사용할 경우 700~800%의 소화효과가 증대한다.
　　　① 화학포에 대한 설명이다.
　　　② 단백포는 동·식물의 단백질 가수분해 생성물을 기제로 하여 부패하기 쉽다.
　　　④ 천연단백질 분해물계와 계면활성제계로 구분된다.

05 포 소화설비 중에 고발포형 제1종 기계포 팽창비는?

① 80~250배

② 6~20이하

③ 500~1000미만

④ 250~500미만

advice ② 저발포형 팽창비　③ 고발포형 3종 팽창비　④ 고발포형 2종 팽창비
　　　※ 고발포형의 팽창비는 1종은 80~250배이며, 2종은 250~500미만이고, 3종은 500~1000미만이다. 저
　　　　발포형의 팽창비는 6~20이하이다.

06 다음 중 할로겐화합물 소화약제에 대한 설명으로 옳은 것은?

① 일반화재, 유류화재, 전기화재에 사용할 수 있다.

② B·C급 화재에 우수한 소화약제이다.

③ 냉각효과가 매우 크다.

④ 취급상 가장 안전하며 질식작용의 효과가 크다.

advice ① 분말 소화약제　③ 이산화탄소 소화약제　④ 물 소화약제
　　　※ 할로겐 소화약제 … 기상, 액상, 기솔린 위험성고체 컴퓨터실, 박물관과 같이 2차적인 현장오염을 시키지 않으며
　　　　화학적 억제 소화작용을 한다.

07 펌프와 발포기의 중간에 설치된 벤투리관의 벤투리작용과 펌프가압수의 소화약제 저장 탱크 압력에 이해 포 소화약제를 흡입·혼합하는 방식은?

① 펌프 프로포셔너 방식

② 라인 프로포셔너 방식

③ 프레져 프로포셔너 방식

④ 프레져사이트 프로포셔너 방식

advice ① 펌프의 토출관과 흡입관 사이의 배관 도중에 설치한 흡입기에 펌프에서 토출된 물의 일부를 보내고 농도조절 밸브에서 조정된 필요량의 포 소화약제를 소화약제 탱크에서 펌프 흡입 측으로 보내 약제를 혼합하는 방식
② 펌프와 발포기 중간에 설치된 벤투리관의 벤투리 작용에 의해 포 소화약제를 흡입·혼합하는 방식
④ 펌프의 토출관에 압입기를 설치하여 포 소화약제 압입용 펌프로 포 소화약제를 압입시켜 혼합하는 방식

08 다음 중 전기통신실에 직접 사용할 수 있는 소화기는?

① 이산화탄소 소화기　　　　　　② 분말 소화기

③ 강화액 소화기　　　　　　　　④ 물 소화기

advice 이산화탄소 소화기 … 고압용기에 이산화탄소를 고압으로 압축하여 액상으로 저장하여 두었다가 화재가 발생할 경우 레버를 눌러 용기 내의 이산화탄소 소화약제를 외부로 방출하여 화재를 소화하는 소화기이다. 고압가스 용기를 사용하기 때문에 중량이 무겁고 고압가스의 취급이 용이하지 못하지만 소화약제에 의한 오손이 적고 전기전열성도 크기 때문에 전기화재에 많이 사용된다.

09 다음 중 청정소화약제에 대한 설명으로 옳지 않은 것은?

① 할로겐화합물(할론1301, 할론2402, 할론1211 제외) 및 불활성기체로서 전기적으로 비전도성이며 휘발성이 있거나 증발 후 잔여물을 남기지 않는 소화약제를 말한다.

② 불소, 염소, 브롬 또는 요오드 중 하나 이상의 원소를 포함하고 있는 유기화합물을 기본성분으로 한다.

③ 청정 소화약제는 전기가 통하지 않아 변전실 화재에 적합하다.

④ 청정 소화약제는 할로겐화합물 소화약제보다 환경오염 정도가 더 많다.

advice 할론은 오존층을 파괴하기 때문에 1994년부터 감축생산을 하고 있으며 대체물질을 개발하고 있다.

10 가연성 액체의 유류화재 시 물로 소화할 수 없는 이유는?

① 발화점이 강하다.

② 인화점이 강하다.

③ 연소면을 확대한다.

④ 수용성으로 인해 인화점이 상승한다.

advice ③ 가연성액체의 유류화재 시 물로 소화 사용할 경우 연소면이 확대되기 때문에 부적합하다.

11 ABC급 소화성능을 가지는 분말소화약제는?

① 탄산수소나트륨

② 탄산수소칼륨

③ 제1인산암모늄

④ 탄산수소칼륨 + 요소

advice 분말 소화약제의 종류

종류	제1종 분말	제2종 분말	제3종 분말	제4종 분말
약제명	탄산수소나트륨	탄산수소칼륨	제1인산암모늄	탄산수소칼륨 + 요소
적응화재	B, C급	B, C급	A, B, C급	B, C급

12 다음 중 변전실 화재의 소화제로 가장 적당하지 않은 것은?

① 포

② 분말

③ 할로겐화합물

④ 이산화탄소

advice ① 변전실과 같은 전기적설비가 있는 곳에 전도성 소화약제를 사용하게 되면 감전의 우려 또는 화재의 확산을 가져올 수 있어 가스계 소화약제를 사용한다.

13 다음 중 제1종 분말 소화약제의 주성분은 무엇인가?

① 탄산수소칼륨

② 탄산수소나트륨

③ 탄산수소칼륨과 요소

④ 제1인산암모늄

advice 분말소화약제

㉠ 제1종 : 탄산수소나트륨

㉡ 제2종 : 탄산수소칼륨

㉢ 제3종 : 제1인산암모늄

㉣ 제4종 : 탄산수소칼륨 + 요소

답 07.③ 08.① 09.④ 10.③ 11.③ 12.① 13.②

14 이산화탄소 소화설비로 유효하게 소화할 수 없는 것은?

① 가연성 액체

② 변압기

③ 섬유류

④ 나트륨

advice ④ 이산화탄소 소화설비는 유류, 전기화재에 적합하나 CO_2를 분해시키는, 반응성이 큰 금속인 나트륨 화재에는 부적합하다.

15 이산화탄소의 소화작용 중 거의 기대할 수 없는 것은?

① 냉각작용

② 피복작용

③ 질식작용

④ 부촉매작용

advice 이산화탄소의 소화설비 … 질식, 냉각, 피복작용의 효과가 있다.

※ 피복소화

ⓐ 이산화탄소는 비중이 공기보다 약 1.52배 무겁기 때문에 연소물질을 덮어서 산소의 공급을 차단하는 소화작용을 한다.

ⓑ 피연소물질에도 구석구석 침투하여 화염의 접촉을 억제하기 때문에 피연소물질을 손상시키지 않는다.

16 분말 소화약제 분말 입도의 소화성능에 대한 설명으로 옳은 것은?

① 미세할수록 소화성능이 우수하다.

② 입도가 클수록 소화성능이 우수하다.

③ 입도와 소화성능과는 관계가 없다.

④ 입도가 너무 미세하거나 너무 커도 소화성능은 저하된다.

advice 분말 소화약제의 분말입도

ⓐ 입도의 크기 : $20 \sim 25 \mu m$

ⓑ 입도가 너무 커도, 너무 미세하여도 소화효과가 저하된다.

ⓒ 입도가 미세하게 골고루 분포되어야 한다.

17 다음 중 청정 소화약제를 사용할 수 있는 화재의 종류가 아닌 것은?

① 가스화재

② 일반화재

③ 금속화재

④ 전기화재

18 다음 중 물 소화약제의 동결방지제로 옳지 않은 것은?

① 염화칼슘 ② 염화나트륨

③ 에틸렌글리콜 ④ 글리세린

19 포 소화약제 중 표면하 주입방식에 사용할 수 있는 것은?

① 불화단백포 ② 단백포

③ 화학포 ④ 내알코올성포

20 다음 중 소화약제에 대한 설명으로 옳지 않은 것은?

① 강화액소화약제는 유화소화작용을 한다.

② LNG는 LPG보다 연소열이 높기 때문에 청정연료로 사용되고 있다.

③ 고무류, 면화류 등의 특수가연물 화재에 적합한 소화약제로는 이산화탄소 소화약제, 할로겐화합물 소화
약제가 효과적이다.

④ 철근 콘크리트조 또는 철골철근 콘크리트조로 된 계단은 건축물의 내화구조와 연관있다.

답 14.④ 15.④ 16.④ 17.③ 18.④ 19.① 20.③

03 소방시설

1 소화설비의 종류와 작동 원리

(1) 소방시설

소방시설은 각종 구조물에 설치되어 화재를 주변에 알리고 피난을 유도하며 화재 진압을 위해 소방용수의 확보를 위한 일련의 소방설비이며, 소화설비, 경보설비, 피난설비, 소화용수설비, 소화활동설비 등으로 구분된다.

(2) 소화기의 종류

① **분말소화기** … 화학적으로 제조된 소화분말을 소화기 용기 본체에 충전하여 화재발생시 외부로 소화약제를 방사하여 화재를 소화하도록 제조된 소화기이다.
  ㉠ A, B, C 분말소화기 : 일반화재, 유류화재, 전기화재에 적합한 소화약제인 제1인산암모늄($NH_4H_2PO_4$)을 충전한 소화기로 냉각 및 연쇄반응 차단효과에 의해 소화한다.
  ㉡ B, C 분말소화기 : $NaHCO_3$, $NaHCO_3[NHCO_3 + (NH_2)_2CO]$을 충전한 소화기로 전기화재, 유류화재에 적합하다.

② **이산화탄소 소화기** … 고압용기에 이산화탄소를 고압으로 압축하여 액상으로 저장하여 두었다가 화재가 발생할 경우 레버를 눌러 용기내의 이산화탄소 소화약제를 외부로 방출하여 화재를 진압하는 소화기이다.
  ㉠ 고압가스 용기를 사용하기 때문에 중량이 무겁고 고압가스의 취급이 용이하지 못하다.
  ㉡ 전기전열성도 크기 때문에 전기화재에 많이 사용된다.

③ **물 소화기** … 물을 소화약제로 하여 방사시키는 소화기이며 방사원의 형태에 따라 다르다. 가스가압식, 수동펌프식, 축압식으로 구분된다.

④ **산 · 알칼리 소화기** … 소화기 본체 내부에 황산 및 탄산수소나트륨($NaHCO_3$)을 분리하여 충전한 것으로 사용 시 소화기를 거꾸로 하면 두 물질을 혼합하여 방사하는 소화기이다. 소화약제의 반응식은 $2NaHCO_3 + H_2SO_4 \rightarrow NaSO_4 + 2H_2O + 2CO_2$이다.

⑤ **강화액 소화기** … 탄산칼륨을 물에 용해시켜 비중을 1.3~1.4로 하고 소화기 내부에 충전하여 축압식, 가압식, 반응압식 등으로 용기 내의 소화약제를 외부로 방출시키는 소화기이다.

> **POINT** 가압방식에 의한 분류
> ㉠ 축압식
>   • 소화기 용기 내부에 소화약제와 압축공기 또는 불연성 가스의 압력으로 방출된다.

- 이산화탄소, 할론 1301 소화기 외에 모두 내부 압력을 표시하는 지시압력계가 부착되어 있다(적색부분은 비정상압력, 녹색부분은 정상압력).
  ⓒ 가압식
  - 수동펌프식 : 펌프에 의한 가압으로 소화약제가 방출된다.
  - 화학반응식 : 화학 반응에 의해서 생성된 가스의 압력에 의해 소화약제가 방출된다.
  - 가스가압식 : 가압가스용기가 소화기의 내부나 외부에 따로 부설되어 가압가스의 압력에 의해서 소화약제가 방출된다.

⑥ 포말 소화기
  ㉠ 화학포말 소화기 : 소화기 본체 내부에 합성수지로 된 내통을 설치하여 A약제인 황산알루미늄 [$Al_2(SO_4)_3$]을 물에 용해시켜 충전하고 외통에 B약제인 탄산수소나트륨($NaHCO_3$)을 충전하여 화재가 발생할 경우 A약제, B약제를 혼합시켜 이때 발생하는 이산화탄소를 방사원으로 하여 포를 생성하면서 소화기 외부로 방사시켜 소화한다.
  ㉡ 기계포말 소화기 : 단백포, 합성계면활성제포, 수성막포 등을 용기에 충전한 후 외부로부터 유입된 공기에 의해서 포말을 형성하여 노즐에서 포를 방사한다. 기계포말 소화기의 소화약제로는 수성막포 6%형이 주로 사용되고 있다.

⑦ 할로겐화물 소화기 … 할로겐화물인 할론 1301(CF_3Br), 할론 1211(CF_2ClBr), 할론 2402($C_2F_4Br_2$), 할론 1011(CH_2ClBr) 등 소화기 본체 내부에 충전하여 화재 발생 시 외부로 방출하여 화재를 소화한다. 약제는 전기의 부도체이므로 전기화재에 적응한다.

(3) 옥내ㆍ옥외 소화전

① 옥내 소화전 … 화재 발생 시 최초발견자, 관리자, 소유자, 자체소방대원 등이 발생 초기에 소화작업을 할 수 있는 건축물 내부의 소방시설이다.

② 옥내 소화전의 수원 종류
  ㉠ 가압수조 : 불연성 기체 또는 압축공기로 물을 공급하는 방식으로 내부 압력으로 주수된다.
  ㉡ 압력수조 : 수조 내부에 압력을 넣으면 그 압력이 물을 밀어 내어 주수된다.
  ㉢ 고가수조 : 주수노즐보다 수조가 높은 곳(옥상, 외부 설치물)에서 공급되어 방수된다.

③ 가압송수장치 … 옥내 소화전에서 압력에 의해 물을 공급하는 장치로서 전기적 동력 및 내연기관의 동력에 의해 송수되는 장치이다.
  ㉠ 펌프방식 : 물을 끌어올리거나 밀어내는 전기적 동력원에 의한 펌프를 설치하여 방수하는 장치로서 충압펌프, 압력챔버, 물올림 장치 등으로 구성된다.
  ㉡ 고가수조방식 : 수조를 외부 또는 내부의 최상층에 설치하여 높은 위치에너지에 의한 방수 압력을 얻어 주수방식으로 물을 사용하는 모든 곳에 사용할 수 있다.
  ㉢ 압력수조방식 : 압력탱크를 설치하여 그 내부에 물과 압축공기를 넣어 방수하는 설비로서 설치장소에 제한받지는 않지만 압력탱크 내부의 1/3은 압축공기가 차지하기 때문에 물의 저장이 줄어든다.
  ㉣ 가압수조방식 : 압력수조방식과 달리 압력탱크를 설치하여 필요시 가압기체(공기, 질소 등)가 압력수조탱크 내의 물을 밀어내는 방식으로 외부의 동력없이 방수작업이 가능하다.

④ **배관** … 옥내 소화전 설비 배관을 통하여 노즐이나 호스를 통해 방수되기 때문에 흡입, 토출 측 배관, 성능시험배관, 급수배관으로 구성되어 있다.

⑤ **함 및 방수구** … 건물 각 층에 설치된 소화설비로서 표시등, 발신기, 소방호스, 관창, 결합금속구 등으로 구성된다.

⑥ **옥외 소화전**
　㉠ 지상식 소화전 : 도로변에 설치되고 작업도 빨리 할 수 있으나 겨울철에 동결될 수 있다.
　㉡ 지하식 소화전 : 보도가 없는 도로에 설치되어 접속구를 호스에 연결하여 사용한다.

(4) 스프링클러 소화설비

스프링클러 설비는 화재초기에 화염의 확산방지와 화염원 주변의 가연물질을 발화온도 이하로 낮추는 설비로서 건물 천장에 설치된 헤드에서 물을 방사하는 고정식 소화설비이다.

① 고층 및 대형건물, 특수한 위험물 취급시설에 설치되어 사용되는 자동식 소화설비이다.

② 소방관의 진화가 어려운 고층 및 대형빌딩 화재에서 사용되며 화재방호가 크게 향상되었다.

③ 화재를 자체적으로 감지하여 경보를 발하고, 화재발생지역에 제한되게 물을 살포하여 초기 화재를 진화하여 인명·재산 피해를 줄인다.

④ 시설이 복잡하므로 초기시설비용이 많이 들어간다.

⑤ **스프링클러의 종류**
　㉠ 습식 : 배관 내부의 물이 화재발생 지역의 스프링클러 헤드의 개방으로 소화된다.
　㉡ 건식 : 배관 내에 압축공기, 또는 질소 등이 방출되고 스프링클러 헤드에서 물이 방수된다.
　㉢ 준비작동식 : 배관에 공기 또는 압축공기가 채워져 있는데 화재발생시 화재탐지설비가 동작하여, 가압된 물을 배관으로 보내고 스프링클러가 개방되면 물이 살포된다.
　　• 수손피해가 예상되는 곳에 적당하다.
　　• 동결피해가 예상되는 곳에 헤드개방의 오동작에 의한 피해를 방지할 수 있다.
　　• 별도의 화재감지 설비가 필요하므로 구조가 복잡하고 초기설치 비용이 많이 든다.
　　• 일제살수식 : 스프링클러 헤드를 개방형으로 설치해 화재 발생 시 물이 살포된다.
　　• 화재초기에 대량의 물 방수가 가능하여 위험물의 연소 화재에 적합하다.
　㉣ 건식 및 준비작동식 조합 : 가압공기의 주입으로 소화 시에 공기배출과 함께 방수되며, 설비의 신뢰도가 더욱 높아져 수손피해를 줄일 수 있다.
　㉤ 스프링클러 헤드
　　• 물이 분사되는 방향에 따라 상향형, 하향형, 벽에 다는 측벽형이 있다.
　　• 개방형 스프링클러가 아닐 경우 유리구가 일정온도에서 녹아 방수된다.

> **POINT** 스프링클러 헤드의 개방형, 폐쇄형
> 　㉠ **개방형**(특수한 장소에 설치) : 일제살수식
> 　㉡ **폐쇄형**(일반적 장소에 설치) : 습식, 건식, 준비작동식

(5) 분무 소화설비의 종류

① **물 분무등 소화설비** … 물분무 소화설비는 스프링클러설비와 유사하며 방수압력 또한 높아 물을 미세한 입자로 넓은 면적에 살포하는 방식으로 미분무, 포, 이산화탄소, 할로겐화합물, 분말 소화설비가 있으며 전기, 유류화재와 같은 광범위한 면적에 사용된다.

② **포 소화설비** … 물의 주수에 의한 소화 효과가 적거나 화재가 확대될 가능성이 높을 때 사용하는 설비로서 물과 포 약제가 혼합되어 방수됨으로써 미세한 기포에 의해 질식소화 작용을 한다.
   ㉠ 설치방식에는 고정식, 반고정식, 이동식, 간이식 등이 있다.
   ㉡ 방출방식에는 전역방출방식, 국소방출방식이 있다.

③ **이산화탄소 소화설비** … 이산화탄소를 저장용기에 넣어두었다가 화재감지 시 자동 또는 수동으로 분사하여 가연물 주변의 산소농도를 감소시켜 연소의 연쇄반응을 억제하는 설비이다. 방출방식에는 전역방출방식, 국소방출방식, 호스릴방식 등이 있다.

④ **할로겐화합물 소화설비** … 할로겐화합물을 이용하여 소화작업을 하는 설비로서 자동으로 분사되도록 건축물 내부에 설치하는 소화설비이지만, 독성으로 인해 사용이 제한되고 있다.

⑤ **분말 소화설비** … 물에 의한 소화작업이 어려운 위험물과 같은 가연물에 분말과 가압용가스를 같이 분사하는 설비이다.

Q 기출문제   2020. 5. 9. 제34차

「화재예방, 소방시설 설치·유지 및 안전관리에 관한 법령」상 소화설비에 해당하지 않는 것은?

① 소화기구   ② 자동소화장치
③ 자동화재탐지설비   ④ 옥내소화전설비

답 ③

---

2 경보설비의 종류와 작동원리

(1) 경보설비

화재로 인한 피해의 경감을 위해 화재의 감지 및 피난시간 단축, 초기화염의 소화작용과 신속한 화재정보의 전달을 목적으로 설치되는 장비이다. 기본적으로 감지기, 수신기, 발신기, 중계기, 경종(타종식 벨) 등이 있다.

(2) 경보설비의 종류

① **자동화재 탐지설비 감지기의 종류**

  ㉠ 열 감지기 : 열에 의한 공기, 금속의 변형으로 감지한다.

   • 차동식 감지기 : 열에 의한 공기팽창 감지기이다.

   • 정온식 감지기 : 이종합금의 열에 의한 팽창 감지기이다.

   • 보상식 감지기 : 차동식과 정온식을 겸한 감지기이다.

  ㉡ 연기 감지기 : 빛과 방사능 물질을 이용하여 감지한다.

   • 광전식감지기 : 빛을 이용하여 빛의 차단과 반사원리를 이용한다.

   • 이온화식 감지기 : 방사능을 이용하여 화재 시 연기를 감지하며 α 선이 사용된다.

   • 복합식 감지기 : 이온화식과 광전식을 겸한 감지기이다.

   • 연기아날로그식 감지기 : 연기 감지소자를 이용한다.

  ㉢ 불꽃감지기

   • 연료 적재실, 고압 산소실 폭발화재 발생 위험이 있는 장소 등에 설치하여 화재를 감지한다.

   • 자외선과 적외선 감지기가 있다.

   • 천장이 매우 높은 건물 등에 연기 또는 열감지기 설치가 어려운 경우 사용된다.

   • 열연 복합식은 열과 연기를 함께 감시할 수 있다.

② **자동화재 탐지설비 수신기의 종류**

  ㉠ P형 : 수신기를 발신기, 감지기, 경종 등과 전선으로 연결하며 작은 건물에 사용된다.

  ㉡ R형 : 독립신호의 중계기를 설치하며 감시 회선수가 많은 대규모 건축물에 주로 설치된다.

  ㉢ M형 수신기 : 화재발생 신호를 소방서에 알려주는 기능이 있다.

  ㉣ GP · GR형 : P형, R형 수신기의 기능에 가스화재탐지 기능이 추가된 것이다.

  ㉤ 수신기에 소화설비, 비상방송설비, 방화문 · 방화셔터를 연동하여 작동되게 할 수 있다.

③ **발신기** … 화재가 발생하였을 때 최초발견자가 화재 발생을 알리기 위해 건축물 벽면에 설치하는 소화전과 동시에 설치하는 장비로서 누름스위치, 발신기 위치표시등, 보호판 등으로 구성되어 최초발견자가 발신기의 버튼을 눌러 화재신호를 보낸다.

  ㉠ 방수성능에 따라 옥외형, 옥내형으로 나눈다.

  ㉡ 기능에 따른 종류 : P형, T형, M형

④ **중계기** … 중계기는 감지기와 발신기에서 화재신호를 받아 수신기 또는 제어반에 발신하는 장비를 말한다.

⑤ **경보장치(벨)** … 수신기의 화재신호를 받아 건축물 내에 화재 발생을 알리는 장비로서 음향장비와 청각장애인을 위한 시각경보기가 있다.

  ㉠ 음향장치 : 경종(벨)을 전기적 동력원으로 타종하는 방식과 일정한 주파수에 경보음향을 확성기(스피커)를 통해 전달하는 방식이 있다.

  ㉡ 시각경보기 : 청각장애인에게 화재를 시각적으로 전달하기 위해 점멸형태의 조명으로 화재발생과 위험을 알려주는 장치이다.

⑥ 그 외 경보설비
    ㉠ 자동화재 속보설비 : 화재발생 시 수동발신과 더불어 자동으로 화재신호를 관계인 또는 소방서에 화재정보를 전달하는 장치이다.
    ㉡ 누전경보기 및 가스누설경보기 : 건축물에 인입된 전기 · 가스 설비가 누전으로 인해 화재가 발생하는 것을 방지하기 위해 누전이나 가스 누설을 탐지하여 자동으로 경보를 알리는 설비이다.

3 피난설비의 종류와 사용법

(1) 능동적 피난시설

안전한 피난과 피난경로 확보, 화재진압과 구조의 원활한 수행을 목적으로 하며 피난기구, 유도등 · 유도표지, 비상조명 등이 있다.

① 피난기구의 종류
    ㉠ 피난교 : 화재 시 건물의 옥상층이나 다른 층에서 다른 건물로 이동하기 위한 다리이다.
    ㉡ 피난용 트랩 : 지하층에서 건물 밖으로 탈출하기 위한 피난기구이며 사다리와 비슷하다.
    ㉢ 구조대 : 3층 이상 층의 발코니, 창 등에 설치하며 포대 형태로 내부에 사람이 미끄러져 탈출한다.
    ㉣ 완강기 : 사람의 몸무게에 의해 1초에 1.5미터를 내려올 수 있는 기구로 탈출한다.
    ㉤ 피난사다리 : 창문 등에 설치하여 화재가 발생하면 인명대피 활동에 사용한다.
    ㉥ 미끄럼대 : 노약자 · 어린이 · 장애인의 탈출이 쉽도록 도와주는 기구이다.

② 인명구조기구는 화재시 발생하는 유독가스, 위험물 등으로부터 건축관계인, 거주자, 이용자 등을 안전한 곳으로 대피시킬 수 있도록 지정된 곳에 설치하는 장비이다.
    ㉠ 방열복 : 화재발생시 화재진압이나 대피를 하기 위해 높은 화염의 복사열로부터 인체를 보호하는 장비이다.
    ㉡ 공기호흡기 : 연소가스의 불완전연소로 인해 생긴 유독가스의 인체 흡입을 막기 위한 장비로서 압축공기로 활동할 수 있는 장비이다.
    ㉢ 인공소생기 : 화재로 인해 연소가스나 유독가스를 흡입하여 자연적인 공기 호흡이 어려운 사람에게 사용하는 인공호흡 기구이다.

Q 기출문제
2019. 9. 28. 제33차

화재예방, 소방시설 설치 · 유지 및 안전관리에 관한 법률 및 같은 법 시행령상 피난구조설비 중 인명구조기구에 해당하지 않는 것은?

① 방열복
② 인공소생기
③ 공기호흡기
④ 공기안전매트

답 ④

---

③ **유도 등 및 유도표지** … 화재 시 피난을 위한 설비로서 화재로 인한 시야확보의 어려움과 방향감각의 상실로 인해 피난로를 확보하지 못할 때 비상출구를 쉽게 찾을 수 있도록 설치하는 시각적 장비이다.

　㉠ 유도등 : 정상상태에서는 상용전원을 이용하고 화재로 인하여 건축물에 전기적장치가 손실되었을 때는 비상전원을 이용하여 방향을 유도하는 설치물이다. 유도등에는 피난구유도등, 통로유도등, 객석유도등이 있다.

　㉡ 유도표지 : 화재발생시 유도등과 달리 외부의 전기적 도움 없이 축광이나 외광에 의해 일정시간동안 피난구나 경로를 표시하는 설치물이다. 피난구유도등표지, 통로유지표지 등이 있다.

④ **비상조명설비** … 화재로 인한 정전 시에도 피난을 돕기 위해 피난통로에 설치하여 일정한 시간동안 시야확보를 위한 조명장치이다. 비상조명등, 휴대용비상조명등이 있다.

(2) 수동적 피난시설

피난시설은 피난계단, 옥외피난계단, 계단, 복도, 비상탈출구 등이 있으며, 또한 피난동선은 출구, 계단, 옥외출구, 소화에 필요한 통로로 연결되도록 한다.

① **피난계단**

　㉠ 연면적 $200m^2$를 넘는 건축물에는 계단참, 중간난간, 난간을 설치한다.

　㉡ 직통계단 : 실내를 통과하지 않고 계단실만을 통해 아래 · 위층으로 이동할 수 있는 계단이다.

② **관람석 출구**

　㉠ 비상구는 피난의 방향으로 열리도록 한다.

　㉡ 안여닫이문으로 하지 않는다.

③ **지하 피난시설**

　㉠ 불연재를 사용하여 피난통로의 마감과 바탕을 만든다.

　㉡ 비상조명등과 유도등을 설치한다.

④ **옥상 대피시설**

　㉠ 옥상광장 : 5층 이상의 건물이 문화 및 집회시설, 상점으로 사용될 경우 설치한다.

　㉡ 헬리포트 : 11층 이상인 건축물로서 건축물의 옥상에 헬기착륙장을 만들며 헬리포트 중심선으로 부터 반경 12m 안에는 헬기의 이착륙에 어려움을 주는 공작물을 설치할 수 없다.

⑤ **비상용 승강기** … 화재 시 일반용 승강기가 운행정지 되어도 화재로 인한 연기와 열로부터 인명을 보호하기 위한 것으로 화재 시 인명구조, 피난, 소화활동에 이용된다.

　㉠ 정전 시에도 60초 이내에 2시간 이상 승강기가 운행할 수 있는 예비전력을 갖추어야 한다.

　㉡ 비상용 승강기는 피난층을 제외한 각 층의 내부와 연결되도록 승강장을 설치한다.

　㉢ 외부와 언제나 연락이 가능한 전화를 설치한다.

　㉣ 승강기의 운행속도는 분당 60m이상이 되어야 한다.

　㉤ 출입구는 갑종 방화문을 설치하며 출입구에는 표지를 해야 한다.

4 **소화용수설비와 소방활동설비**

(1) 소화용수설비의 종류와 사용법

소화용수설비는 화재발생시 현장에서 소방대원의 살수 작업을 위해 출동한 긴급자동차(물탱크)의 용수와 소방약제의 부족을 화재현장에서 해결하기 위해 건물 또는 도로건설 시에 병행하여 설치한다. 소화수조, 저수조소화용수설비, 상수도 소화용수설비, 급수탑 설비가 있다.

① **소화수조 및 저수조** … 용수의 확보를 위해 화재진압 시 소화에 필요한 물을 지하, 옥상, 지상 등에 설치된 수조에 저장하는 곳을 말한다.

② **상수도 소화용수설비** … 소화수조식(저수조 포함) 소화설비가 고정적이고 저장식의 소화용수설비이면, 상수도 소화용수설비는 평소 일반인이 사용하는 용수로서 일정 규모 이상의 건축물에 대하여 당해 건축물의 소유자에게 신축 시 소화용수설비의 설치와 관리비용을 부담하게 하여 화재발생시 부족한 소방용수를 현장에서 확보할 수 있는 설비이다.

③ **급수탑** … 도로상에 소화전을 높게 설치하여 소방차가 물을 급수 받을 수 있도록 설치한 시설물이다.

(2) 소화활동설비의 종류와 사용법

소화활동 설비는 피난성능 향상, 안전성 확보, 소방관의 화재진압능력 극대화, 효율적인 화재 진압 및 공공소방력의 신속한 도달을 목적으로 한다.

① 연결송수관설비
　㉠ 고층건축물, 지하건축물, 복합건축물 등에서 소방대원이 쉽게 연결 사용가능한 설비이다.
　㉡ 설계 시 배관과 가압용 펌프를 설치하면 화재 시 소방차와 연결 사용할 수 있다.
　㉢ 송수구, 배관, 방수구, 호스, 관창 등으로 구성되어 있으며, 평소 배관 물이 없는 건식배관과 배관 내에 물이 들어 있는 습식배관 방식이 있다.
　㉣ 소방대상물의 옥외에 연결 송수구와 옥내에 방수구가 설치된 옥내소화전 설비, 스프링클러 설비 또는 연결 살수설비가 갖추어진 경우 설치를 하지 않을 수 있다.

② 연결살수설비
　㉠ 화염과 연기가 농후하여 실내진입이 어려운 경우 진입하지 않고도 사용할 수 있다.
　㉡ 스프링클러를 설치한 후에 화재 발생 시 송수구와 소방차를 연결해서 물을 살포하는 설비이다.
　㉢ 소방차로부터 물을 공급받는 송수구, 물을 이송하는 배관, 각층에 소방호스 연결을 위한 방수구로 구성되어 있다.
　㉣ 연결 살수설비가 필요한 소방대상물에 송수구를 부설한 스프링클러설비, 간이스프링클러 설비나 물 분무 등의 소화설비가 갖추어진 경우 설치를 하지 않을 수 있다.

③ 비상콘센트설비
  ㉠ 화재진압활동에 필요한 비상전원을 쉽게 공급하고 활용하기 위해 설치한다.
  ㉡ 조명장치, 파괴용구 등의 동력원으로 사용한다.
  ㉢ 각 층의 계단실, 비상엘리베이터 등 소방대가 화재 시 이용될 수 있는 장소에 설치한다.
  ㉣ 일반전원이 차단되어도 비상콘센트에 전원이 공급되도록 전용배선과 전선은 내화배선으로 설치한다.

④ 무선통신보조설비
  ㉠ 지하나 지하층의 건물에서 무선교신이 불가능할 때 유선으로 소방대원 상호간에 무선연락을 가
     능하게 하는 설비이다.
  ㉡ 누설동축 케이블 방식, 겸용방식, 공중선방식이 있다.
  ㉢ 설비는 누설 동축케이블, 분배기, 공중선, 무선기기 접속단자로 구성된다.

⑤ 연소방지설비 … 지상 및 지하의 전력과 통신구에 방화벽을 설치하는 설비로서 지하구에 화재가 발생
   하여 소화작업을 위해 지상의 소방차로 배관을 통해 송수하면 방수된 케이블의 화재확산을 차단할
   수 있다.
  ㉠ 송수구, 배관, 헤드로 구성되어 있으며, 화재진압이 아닌 연소확대 방지를 위한 설비이다.
  ㉡ 지하공동구 화재 시 소방대원의 출입이 어려운 경우 지상에서 포 소화약제를 투입한다.

⑥ 제연설비 … 건축물의 화재로 발생한 유독성가스(연기, 일산화탄소, 불연소 물질)와 연소의 연쇄적인
   반응에 의해 내부의 온도가 상승하여, 내부압력의 팽창, 건물구조에 의한 공기유입·유출로 인해 연
   기의 확산을 방지 또는 회피시켜 신속한 피난을 할 수 있도록 하는 설비이다.
  ㉠ 거실제연설비 : 일정 규모 이상의 소방대상물에 화재 발생 시 연기제어가 필요한 곳에 송풍기와
     같은 배출설비를 통하여 연기의 확산을 방지하는 설비이다.
    • 송풍기 : 외부동력에 의해 제연구역 안으로 공기를 공급하는 장치이며 역으로 작동시키면 유도가
      스를 강제 배출시킬 수 있는 배출설비도 있다.
    • 댐퍼 : 기체의 흐름을 밀폐된 배관을 통해 조절할 수 있는 장치로서 풍량조절, 방화, 방연 댐퍼
      가 있다.
    • 방화셔터와 방화문 : 유독가스가 천장을 통하여 이동하면 이를 중간에서 차단하는 역할을 한다.
  ㉡ 특별피난계단 및 부속실 제어 : 대형건물화재 시 특별계단이나 비상용승강기로 집중되면 소방관이
     이를 확인하고 구조하기 위해 필요한 공간이며, 이 제연구역 내에 유독가스가 들어오지 못하도
     록 외부압력을 높게 하는 방법 등의 설비이다. 과압방지장치, 유입공기 배출장치, 제연구역 내
     출입물 설치 등의 설비가 있다.
  ㉢ 연기제어방식
    • 밀폐제연방식 : 화재발생 시 문이나 벽으로 유독성가스가 유입되거나 연기가 유출되는 것을 차단
      하는 방식이다.
    • 스모크타워 : 제연전용 통기구를 설치하여 압력 차이를 이용하여 연기를 배출하는 방식이다.
    • 자연제연방식 : 연기의 대류현상과, 굴뚝효과의 원리를 이용하여 연기를 내보낸다.
    • 기계제연방식 : 송풍기와 배풍기를 설치하여 연기를 건물 밖으로 배출시킨다.

Q 기출문제   2019. 9. 28. 제33차

화재예방, 소방시설 설치·유지 및 안전관리에 관한 법률 및 같은 법 시행령상 소화활동설비에 해당하지
않는 것은?

① 제연설비   ② 소화용수설비
③ 연소방지설비   ④ 무선통신보조설비

 ②

01 대형소화기의 능력단위가 맞는 것은?

① A급 5 B급 10

② A급 20 B급 30

③ A급 10 B급 20

④ A급 10 B급 15

advice 대형소화기는 능력단위가 A급소화기는 10단위 이상, B급소화기는 20단위 이상인 수동식소화기로 화재 시 사람이 운반할 수 있도록 운반대와 바퀴가 설치되어 있다.

02 다음 중 성격이 다른 설비 하나는?

① 피난구 유도등

② 유도설비

③ 스프링클러

④ 통로유도등

advice ③ 소화설비
①②④ 소방시설 중 피난설비

03 다음 중 자동화재 탐지설비에서 감지기의 특성으로 옳지 않은 것은?

① 수신형

② 발신형

③ 판단기능

④ 분포형

advice ③ 판단기능은 감지기의 통보를 받은 소방담당자의 역할이다.
※ 자동화재 탐지설비 구성 … 감지기, 수신기, 발신기, 중계기, 음향장치, 표시등

04 다음 중 스프링클러에 대한 설명으로 옳지 않은 것은?

① 전기, 가스설비 지역은 불리하다.

② 쉽게 구할 수 있는 물을 재원으로 한다.

③ 오작동이 적다.

④ 수손피해가 적지만 설치비용이 비싸다.

advice ④ 관리 및 소방효과가 탁월하며 설치비용이 감소하지만 문화재, 지류 등의 화재진압 시 물적 피해가 크다.

　　※ 스프링클러 장·단점

　　　　㉠ 고층건물, 특수위험물의 화재초기 진압에 효과적이다.

　　　　㉡ 기계적 작동에 의해 오작동이 거의 없다.

　　　　㉢ 시설이 복잡하여 초기설치비용이 많이 들어간다.

05 다음 중 소방관의 화재진압능력 극대화 및 안전성 확보를 위한 설비로 옳은 것은?

① 할로겐화물소화기　　　　　　　② 비상콘센트설비

③ 옥외소화전　　　　　　　　　　④ 피난계단

advice ② 소화활동 보장설비이며, 연결송수관, 연결살수설비, 무선통신보조설비, 제연설비 등이 있다.

　　①③ 소화설비에 해당된다.

　　④ 화재진압과 구조의 목적을 위한 피난설비이다.

06 소방시설의 분류에 관한 설명에서 경보설비로 옳지 않은 것은?

① 비상벨설비 및 자동식 사이렌설비, 단독경보형감지기

② 비상방송설비, 누전경보기

③ 누전경보기, 제연설비

④ 자동화재 탐지설비 및 시각경보기, 자동화재 속보설비

advice ③ 제연설비는 소화활동보조설비이다.

　　※ 소화활동보장설비 … 피난성능향상, 안전성확보, 소방관의 화재진압능력 극대화, 효율적인 화재진압 및 공공소방력의 신속한 도달을 목적으로 한다.

답 01.③ 02.③ 03.③ 04.④ 05.② 06.③

07 다음 중 소화활동보장설비에 해당하지 않는 것은?

① 연결송수관설비　　　　　　　　② 연결살수설비

③ 무선통신보조설비　　　　　　　④ 연소방지설비

　　　advice 소화활동보장설비의 종류
　　　　　㉠ 연결송수관설비
　　　　　㉡ 연결살수설비
　　　　　㉢ 비상콘센트설비
　　　　　㉣ 무선통신보조설비
　　　　　㉤ 제연설비

08 다음 중 자동으로 확산해서 소화시켜주는 소화기는?

① 소형 소화기　　　　　　　　　② 대형 소화기

③ 자동식 소화기　　　　　　　　④ 자동확산 소화기

　　　advice 밀폐 또는 반 밀폐된 장소에 고정시켜 화재 시 화염이나 열에 따라 자동으로 소화약제가 확산하여 소화하는 소화기를 자동확산 소화기라 한다.

09 자동화재 탐지설비에 대한 설명으로 옳은 것은?

① 감지기 중 이온화식 감지기는 열 감지기이다.

② 감지기 중 광전식 감지기는 불꽃 감지기이다.

③ 감지기 중 보상식 감지기는 연기 감지기이다.

④ 감지기 중 이온화식 감지기는 연기 감지기이다.

　　　advice ① 감지기 중 이온화식 감지기는 연기 감지기이다.
　　　　　② 감지기 중 광전식 감지기는 연기 감지기이다.
　　　　　③ 감지기 중 보상식 감지기는 열 감지기이다.
　　　　　※ 자동화재 탐지설비 … 화재발생 시 초기단계에서 열과 연기의 감지를 통하여 건물관계자에게 화재를 알리며 동시에 건물 내에 있는 사람들에게 위험성을 알리는 장비이다.

10 다음 중 피난설비에 해당하지 않는 것은?

① 공기호흡기

② 방열복

③ 유도등

④ 자동전압조정기

advice 피난설비의 종류 … 미끄럼대, 피난사다리, 구조대, 완강기, 피난교, 피난밧줄, 공기안전매트, 방열복, 공기호흡기, 인공소
생기, 유도등, 유도표지, 비상조명등 또는 휴대용비상조명등

11 다음 중 화재 각지방법에 해당하는 것은?

① 무선통신보조설비

② 제연설비

③ 자동화재 탐지설비

④ 연소방지설비

advice ③ 소방서에 즉각 연결하는 설비
①② 소화활동보장설비
④ 화재예방설비

12 다음 중 스프링클러설비의 특징에 대한 설명으로 옳지 않은 것은?

① 초기화재에 효과가 크다.

② 감지부의 오동작 우려가 적다.

③ 시설의 수명이 짧다.

④ 소화제가 물이므로 값이 싸서 경제적이다.

advice 스프링클러설비의 특징
㉠ 초기화재에 효과가 크다.
㉡ 시설은 반영구적으로 사용 가능하다.
㉢ 감지부의 구조가 기계적이어서 오동작 우려가 적다.
㉣ 소화제가 물이므로 유지비용이 적다.

답 07.④ 08.④ 09.④ 10.④ 11.③ 12.③

13 다음 중 스프링클러의 종류에 대한 설명으로 옳지 않은 것은?

① 습식은 배관 내부에 가압된 물을 채우고 있다가 화재발생 지역의 스프링클러 헤드가 개방되면 소화가 시작된다.

② 건식은 옥외 등 동결 우려가 있는 장소에 사용할 수 있지만 살수 시간이 지연되고, 공기를 채운 경우 화재가 확대될 수 있으며 구조가 간단하지 않으므로 시설유지와 초기설치 비용이 많이 든다.

③ 준비작동식은 동결피해가 예상되는 장소에 사용이 가능하며 헤드개방의 오동작에 의한 피해를 방지할 수 뿐만 아니라 별도의 화재감지 설비가 필요 없어 구조가 간단하고 초기설치 비용이 적게 든다.

④ 일제살수식은 모든 스프링클러 헤드를 개방형으로 설치되어 화재초기에 대량의 물을 살포할 수 있어 위험물 등의 급격한 연소 화재에 적합하다.

advice ③ 준비작동식은 배관에 공기 또는 압축공기가 채워져 있는데 화재가 발생하면 별도로 설치된 화재탐지설비가 동작하여, 가압된 물을 배관으로 보내고 스프링클러가 개방되면 물이 살포된다. 수손피해가 예상되는 곳에 적당하고, 동결피해가 예상되는 장소에 사용이 가능하며 헤드개방의 오동작에 의한 피해를 방지할 수 있다. 그러나 별도의 화재감지 설비가 필요하므로 구조가 복잡하고 초기설치 비용이 많이 든다.

14 다음 중 소화기에 관한 설명으로 옳지 않은 것은?

① 소화기에는 축압식 소화기와 가압식 소화기가 있다.

② 소형소화기는 1단위가 소화능력이 가장 높으며 최고이다.

③ C급은 전기화재용이며 색상은 청색이다.

④ 탄산칼륨 등의 수용액을 주원료로 하는 소화기는 강화액 소화기이다.

advice ② 소형 소화기 중 능력단위가 1단위인 것이 최소이며 가장 소화능력이 낮다.

15 다음 중 피난대책 중에서 Fool-Proof의 원칙에 관한 설명으로 옳지 않은 것은?

① 도어의 노브는 회전식이 아닌 레버식으로 해둔다.

② 피난방향으로 문을 열 수 있도록 한다.

③ 소화설비, 경보설비의 위치, 유도표지에 쉬운 판별을 위한 색채를 사용한다.

④ 2방향 이상의 피난통로를 확보하는 피난대책이다.

advice ④ Fail Safe의 원칙이다.

※ Fool-Proof … 비상사태에서 정신이 혼란하여 동물과 같은 지능상태가 되므로 누구나 알 수 있는 방법을 취한다는 원칙이다.

16 다음에 밑줄 친 이것은?

> 자동화재 탐지설비 구성요소의 하나로, 화재가 난 지역을 시각적으로 표현하는 동시에 화재가 발생한 지역의 경종과 <u>이것</u>이 설치된 지역의 경종을 울려 주변 사람들이 화재로부터 대피하도록 알려준다.

① 감지기   ② 발신기

③ 수신기   ④ 중계기

advice 자동화재 탐지설비 구성요소

㉠ 감지기 : 화재 시 발생된 연기, 열 등의 연소 생성물을 감지하여 신호를 수신기로 보냄

㉡ 발신기 : 화재를 보고 사람이 직접 눌러 화재경보를 알림

㉢ 경종 : 일종의 타종식 벨

㉣ 수신기 : 감지기가 화재를 감지하면 신호를 보내고 수신기는 화재가 난 지역을 시각적으로 표현하는 동시에 화재가 발생한 지역의 경종과 수신기가 설치된 지역의 경종을 울려 주변 사람들이 화재로부터 대피하도록 알려줌

㉤ 중계기 : 감지기나 발신기의 신호를 수신하여 그 신호를 수신기에 중계하며 소화설비 등에 제어신호를 보냄

17 다음 중 피난기구의 설치 완화조건으로 옳지 않은 것은?

① 계단 수에 의한 감소

② 건널복도에 의한 감소

③ 소화기 수의 증가에 의한 감소

④ 층별 구조에 의한 감소

advice 피난기구의 설치 완화조건
  ㉠ 층별 구조에 의한 감소
  ㉡ 건널복도에 의한 감소
  ㉢ 계단 수에 의한 감소

18 다음 중 제연설비에 관한 설명으로 옳지 않은 것은?

① 계단실과 같은 피난구조 공간의 제연은 일종의 주거 분위기를 형성시키기 위함이다.

② 인접실로의 연기확산 속도를 증가시킬 수 있다.

③ 화재실의 제연은 플래시오버 현상을 방지하는 효과도 있다.

④ 화재실의 제연은 피난루트와 진입루트를 형성시킨다.

advice 대규모 화재실의 제연효과
  ㉠ 인접실로의 연기확산 속도를 떨어뜨린다.
  ㉡ 화재진압대원의 진입루트를 형성한다.
  ㉢ 거주자의 피난루트를 형성한다.
  ※ 제연설비 … 화재가 발생하면 배출기 등을 통하여 배기하고 공기를 유입하여 질식을 막고 피난을 효과적으로 하기 위한 설비이다.

19 다음 중 감지기의 배선이 교차배선인 목적은?

① 전선의 절약

② 감지기의 민감성 증대

③ 오동작 방지

④ 단선에 대한 대비

> *advice* ③ 소방대상물에 2개의 독립적인 감지회로를 구성함으로써 동시에 작동할 경우에만 소방시설이 작동되게 하여 오동작을 줄이기 위함이다.

의무소방원 소방상식

최신기출문제

제35차 2020년 11월 14일 의무소방원 선발 필기시험

1   ㉠, ㉡에 해당하는 것으로 옳은 것은?

> '권력은 부패하는 경향이 있으며, 절대 권력은 절대 부패한다.'라는 말이 있다. 견제받지 않는 거대한 권력은 반드시 부패한다는 의미이다. 이러한 폐해를 막기 위해 우리 헌법은 국가 권력을 입법권, 행정권, 사법권으로 나누고 각각의 권력을 국회, 정부, 법원이 담당하게 하였다. 그리고 각 국가 기관에 상호 견제를 위한 여러 권한을 부여하였다. 예컨대 정부 수반인 대통령은 국회를 견제하기 위해 (㉠) 등을 가진다. 반대로 국회는 정부를 견제하기 위해 (㉡) 등을 가진다.

	㉠	㉡
①	법률안 거부권	국정 감사권
②	법률안 거부권	명령 규칙 심사권
③	국정 감사권	탄핵 소추권
④	명령 규칙 심사권	탄핵 소추권

2   다음 글에서 간디의 행위를 정당한 시민 불복종의 사례로 평가할 수 있는 근거로 옳지 않은 것은?

> 1900년대 초 영국은 자신들이 지배하고 있던 인도에서의 소금 생산을 금지하고 영국에서 소금을 비싼 가격에 수입해서 쓰도록 하는 소금법을 시행했다. 이에 간디는 법의 폐지를 요구했으나 받아들여지지 않았다. 간디는 저항의 표시로 각계각층의 수많은 인도인들과 함께 행진을 시작했고 소금도 생산했다. 이 일로 간디를 비롯하여 6만여 명의 인도인이 투옥되었다. 간디는 감옥에서도 단식으로 투쟁을 이어갔다. 결국 영국은 인도에서의 소금 생산을 허용하였고, 이 투쟁은 인도의 독립에도 큰 공헌을 하였다.

① 개인의 이익보다 사회 정의의 실현을 목적으로 하였다.
② 비폭력적이고 평화로운 방법으로 국가 권력에 저항하였다.
③ 가장 신속하게 문제를 해결할 수 있는 방법을 사용하였다.
④ 현행법을 어기는 행위에 따르는 처벌을 기꺼이 감수하였다.

3 (가), (나)에서 공통적으로 나타나는 경제 현상으로 옳은 것은?

> (가) 갑은 사과 농사를 짓고 있다. 올해는 과수원 인근에서 양봉업자가 벌을 치는 바람에 수분이 잘 이루어져 사과를 많이 수확할 수 있었다. 하지만 갑은 양봉업자에게 아무런 대가도 지불하지 않았다.
>
> (나) 을은 공장을 경영하고 있다. 인근 주민들은 악취, 분진 등으로 피해를 보고 있다며 을에게 여러 번 항의를 하였다. 하지만 을은 법적 책임이 없다는 이유로 아무런 피해보상도 하지 않았다.

① 공공재의 부족
② 외부 효과의 발생
③ 소득 불평등의 심화
④ 독과점 상황의 발생

4 다음은 신하들이 세종대왕에게 올린 상소문의 일부이다. 신하들이 문화를 이해하는 태도에 대한 설명으로 옳은 것은?

> 우리 조선은 조종 때부터 내려오면서 지성스럽게 대국(大國)을 섬기어 한결같이 중화(中華)의 제도를 준행(遵行)하였는데, 이제 글을 같이하고 법도를 같이하는 때를 당하여 언문을 창작하신 것은 보고 듣기에 놀라움이 있습니다. 설혹 말하기를, "언문은 모두 옛 글자를 본뜬 것이고 새로 된 글자가 아니라." 하지만, 글자의 형상은 비록 옛날의 전문(篆文)을 모방하였을지라도 음을 쓰고 글자를 합하는 것은 모두 옛것에 반대되니 실로 의거할 데가 없사옵니다. 만일 중국에라도 흘러 들어가서 혹시라도 비난하여 말하는 자가 있사오면, 어찌 대국을 섬기고 중화를 사모하는 데에 부끄러움이 없사오리까.
>
> ― 세종실록

① 문화 공존을 이루기 위해 필요한 태도이다.
② 자기 문화의 정체성을 상실할 우려가 크다.
③ 타문화를 부정적으로 여기고 낮게 평가하는 태도이다.
④ 다른 나라를 문화적으로 정복함으로써 영향력을 확보하려는 태도이다.

답 1.① 2.③ 3.② 4.②

5 다음 사상가의 입장으로 옳지 않은 것은?

> 나는 공동체와 분리된 독립된 존재가 아닙니다. 왜냐하면 내 삶의 역사는 항상 내가 그것으로부터 나의 정체성을 도출해 내는 공동체의 역사 속에 편입되어 있기 때문입니다. 나는 가족, 도시, 친족, 민족, 국가 등 다양한 공동체의 구성원입니다.

① 개인의 자유와 권리를 극대화하기 위해 공동체가 존재한다.
② 개인은 정의로운 사회구현을 위해 이기적인 태도를 버려야 한다.
③ 인간은 스스로 자기 인격과 가치를 사회적 맥락 속에서 파악한다.
④ 인간은 공동체의 역사 속에서 자신의 의미를 되새기고 찾아간다.

6 밑줄 친 ㉠, ㉡에 대한 설명으로 옳지 않은 것은?

> 일반적으로 평화는 다음과 같이 두 가지로 나누어 볼 수 있다. ㉠ 소극적 평화는 직접적 폭력이나 전쟁이 없는 상태를 말한다. 반면 ㉡ 적극적 평화는 구조적 폭력까지 제거되어 모든 사람이 자유롭고 평등하게 삶을 영위할수 있는 상태를 말한다.

① ㉠은 테러나 범죄의 제거를 통해 실현될 수 있다.
② ㉡은 종교적 억압이 존재하는 사회에서 실현되기 힘들다.
③ ㉠은 ㉡보다 빈곤과 기아의 문제 해결에 더 주목한다.
④ ㉠이 보장되지 않는 사회에서는 ㉡이 실현되기 어렵다.

7 (가), (나)에 대한 설명으로 옳지 않은 것은?

> (가) 인간을 가장 가치 있는 존재로 여기고, 인간과 자연의 관계에서 인간의 이익이나 행복을 먼저 고려하는 관점이다. 인간은 자연의 한 부분이 아니라 자연으로부터 독립된 존재, 자연보다 우월한 존재이다.
>
> (나) 인간과 자연의 관계에서 인간의 이익보다 인간을 포함한 자연 전체의 균형과 안전을 먼저 고려하는 관점이다. 인간은 자연과 독립적으로 존재할 수 없다.

① (가)를 강조한 결과 자원이 고갈되고 환경오염이 발생하였다.
② (가)는 자연이 인간을 위한 도구로써의 가치를 가지고 있다고 생각한다.
③ (나)를 지나치게 강조한 결과 기본적 삶을 위한 자연개발만 허용하고 있다.
④ (나)는 자연을 그 자체로 내재적인 가치를 가지고 있다고 생각한다.

8 그림은 두 가지 중성 원자 X, Y와 이를 구성하는 세 가지 입자 ◯, ●, ⊖를 모형으로 나타낸 것이다. 이에 대한 설명으로 옳은 것은? (단, X, Y는 임의의 원소 기호이다.)

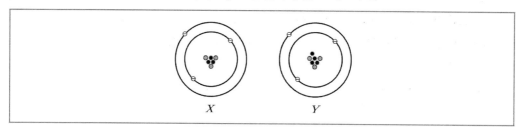

① Y의 원자 번호는 4이다.

② ◯는 (+)전하를 띤 입자이다.

③ Y는 X보다 무거운 원자이다.

④ 중성자수로 원자 번호를 정한다.

9 그림은 지구시스템에서 일어나는 연간 물의 순환과정을 나타낸 것이다. A와 B의 합으로 옳은 것은? (단, 바다에서 육지로 이동하는 물은 없다.)

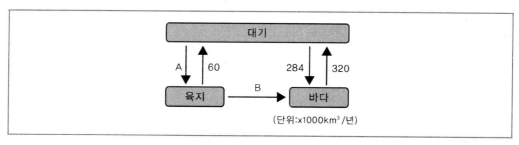

① 130   ② 132

③ 134   ④ 136

10 생명체를 구성하는 물질에 대한 설명으로 옳은 것은?

① 핵산에는 DNA와 RNA가 있다.

② 단백질의 단위체는 뉴클레오타이드이다.

③ 탄수화물은 펩타이드 결합으로 형성된다.

④ 지질은 녹말, 글리코젠 등의 형태로 생명체에 존재한다.

11 화재예방, 소방시설 설치·유지 및 안전관리에 관한 법률 시행령상 소방시설의 종류에 따른 분류가 옳지 않은 것은?

① 소화설비 – 자동소화장치, 옥내소화전설비, 연결송수관설비

② 경보설비 – 자동화재탐지설비, 가스누설경보기, 통합감시시설

③ 피난구조설비 – 피난사다리, 공기호흡기, 유도등

④ 소화활동설비 – 제연설비, 무선통신보조설비, 연소방지설비

12 소방기본법 시행령상 소방자동차 전용구역 방해행위로 옳지 않은 것은?

① 전용구역에 물건 등을 쌓는 행위

② 전용구역 노면표지를 훼손하는 행위

③ 전용구역 진입로에 주차하여 전용구역으로의 진입을 가로막는 행위

④ 주차장법 제19조에 따른 부설주차장의 주차구획 내에 주차하는 행위

13 자연발화를 방지하기 위한 방법으로 옳은 것은?

가. 통풍 구조를 양호하게 하여 공기유통을 잘 시킨다.
나. 저장실 주위의 온도를 높인다.
다. 습도를 높인다.
라. 퇴적 수납시 열축적이 일어나지 않도록 한다.

① 가, 나   ② 가, 라

③ 나, 다   ④ 다, 라

14 소화기구 및 자동소화장치의 화재안전기준상 주방에서 동식물유를 취급하는 조리기구에서 일어나는 화재에 대한 소화기의 적응 화재별 표시로 옳은 것은?

① 'A'   ② 'B'

③ 'C'   ④ 'K'

15 화재조사 및 보고규정상 긴급상황보고 대상 화재 중 인명피해가 사망 5명 이상이거나 사상자 10명 이상 발생한 화재에 해당하는 것은?

① 특수화재
② 대형화재
③ 중요화재
④ 긴급화재

16 화재예방, 소방시설 설치 · 유지 및 안전관리에 관한 법률 및 같은 법 시행령상 단독주택의 소유자가 설치해야 하는 주택용 소방시설로 옳은 것은?

가. 소화기	나. 옥내소화전설비
다. 단독경보형 감지기	라. 비상경보설비

① 가, 나
② 가, 다
③ 나, 다
④ 나, 라

17 A급, B급, C급 화재에 모두 적응성이 있는 분말소화약제로 옳은 것은?

① $NaHCO_3$

② $KHCO_3$

③ $KHCO_3 + (NH_2)_2CO$

④ $NH_4H_2PO_4$

18 원인물질의 물리적 상태에 따른 폭발의 분류 중 기상폭발로 옳지 않은 것은?

① 증기폭발

② 분진폭발

③ 가스폭발

④ 분무폭발

답 11.① 12.④ 13.② 14.④ 15.② 16.② 17.④ 18.①

19 〈보기〉에서 설명하는 연소가스로 옳은 것은?

> 〈보기〉
> 무색 무취의 가스로 불완전연소시 발생한다. 헤모글로빈과의 결합력이 산소보다 강해 흡입하면
> 산소결핍 상태가 된다. 인체에 대한 허용농도는 50ppm이다.

① CO

② SO_2

③ HCN

④ $COCl_2$

20 재난 및 안전관리 기본법상 자연재해와 같은 대규모 재난으로 인해 큰 피해를 본 지역에 대하여 특
별재난지역으로 선포할 수 있는 자로 옳은 것은?

① 소방청장

② 행정안전부장관

③ 국무총리

④ 대통령

서원각과 함께

꿈의 날개를 펴요

한국전기안전공사

LH한국토지주택공사

한국승강기안전공단

공항철도